纯粹哲学丛书

黄裕生 主编

时间与永恒

SHIJIAN YU YONGHENG

论海德格尔哲学中的时间问题

黄裕生　著

江苏人民出版社

图书在版编目(CIP)数据

时间与永恒：论海德格尔哲学中的时间问题 / 黄裕
生著. -- 南京：江苏人民出版社，2023.9
ISBN 978 - 7 - 214 - 24375 - 1

Ⅰ. ①时… Ⅱ. ①黄… Ⅲ. ①海德格尔(Heidegger,
Martin 1889 - 1976)-时间哲学-研究 Ⅳ. ①B016.9
②B516.54

中国版本图书馆 CIP 数据核字(2019)第 291095 号

书　　　名　时间与永恒——论海德格尔哲学中的时间问题
著　　　者　黄裕生
责 任 编 辑　薛耀华
装 帧 设 计　许文菲
责 任 监 印　王　娟
出 版 发 行　江苏人民出版社
地　　　址　南京市湖南路 1 号 A 楼,邮编:210009
照　　　排　江苏凤凰制版有限公司
印　　　刷　江苏凤凰通达印刷有限公司
开　　　本　652 毫米×960 毫米　1/16
印　　　张　17　插页 3
字　　　数　220 千字
版　　　次　2023 年 9 月第 1 版
印　　　次　2023 年 9 月第 1 次印刷
标 准 书 号　ISBN 978 - 7 - 214 - 24375 - 1
定　　　价　88.00 元

(江苏人民出版社图书凡印装错误可向承印厂调换)

从纯粹的学问到真实的事物

——"纯粹哲学丛书"改版序

江苏人民出版社自 2002 年出版这套"纯粹哲学丛书"已有五年，共出书 12 本，如今归入凤凰出版传媒集团"凤凰文库"继续出版，趁改版机会，关于"纯粹哲学"还有一些话要说。

"纯粹哲学"的理念不只是从"纯粹的人"、"高尚的人"、"摆脱私利"、"摆脱低级趣味"这些意思引申出来的，而是将这个意思与专业的哲学问题，特别是与德国古典哲学的问题结合起来思考，提出"纯粹哲学"也是希望"哲学""把握住""自己"。

这个提法，也有人善意地提出质询，谓世上并无"纯粹"的东西，事物都是"复杂"的，"纯粹哲学"总给人以"脱离实际"的感觉。这种感觉以我们这个年龄段或更年长些的人为甚。当我的学生刚提出来的时候，我也有所疑虑，消除这个疑虑的理路，已经在 2002 年的"序"中说了，过了这几年，这个理路倒是还有一些推进。

"纯粹哲学"绝不是脱离实际的，也就是说，"哲学"本不脱离实际，也不该脱离实际，"哲学"乃是"时代精神"的体现；但是"哲学"也不是要"解决"实际的具体问题，"哲学"是对于"实际-现实-时代""转换"一个"视角"。"哲学"以"哲学"的眼光"看""世界","哲学"以"自己"的眼光"看"世界,也就是以"纯粹"的眼光"看"世界。

为什么说"哲学"的眼光是"纯粹"的眼光?

"纯粹"不是"抽象",只有"抽象"的眼光才有"脱离实际"的问题,因为它跟具体的实际不适合;"纯粹"不是"片面",只有"片面"的眼光才有"脱离实际"的问题,因为"片面"只"抓住-掌握""一面",而"哲学"要求"全面"。只有"全面-具体"才是"纯粹"的,也才是"真实的"。"片面-抽象"都"纯粹"不起来,因为有一个"另一面"、有一个"具体"在你"外面"跟你"对立"着,不断地从外面"干扰"你,"主动-能动"权不在你手里,你如何"纯粹"得起来?

所以"纯粹"应在"全面-具体"的意义上来理解,这样,"纯粹"的眼光就意味着"辩证"的眼光,"哲学"为"辩证法"。

人们不大谈"辩证法"了,就跟人们不大谈"纯粹"了一样,虽然可能从不同的角度来"回避"它们,或许以为它们是相互抵触的,其实它们是一致的。

"辩证法"如果按日常的理解,也就是按感性世界的经验属性或概念来理解,那可能是"抽象"的,但那不是哲学意义上的"辩证"。譬如冷热、明暗、左右、上下等等,作为抽象概念来说,"冷"、"热"各执一方,它们的"意义"是"单纯"的"抽象",它们不可以"转化",如果"转化"了,其"意义"就会发生混淆;但是在现实中,在实际上,"冷"和"热"等等是可以"转化"的,不必"变化"事物的温度,事物就可以由"热""转化"为"冷",在这个意义上,执著于抽象概念反倒会"脱离实际",而坚持"辩证法"的"转化",正是"深入""实际"的表现,因为实际上现实中的事物都是向"自己"的"对立面""转化"的。

哲学的辩证法正是以一种"对立面""转化"的眼光来"看-理解"世界的,不执著于事物的一面——偏,而是"看到-理解到"事物的"全面"。

哲学上所谓"全面",并非要"穷尽"事物的"一切""属性",而是"看到-理解到-意识到"凡事都向"自己"的"相反"方面"转化","冷"必然要"转化"为"非冷",换句话说,"冷"的"存在",必定要"转化"为"冷"的"非存在"。

在这个意义上,哲学的辩证法将"冷-热"、"上-下"等等"抽象-片面"的"对立""纯粹化"为"存在-非存在"的根本问题,思考的就是这种"存在-非存在"的"生死存亡"的"大问题"。于是,"哲学化"就是"辩证化",也就是"纯净化-纯粹化"。

这样,"纯粹化"也就是"哲学化",用现在流行的话来说,就是"超越化";"超越"不是"超越"到"抽象"方面去,不是从"具体"到"抽象",好像越"抽象"就越"超越",或者越"超越"就越"抽象",最大的"抽象"就是最大的"超越"。事实上恰恰相反,"超越"是从"抽象"到"具体","具体"为"事物"之"存在"、"事物"之"深层次"的"存在",而不是"表面"的"诸属性"之"集合"。所谓"深层",乃是"事物"之"本质","本质"亦非"抽象",而是"存在"。哲学将自己的视角集中在"事物"的"深层",注视"事物""本质"之"存在"。"事物"之"本质","本质"之"存在",乃是"纯粹"的事物。"事物"之"本质",也是"事物"之"存在",是"理性-理念"的世界,而非"驳杂"之"大千世界"-"感觉经验世界"。"本质-存在-理念"是"具体"的、"辩证"的,因而也是"变化-发展"的。并不是"现象""变"而"理念-本质""不变",如果"变"作为"发展"来理解,而不是机械地来理解,则恰恰是"现象"是相对"僵化"的,而"本质-理念"则是"变化-发展"的。这正是我们所谓"时间(变化发展)"进入"本体-本质-存在"的意义。

于是,哲学辩证法也是一种"历史-时间"的视角。我们面对的世界,是一个历史的世界、时间的世界,而不仅是僵硬地与我们"对立"的"客观世界"。"客观世界"也是我们的"生活世界",而"生活"是历史性的、时间性的,是变化发展的,世间万事万物无不打上"历史-时间"的"烙印","认出-意识到-识得"这个"烙印-轨迹",乃是哲学思考的当行,这个"烙印"乃是"事物-本质-存在""发展"的"历史轨迹",这个"轨迹"不是直线,而是曲线。"历史-时间"的进程是"曲折"的,其间充满了"矛盾-对立-斗争",也充满了"融合-和解-协调",充满了"存在-非存在"的"转化",充满了"对立面"的"转化"和"统一"。

以哲学-时间-历史的眼光看世界,世间万物都有相互"外在"的"关系"。"诸存在者"相互"不同",当然也处在相互"联系"的"关系网"中,其中也有"对立",譬如冷热、明暗、上下、左右之类。研究这种"外在"关系,把握这种"关系"当然是非常重要的,须得观察、研究以及实验事物的种种属性和他物的属性之间的各种"关系",亦即该事物作为"存在者"的"存在""条件"。"事物"处于"外在环境"的种种"条件""综合"之中,这样的"外在""关系"固不可谓"纯粹"的,它是"综合"的、"经验"的;然则,事物还有"自身"的"内在""关系"。

这里所谓的"内在""关系",并非事物的内部的"组成部分"的关系,这种把事物"无限分割"的关系,也还是把一事物分成许多事物,这种关系仍是"外在"的;这里所谓"内在"的,乃是"事物""自身"的"关系",不仅仅是这一事物与另一事物的关系。

那么,如何理解事物"自身"的"内在""关系"?"事物自身"的"内在""关系"乃是"事物自身""在""时间-历史"中"产生"出来的"非自身-他者"的"关系",乃是"是-非"、"存在-非存在"的"关系",而不是"白"的"变成""黑"的、"方"的"变成""圆"的等等这类关系。这种"是非-存亡"的关系,并不来自"外部",而是"事物自身"的"内部"本来就具备了的。这种"内在"的"关系"随着时间-历史的发展"开显"出来。

这样,事物的"变化发展",并非仅仅由"外部条件"的"改变"促使而成,而是由事物"内部自身"的"对立-矛盾"发展-开显出来的,在这个意义上,"内因"的确是"决定性"的。看到事物"变化"的"原因""在""事物自身"的"内部",揭示"事物发展"的"内在原因",揭示事物发展的"内在矛盾",这种"眼光",可以称得上是"纯粹"的(不是"驳杂"的),是"哲学"的,也是"超越"的,只是并不"超越"到"天上",而是"深入"到事物的"内部"。

以这种眼光来看世界,世间万物"自身"无不"存在–有""内在矛盾",一事物的"存在"必定"蕴涵"该事物的"非存在",任何事物都向自身的"反面""转化",这是事物自己就蕴涵着的"内在矛盾"。至于这个事物究竟"变成""何种–什么"事物,则要由"外部""诸种条件"来"决定",但是哲学可以断言的,乃是该事物–世间任何事物都不是"永存"的,都是由"存在""走向–转化为""自己"的"反面"——"非存在","非存在"就"蕴涵""在"该事物"存在"之中。在这个意义上,我们对事物采取"辩证"的态度,也就是采取"纯粹"的态度,把握住"事物"的"内在矛盾",也就是把握住了"事物自身",把握住了"事物自身",也就是把握住了"事物"的"内在""变化–发展",而不"杂"有事物的种种"外部"的"关系";从事物"外部"的种种"复杂关系"中"摆脱"出来,采取一种"自由"的、"纯粹"的态度,抓住"事物"的"内在关系",也就是"抓住"了事物的"本质"。

抓住事物的"本质",并非不要"现象","本质"是要通过"现象""开显"出来的,"本质"并非"抽象概念","本质"是"现实",是"存在",是"真实",是"真理";抓住事物的"本质",就是要"透过现象看本质"。"哲学"的眼光,"纯粹"的眼光,"辩证"的眼光,"历史"的眼光,正是这种"透过现象""看""本质"的眼光。

"透过现象看本质","现象"是"本质"的,"本质"也是"现象"的,"本质""在""现象"中,"现象"也"在""本质"中。那么,从"本质"的眼光来"看""现象–世界"又复何如?

从"纯粹"的眼光来"看""世界",则世间万物固然品类万殊,但无不"在""内在"的"关系"中。"一事物"的"是-存在"就是"另一事物"的"非-非存在","存在""在""非存在"中,"非存在"也"在""存在"中;事物的"外在关系",原本是"内在关系"的"折射"和"显现"。世间很多事物,在现象上或无直接"关系",只是"不同"而已。譬如"风马牛不相及","认识到-意识到""马""牛"的这种"不同"大概并不困难,是一眼就可以断定的。对于古代战争来说,有牛无马,可能是一个大的问题。对于古代军事家来说,认识到这一点也不难,但是要"意识到-认识到""非存在"也"蕴涵着""存在",二者是一而二、二而一的,并不因为"有牛无马"而放弃战斗,就需要军事家有一点"大智慧"。如何使"非存在""转化"为"存在"? 中国古代将领田单的"火牛阵"是以"牛"更好地发挥"马"的战斗作用的一例,固然并非要将"牛""装扮"成"马",也不是用"牛"去"(交)换""马",所谓"存在-非存在"并非事物之物理获胜或生物的"属性"可以涵盖得了的。"存在-非存在"有"历史"的"意义"。

就我们哲学来说,费希特曾有"自我""设定""非我"之说,被批评为主观唯心论,批评当然是很对的,他那个"设定"会产生种种误解;不过他所论述的"自我"与"非我"的"关系"却是应该被重视的。我们不妨从一种"视角"的"转换"来理解费希特的意思:如"设定"——采取一种"视角"——"A-存在",则其他诸物皆可作"非 A-非存在"观。"非 A"不"=(等于)""A",但"非 A"却由"A""设定","非存在"由"存在""设定"。我们固不可说"桌子"是由"椅子""设定"的,这个"识见"是"常识"就可以判断的,没有任何哲学家会违反它,但是就"椅子"与"非椅子"的关系来说,"桌子"却是"在""非椅子"之内,而与"椅子"有一种"对立统一"的关系,"非椅子"是由于"设定"了"椅子"而来的。扩大开来说,"非存在"皆由"存在"的"设定"而来,既然"设定""存在",则必有与其"对立"的"反面"——"非存在""在","非存在"由"存在""设定",反之亦然。

"我"与"非我"的关系亦复如是。"意识-理性""设定"了"我",有了"自我意识",则与"我""对立"的"大千世界"皆为"非我",在这个意义上,"非我"乃由"(自)我"之"设定"而"设定",于是"自我""设定""非我"。我们看到,这种"设定"并不是在"经验"的意义上来理解的,而是在"纯粹"的意义上来理解的,"自我"与"非我"的"对立统一"关系乃是"纯粹"的、"本质"的、"哲学"的、"历史"的,因而也是"辩证"的。我们决不能说,在"经验"上大千世界全是"自我""设定"——或者叫"建立"也一样——的,那真成了狄德罗批评的,作如是观的脑袋成了一架"发疯的钢琴"。哲学是很理性的学问,它的这种"视角"的转换——从"经验"的"转换"成"超越"的,从"僵硬"的"转换"成"变化发展"的,从"外在"的"转换"成"内在"的——并非"发疯"式的胡思乱想,恰恰是很有"理路"的,而且还是很有"意义"的:这种"视角"的"转换",使得从"外在"关系看似乎是"风马牛不相及"的"事物"都有了"内在"的联系。"世界在普遍联系之中"。许多事物表面上"离"我们很"远",但作为"事物本身-自身-物自体"看,则"内在"着-"蕴涵"着"对立统一"的"矛盾"的"辩证关系",又是"离"我们很"近"的。海德格尔对此有深刻的阐述。

"日月星辰"就空间距离来说,离我们人类很远很远,但它们在种种方面影响人的生活,又是须臾不可或离的,于是在经验科学尚未深入研究之前,我们祖先就已经在自己的诗歌中吟诵着它们,也在他们的原始宗教仪式中膜拜着它们;尚有那人类未曾识得的角落,或者时间运行尚未到达的"未来",我们哲学已经给它们"预留"了"位置",那就是"非我"。哲学给出这个"纯粹"的"预言",以便一旦它们"出现",或者我们"发现"它们,则作出进一步的科学研究。"自我"随时"准备"

着"迎接""非我"的"挑战"。

"自我"与"非我"的这种"辩证"关系,使得"存在"与"非存在""同出一元",都是我们的"理性""可以把握-可以理解"的:在德国古典哲学,犹如黑格尔所谓的"使得""自在-自为之物""转化"为"为我之物";在海德格尔,乃是"存在"为"使存在",是"动词"意义上的"存在","存在"与"非存在"在"本体论-存在论"上"同一"。

就知识论来说,哲学这种"纯粹"的"视角"的"转换",也有相当重要的意义。知识论也"设定"一个不以人的意志为转移的"客体",这个"客体"乃是一切经验科学的"对象",也是"前提",但是哲学"揭示"着"客体"与"主体"也是"对立统一"的"辩证关系",一切"非主体"就是"客体",于是仍然在"存在-非存在"的关系之中,那一时"用不上"的"未知"世界,同样与"主体"构成"对立统一"关系,从而使"知识论"展现出广阔的天地,成为一门有"无限"前途的"科学",而不局限于"主体-人"的"眼前"的"物质需求"。哲学使人类知识"摆脱""急功近利"的"限制",使"知识"成为"自由"的。"摆脱""急功近利"的"限制",也就是使"知识-科学"有"哲学"的涵养,使"知识-科学"也"纯粹"起来,使"知识-科学"成为"自由"的。古代希腊人在"自由知识"方面给人类的贡献使后人受益匪浅,但这种"自由-纯粹"的"视角",当得益于他们的"哲学"。

从这个意义来看,我们所谓的"纯粹哲学",一方面当然是很"严格"的,从康德到黑格尔的德国古典哲学,哲学有了自己很专业的一面,再到胡塞尔,曾有"哲学"为"最为""严格"(strict-strenge)之称;另一方面,"纯粹哲学"就其题材范围来说,又是极其广阔的。"哲学"的"纯粹视角",原本就是对于那表面上似乎没有关系的、在时空上"最为遥远"的"事物",都能"发现"有一种"内在"的关系。"哲学"有自己的"远"、"近"观。"秦皇汉武"已是"过去"很多年的"事情",但就"纯粹"的"视角"看也并不"遥远",它仍是伽达默尔所谓的"有效应的历史",仍在"时间"的"绵延"之"中",它和"我们"有"内在"的关系。

于是,从"纯粹哲学"的"视角"来看,大千世界、古往今来,都"在""视野"之"中",上至"天文",下至"地理","至大无外"、"至小无内",无不可以"在""视野"之"中";具体到我们这套丛书,在选题方面也就不限于讨论康德、黑格尔、海德格尔等等专题,举凡社会文化、政治经济、自然环境、诗歌文学,甚至娱乐时尚,只要以"纯粹"的眼光,有"哲学"的"视角",都在欢迎之列。君不见,法国福柯探讨监狱、疯癫、医院、学校种种问题,倡导"穷尽细节"之历史"考古"观,以及论题不捐细小的"后现代"诸公,其深入程度,其"解构"之"辩证"运用,岂能以"不纯粹"目之?

"纯粹哲学丛书"改版在即,有以上的话想说,当否敬请读者批评指正。

叶秀山

2007 年 7 月 10 日于北京

序 "纯粹哲学丛书"

　　人们常说，做人要像张思德那样，做一个"纯粹的人"，高尚的人，如今喝水也要喝"纯净水"，这大概都没有什么问题；但是说到"纯粹哲学"，似乎就会引起某些怀疑，说的人，为避免误解，好像也要做一番解释，这是什么原因？我想，这个说法会引起质疑，是有很深的历史和理论的原因的。

　　那么，为什么还要提出"纯粹哲学"的问题？

　　现在来说"纯粹哲学"。说哲学的"纯粹性"，乃是针对一种现状，即现在有些号称"哲学"的书或论文，已经脱离了"哲学"这门学科的基本问题和基本要求，或者可以说，已经没有什么"哲学味"，但美其名曰"生活哲学"或者甚至"活的哲学"，而对于那些真正探讨哲学问题的作品，反倒觉得"艰深难懂"，甚至断为"脱离实际"。在这样的氛围下，几位年轻的有志于哲学研究的朋友提出"纯粹哲学"这个说法，以针砭时弊，我觉得对于哲学作为一门学科的发展是有好处的，所以也觉得是可以支持的。

　　人们对于"纯粹哲学"的疑虑也是由来已久。

　　在哲学里，什么叫"纯粹"？按照西方哲学近代的传统，"纯粹"

（rein，pure）就是"不杂经验"、"跟经验无关"，或者"不由经验总结、概括出来"这类的意思，总之是和"经验"相对立的意思。把这层意思说得清楚彻底的是康德。

康德为什么要强调"纯粹"？原来西方哲学有个传统观念，认为感觉经验是变幻不居的，因而不可靠，"科学知识"如果建立在这个基础上，那么也是得不到"可靠性"，这样就动摇了"科学"这样一座巍峨的"殿堂"。这种担心，近代从法国的笛卡尔就表现得很明显，而到了英国的休谟，简直快给"科学知识""定了性"，原来人们信以为"真理"的"科学知识"竟只是一些"习惯"和"常识"，而这些"习俗"的"根据"仍然限于"经验"。

为了挽救这个似乎摇摇欲坠的"科学知识"大厦，康德指出，我们的知识虽然都来自感觉经验，但是感觉经验之所以能够成为"科学知识"，能够有普遍的可靠性，还要有"理性"的作用。康德说，"理性"并不是从"感觉经验"里"总结-概括"出来的，它不依赖于经验，如果说，感觉经验是"杂多-驳杂"的，理性就是"纯粹-纯一"的。杂多是要"变"的，而纯一就是"恒"，是"常"，是"不变"的；"不变"才是"必然的"、"可靠的"。

那么，这个纯一的、有必然性的"理性"是什么？或者说，康德要人们如何理解这个（些）"纯粹理性"？我们体味康德的哲学著作，渐渐觉得，他的"纯粹理性"说到最后乃是一种形式性的东西，他叫"先天的"——以"先天的"译拉丁文 a priori 不很确切，无非是强调"不从经验来"的意思，而拉丁文原是"由前件推出后件"，有很强的逻辑的意味，所以国外有的学者干脆就称它作"逻辑的"，意思是说，后面的命题是由前面的命题"推断"出来的，不是由经验的积累"概括"出来的，因而不是经验的共同性，而是逻辑的必然性。

其实，这个意思并不是康德的创造，康德不过是沿用旧说；康德的创造性在于他认为旧的哲学"止于"此,就把科学知识架空了,旧的逻辑只是"形式逻辑"——"止于"形式逻辑,而科学知识是要有内容的。康德觉得,光讲形式,就是那么几条,从亚里士多德创建形式逻辑体系以来,到康德那个时代,并没有多大的进步,而科学的知识,日新月异,"知识"是靠经验"积累"的,逻辑的推演,后件已经包含在前件里面,推了出来,也并没有"增加"什么。所以,康德哲学在"知识论"的范围里,主要的任务是要"改造"旧逻辑,使得"逻辑的形式"和"经验的内容"结合起来,也就是像有的学者说的,把"逻辑的"和"非逻辑的"东西结合起来。

从这里,我们看到,即使在康德那里,"纯粹"的问题,也不是真的完全"脱离实际"的;恰恰相反,康德的哲学工作,正是要把哲学做得既有"内容",而又是"纯粹"的。这是一件很困难的工作,康德做得很艰苦,的确也有"脱离实际"的毛病,后来受到很多的批评,但是就其初衷,倒并不是为了"钻进象牙之塔"的。

康德遇到了什么困难?

我们说过,如果"理性"的工作,只是把感觉经验得来的材料加工酿造,提炼出概括性的规律来,像早年英国的培根说的那样"归纳"出来的,那么,一来就不容易"保证""概括"出来的东西一定有普遍必然性,二来这时候,"理性"只是"围着经验转",也不大容易保持"自己",这样理解的"理性",就不会是"纯粹"的。康德说,他的哲学要来一个"哥白尼式的大革命",就是说,过去是"理性"围着"经验"转,到了我康德这里,就要让"经验"围着"理性"转,不是让"纯粹"的东西围着"不纯"的东西转受到"污染",而是让"不纯"的东西围着"纯粹"的东西转得到"净化"。这就是康德说的不让"主体"围着"客体"转,而让"客体"围着"主体"转的意义所在。

我们看到,不管谁围着谁转,感觉经验还是不可或缺的,康德主观上并不想当"脱离实际"的"形式主义者";康德的立意,还是要改造旧逻辑,克服它的"形式主义"的。当然,康德的工作也只是一种探索,有许多值得商讨的地方。

说实在的,在感觉经验和理性形式两个方面,要想叫谁围着谁转都不很容易,简单地说一句"让它们有机地结合起来"当然并不解决问题。

康德的办法是提出一个"先验的"概念来统摄感觉经验和先天理性这两个方面,并使经验围着理性转,以保证知识的"纯粹性"。

康德的"先验的"原文为 transcendental,和传统的 transcendent 不同,后者就是"超出经验之外"的意思,而前者为"虽然不依赖经验但还是在经验之内"的意思。

康德为什么要把问题弄得如此的复杂?

原来康德要坚持住哲学知识论的纯粹性而又具有经验的内容,要有两个方面的思想准备。一方面"理性"要妥善地引进经验的内容,另一方面要防止那本不是经验的东西"混进来"。按照近年的康德研究的说法,"理性"好像一个王国,对于它自己的王国拥有"立法权",凡进入这个王国的都要服从理性为它们制定的法律。康德认为,就科学知识来说,只有那些感觉经验的东西,应被允许进入这个知识的王国,成为它的臣民;而那些根本不是感觉经验的东西,亦即不能成为经验对象的东西,譬如"神-上帝",乃是一个"观念-理念",在感觉经验世界不存在相应的对象,所以它不能是知识王国的臣民,它要是进来了,就会不服从理性为知识制定的法律,在这个王国里,就会闹矛盾,而科学知识是要克服矛盾的,如果出现不可避免的矛盾,知识王国-科学的大厦,就要土崩瓦解了。所以康德在他的第一批判——《纯粹理性批判》里,一方面要仔细研究理性的立法作用;另一方面要仔细厘定理性的职权范围,防止越出经验的范围之外,越过了自己的权限——防止理性的僭越,管了那本不是它的臣民的事。所以康德的"批判",有"分析"、"辨析"、"划界限"的意思。

界限划在哪里?正是划在"感觉经验"与"非感觉经验-理性"上。对于那些不可能进入感觉经验领域的东西,理性在知识王国里,管不了它们,它们不是这个王国的臣民。

康德划这一界限还是很有意义的,这样一来,举凡宗教信仰以及想涵盖信仰问题的旧形而上学,都被拒绝在"科学知识"的大门以外了,因为它们所涉及的"神-上帝"、"无限"、"世界作为一个大全"等等,就只是一些"观念"(ideas),而并没有相应的感觉经验的"对象"。这样,康德就给"科学"和"宗教"划了一条严格的界限,而传统的旧形而上学,就被断定为"理性"的"僭越";而且理性在知识范围里一"僭越",就会产生不可克服的矛盾,这就是他的有名的"二律背反"。

在这个意义上,我们看到,在知识论方面,康德恰恰是十分重视感觉经验的,也是十分重视"形式"和"内容"的结合的。所以批评康德知识论是"形式主义",猜想他是不会服气的,他会说,他在《纯粹理性批判》里的主要工作就是论证"先天综合判断"如何可能,既然是"综合"的,就不是"形式"的,在这方面,他是有理由拒绝"形式主义"的帽子的;他的问题出在那些不能进入感觉经验的东西上。他说,既然我们所认知的是事物能够进入感觉经验的一面,那么,那不能进入感觉经验的另一面,就是我们科学知识不能达到的地方,我们在科学上则是一无所知;而通过我们的感官进得来的,只是一些印象(impression)、表象(appearance),我们的理性在知识上,只能对这些东西根据自己立的法律加以"管理",使之成为科学的、具有必然真理性的知识体系,所以我们的科学知识"止于""现象"(phenomena),而"物自身"(Dinge an sich)、"本体"(noumena)则是"不可知"的。

原来,在康德那里,这种既保持哲学的纯粹性,又融入经验世界的"知识论"是受到"限制"的,康德自己说,他"限制""知识",是为"信仰"留有余地。那么,就我们的论题来说,康德所理解的"信仰"是不是只是"形式"的? 应该说,也不完全是。

我们知道,康德通过"道德"引向"宗教-信仰"。"知识"是"必然"的,所以它是"科学";"道德"是"自由"的,所以它归根结蒂不能形成一门"必然"的"科学知识"。此话怎讲?

"道德"作为一门学科,讨论"意志"、"动机"、"效果"、"善恶"、"德性"、"幸福"等问题。如果作为科学知识来说,它们应有必然的关系,才是可以知道、可以预测的;但是,道德里的事,却没有那种科学的必然性,因而也没有那种"可预测性"。在道德领域里,一定的动机其结果却不是"一定"的;"德性"和"幸福"就更不是可以"推论"出来的。世上有德性的得不到幸福,比比皆是;而缺德的人往往是高官得做、骏马得骑。有那碰巧了,既有些德性,也有些幸福的,也就算是老天爷开恩了。于是,我们看到,在经验世界里,"德性"和"幸福"的统一,是偶尔有之,是偶然的,不是必然的。我们看到一个人很幸福,不能必然地推断他一定就有德性,反之亦然。在这个意义上,这种关系,是不可知的。

所谓"不可知",并不是说我们没有这方面的感觉经验的材料,对于人世的"不公",我们深有"所感";而是说,这些感觉材料,不受理性为知识提供的先天法则的管束,形不成必然的推理,"不可知"乃是指的这层意思。

"动机"和"效果"也是这种关系,我们不能从"动机"必然地"推论"出"效果",反之亦然。也就是说,我们没有足够的理由说一个人干了一件"好事",就"推断"他的"动机"就一定也是"好"的;也没有足够的理由说一个人既然动机是好的,就一定会做出好的事情来。

之所以会出现这种情况,乃是因为"道德"的问题概出于意志的

"自由"，而"自由"和"必然"是相对立的。

要讲"纯粹"，康德这个"自由"是最"纯粹"不过的了。"自由"不但不能受"感觉经验-感性欲求"一点点的影响，而且根本不能进入这个感觉经验的世界，就是说，"自由"不可能进入感性世界成为"必然"。这就是为什么康德把他的《实践理性批判》的主要任务定为防止"理性"在实践-道德领域的"降格"：理性把原本是超越的事当做感觉经验的事来管理了。

那么，康德这个"自由"岂不是非常的"形式"了？的确如此。康德的"自由"是理性的"纯粹形式"，它就问一个"应该"，向有限的理智者发出一道"绝对命令"，至于真的该做"什么"，那是一个实际问题，是一个经验问题，实践理性并不给出"教导"。所以康德的伦理学，不是经验的道德规范学，而是道德哲学。

那么，康德的"纯粹理性"到了"实践-道德"领域，反倒更加"形式"了？如果康德学说止于"伦理学"，止于"自由"，则的确会产生这个问题；但是我们知道，康德的伦理道德乃是通向宗教信仰的桥梁，它不止于此。康德的哲学"止于至善"。

康德解释所谓"至善"有两层含义：一是指单纯意志方面的，是最高的道德的善；一是更进一层为"完满"的意思。这后一层的意义，就引向了宗教。

在"完满"意义上的"至善"，就是我们人类最高的追求目标："天国"。在这个意义上，我们人类要不断地修善，"超越""人自身"——已经孕育着尼采的"超人"(？)，而争取进入"天国"。

在"天国"里，一切的分离对立都得到了"统一"。"天国"不仅仅是"理想"的，而且是"现实"的。在"天国"里，凡理性的，也就是经验的，反之亦然。在那里，"理性"能够"感觉"、"经验的"，也就是"合理的"，两者之间有一种"必然"的关系，而不像尘世那样，两者只是偶尔统一。这样,在那个世界,我们就很有把握地说,凡是幸福的,就一定是有德的,而绝不会像人间尘世那样,常常出现"荒诞"的局面,让那有德之人受苦,而缺德之人却得善终。于是,在康德的思想里,"天国"恰恰不是"虚无缥缈"的,而是实实在在的,它是一个"理想",但也是一个"现实";甚至我们可以说,唯有"天国"才是既理想又现实的,于是,我们可以说这是一种"完满"意义上的"至善"。

想象一个美好的"上天世界"并不难,凡是在世间受到委屈的人都会幻想一个美妙的"天堂",他的委屈就会得到平申;但是建立在想象和幻想上的"天堂",是很容易受到怀疑和质询的,中国古代屈原的"天问",直到近年描写莫扎特的电影 Amadeus,都向这种想象的产物发出了疑问,究其原因,乃是这个"天堂"光是"理想"的,缺乏"实在性";康德的"天国",在他自己看来,却是"不容置疑"的,因为它受到严格的"理路"的保证。在康德看来,对于这样一个完美无缺、既合理又实实在在的"国度"只有理智不健全的人才会提出质疑。笛卡尔有权怀疑一切,康德也批评过他的"我思故我在"的命题,因为那时康德的领域是"知识的王国";如果就"至善-完满"的"神的王国-天国"来说,那么"思"和"在"原本是"同一"的,"思想的",就是"存在的",同理,"存在"的,也必定是"思想"的,"思"和"在"之间,有了一种"必然"的"推理"关系。对于这种关系的质疑,也就像对于"自然律"提出质疑一样,本身"不合理",因而是"无权"这样做的。

这样,我们看到,康德的"知识王国"、"道德王国"和"神的王国-天国",都在不同的层面和不同的意义上具有现实的内容,不仅仅是形式的,但是没有人怀疑康德哲学的"纯粹性",而康德的"(纯粹)哲学"不是"形式哲学"则也就变得明显起来。

表现这种非形式的"纯粹性"特点的,还应该提到康德的第三批判:《判断力批判》。就我们的论题来说,《判断力批判》是相当明显地表现了形式和内容统一的一个领域。

通常我们说,《判断力批判》是《纯粹理性批判》和《实践理性批判》之间的桥梁,或者是它们的综合,这当然是正确的;这里我们想补充说的是:《判断力批判》所涉及的世界,在康德的思想中,也可以看做是康德的"神的王国-天国"的一个"象征"或"投影"。在这个世界里,现实的、经验的东西,并不仅仅像在《纯粹理性批判》里那样,只是提供感觉经验的材料(sense data),而是"美"的,"合目的"的;只是"审美的王国"和"目的王国"还是在"人间",它们并不是"天国"。在这个意义上,我们具有(有限)理性的人,如果努力提高"鉴赏力-判断力",提高"品位-趣味",成了"高尚的人","脱离了低级趣味的人",那么就有能力在大自然和艺术品里发现"理性"和"感性"、"形式"和"内容"、"合目的性"和"合规律性"等等之间的"和谐"。也就是说,我们就有能力在经验的世界里,看出一个超越世界的美好图景。康德说,"美"是"善"的"象征","善"通向"神的王国",所以,我们也可以说,"美"和"合目的"的世界,乃是"神城-天国"的"投影"。按基督教的说法,这个世界原本也是"神""创造"出来的。

"神城-天国"在康德固然言之凿凿,不可动摇对它的信念,但是毕竟太遥远了些。康德说,人要不断地"修善",在那绵绵的"永恒"过程中,人们有望达到"天国"。所以康德的实践理性的"公设"有一条必不可少的就是"灵魂不朽"。康德之所以要设定这个"灵魂不朽",并不完全是迷信,而是他觉得"天国"路遥,如果灵魂没有"永恒绵延",则人就没有"理由"在今生就去"修善",所以这个"灵魂不朽"是"永远修善"所必须要"设定"的。于是,我们看到,在康德哲学中,已经含有了"时间"绵延的观念,只是他强调的是这个绵延的"永恒性",而对于"有限"的绵延,即人的"会死性"(mortal)则未曾像当代诸家那么着重地加以探讨;但是他抓住的这个问题,却开启了后来黑格尔哲学的思路,即把哲学不仅仅作为一些抽象的概念的演绎,而是一个时间的、历史的发展过程,强调"真理"是一个"全""过程",进一步将"时间"、"历史"、"发展"的观念引进哲学,形成了一个庞大的哲学体系。

黑格尔哲学体系可以说是"包罗万象",是百科全书式的,却不是驳杂的,可以说是"庞"而不"杂"。人们通常说,黑格尔发展了谢林的"绝对哲学",把在谢林那里"绝对"的直接性,发展为一个有矛盾、有斗争的"过程",而作为真理的全过程的"绝对"却正是在那"相对"的事物之中,"无限"就在"有限"之中。

"无限"在"有限"之中,"有限""开显"着"无限",这是黑格尔强调的一个非常重要的思想。这个思路,奠定了哲学"现象学"的基础,所以,马克思说,《精神现象学》是理解黑格尔哲学的钥匙。

"现象学"出来,"无限"、"绝对"、"完满"等等,就不再是抽象孤立的,因而也是"遥远"的"神城-天国",而就在"有限"、"相对"之中,并不是离开"相对"、"有限"还有一个"绝对"、"无限"在,于是,哲学就不再专门着重去追问"理性"之"绝对"、"无限",而是追问:在"相对"、"有限"的世界,"如何""体现-开显"其"不受限制-无限"、"自身完满-绝对"的"意义"来。"现象学"乃是"显现学"、"开显学"。从这个角度来说,黑格尔的哲学显然也不是"形式主义"的。

实际上黑格尔是在哲学的意义上扩大了康德的"知识论",但是改变了康德"知识论"的来源和基础。康德认为,"知识"有两个来源:一个是感觉经验,一个是理性的纯粹形式。这就是说,康德仍然承认近代英国经验主义者的前提:知识最初依靠着感官提供的材料,如"印象"之类的,只是康德增加了另一个来源,即理性的先天形式;黑格尔的"知识"则不依赖单纯的感觉材料,因为人的心灵在得到感觉时,并不是"白板一块",心灵-精神原本是"能动"的,而不仅仅是"被动"地接受。"精神"原本是自身能动的,不需要外在的感觉的刺激和推动。精神的能动性使它向外扩展,进入感觉的世界,以自身的力量"征服"感性世界,使之"体现"精神自身的"意义"。因而,黑格尔的"知识",乃是"精神"对体现在世界中的"意义"的把握,归根结蒂,也就是精神对自身的把握。所以在这个意义上,黑格尔的"科学-知识"(Wissenschaft),并不是一般的经验科学知识理论,而是"哲学",是"纯粹的知识",即"精神"在历史发展的进程中、在时间的进程中对精神自身的把握。

精神(Geist)是一个生命,是一种力量,它在时间中经过艰苦的历程,征服"异己",化为"自己",以此"充实"自己,从一个抽象的"力"发展成有实在内容的"一个""自己",就精神自己来说,此时它是"一"也是"全"。精神的历史,犹如海纳百川,百川归海为"一",而海因容纳百川而成其"大-全"。因此,"历经沧桑"之后的"大海",真可谓是"一个"包罗万象、完满无缺的"大-太一"。

由此我们看到,黑格尔的《精神现象学》作为"现象学-显现学",乃是精神——通过艰苦卓绝的劳动——"开显""自己""全部内容"的"全过程"。黑格尔说,这才是"真理-真之所以为真(Wahrheit)"——一个真实的过程,而不是"假(现)象"(Anschein)。

于是,我们看到,在康德那里被划为"不可知"的"本体-自身",经过黑格尔的改造,反倒成了哲学的真正的"知识对象",而这个"对象"不是"死"的"物",而是"活"的"事",乃是"精神"的"创业史",一切物理的"表象",都在这部"精神创业史"中被赋予了"意义"。精神通过自己的"劳作",把它们接纳到自己的家园中来,不仅仅是一些物质的"材料"-"质料",而是一些体现了"精神"特性(自由-无限)的"具体共相-理念",它们向人们——同样具有"精神"的"自由者-无限者(无论什么具体的事物都限制不住)"——"开显"自己的"意义"。

就我们现在的论题来说,可以注意到黑格尔的"绝对哲学"有两方面的重点。

一方面，我们看到，黑格尔的"自由-无限-绝对"都是体现在"必然-有限-相对"之中的，"必然-有限-相对"因其"缺乏"而会"变"，当它们"变动"时，就体现了有一种"自由-无限-绝对"的东西在内，而不是说，另有一个叫"无限"的东西在那里。脱离了"有限"的"无限"，黑格尔叫做"恶的无限"，譬如"至大无外"、"至小无内"，一个数的无限增加，等等，真正的"无限"就在"有限"之中。黑格尔的这个思想，保证了他的哲学不会陷于一种抽象的概念的旧框框，使他的精神永远保持着能动的创造性，也保持着精神的历程是一个有具体内容的、非形式的过程。在这个意义上，黑格尔的"绝对"并不是一个普遍的概念，而是具体的个性。这个"个性"，在它开始"创世"时，还是很抽象的，而在它经过艰苦创业之后"回到自己的家园"时，它的"个性"就不再是抽象、空洞的了，而是有了充实的内容，成了"真""个性"了。

另一方面，相反的，那些康德花了很大精力论证的"经验科学"，反倒是"抽象"的了，因为这里强调的只是知识的"普遍性"，这种普遍性又是建立在"感觉的共同性"和理性的"先天性-形式性"基础之上的，因而它们是静止的，静观的，而缺少精神的创造性，也就缺少精神的具体个性，所以这些知识只能是"必然"的，而不是"自由"的。经验知识的共同性，在黑格尔看来，并不"纯粹"，因为它不是"自由"的知识；而"自由"的"知识"，在康德看来又是自相矛盾的，自由而又有内容，乃是"天国"的事，不是现实世界的事。而黑格尔认为，"自由"而又有内容，就在现实之中，这样，"自由"才是具体的，不是抽象的形式。这样，在黑格尔看来，把"形式"与"内容"割裂开来，反倒得不到"纯粹"的知识。

于是，我们看到，在黑格尔那里，"精神"的"个性"，乃是"自由"的"个性"，不是抽象的，也不是经验心理学所研究的"性格"——可以归到一定的"种""属"的类别概念之中。"个体"、"有限"而又具有"纯粹性",正是"哲学"所要追问的不同于经验科学的问题。

那么,为什么黑格尔哲学被批评为只讲"普遍性"、不讲"个体性"的,比经验科学还要抽象得多的学说?原来,黑格尔在《精神现象学》中许诺,他的精神在创业之后,又回到自己的"家园",这就是"哲学"。"哲学"是一个概念的逻辑系统,于是在《精神现象学》之后,尚有一整套的"逻辑学"作为他的"科学知识(Wissenschaften)体系"的栋梁。在这一部分里,黑格尔不再把"精神"作为一个历史的过程来处理,而是作为概念的推演来结构,构建一个概念的逻辑框架。尽管黑格尔把他的"思辨概念-总念"和"表象性"抽象概念作了严格的区别,但是把一个活生生的精神的时间、历史进程纳入到逻辑推演程序,不管如何努力使其"自圆其说",仍然留下了"抽象化"、"概念化"的痕迹,以待后人"解构"。

尽管如此,黑格尔哲学仍可以给我们以启示:黑格尔的"绝对精神"既是"先经验的-先天的",同样也是"后经验的-总念式的"。

"绝对精神"作为纯粹的"自由",起初只是"形式的"、没有内容的、空洞的、抽象的;当它"经历"了自己的过程——征服世界"之后",回到了"自身",这时,它已经是有内容、充实了的,而不是像当初那样是一个抽象概念了。但是,此时的"精神"仍然是"纯粹"的,或者说,这才是真正意义上的有了内容的"纯粹",不是一个空洞的"纯粹",因为,此时的经验内容被"统摄"在"精神-理念"之中。于是就"精神-理念"来说,并没有"另一个-在它之外"的"感觉经验世界"与其"对立-相对",所以,这时的"精神-理念"仍是"绝对"的,"精神-理念"仍是其"自身";不仅如此,此时的"精神-理念"已经不是一个"空"的"躯壳-形式",而是有血肉、有学识、有个性的活生生的"存在"。

这里我们尚可以注意一个问题:过去我们在讨论康德的"先验

性-先天性"时,常常区分"逻辑在先"和"时间在先",说康德的"先天条件"乃是"逻辑在先",而不是"时间在先",这当然是很好的一种理解;不过运思到了黑格尔,"时间"、"历史"的概念明确地进入了哲学,这种区分,在理解上也要作相应的调整。按黑格尔的意思,"逻辑在先-逻辑条件"只是解决"形式推理"问题,是不涉及内容的,这样的"纯粹"过于简单,也过于容易了些,还谈不上真正意义上的"纯粹";真正的"纯粹"并不排斥"时间",相反,它就在"时间"的"全过程"中,"真理"是一个"全"。这个"全-总体-总念"也是"超越","超越"了这个具体的"过程",有一个"飞跃","1"+"1"大于"2"。这就是"meta-physics"里"meta"的意思。在这个意思上,我们甚至可以说,真正的、有内容的"纯粹"是在"经验-经历"之"后",是"后-经验"。这里的"后",有"超越"、"高于"的意思,就像"后-现代"那样,指的是"超越"了"现代"(modern)进入一个"新"的"天地","新"的"境界",这里说的是"纯粹哲学"的"境界"。所以,按照黑格尔的意思,哲学犹如"老人格言",看来似乎是"老生常谈",甚至"陈词滥调",却包容了老人一生的经验体会,不只是空洞的几句话。

说到这里,我想已经把我为什么要支持"纯粹哲学"研究的理由和我对这个问题的基本想法说了出来。最后还有几句话涉及学术研究现状中的某些侧面,有一些感想,也跟"纯粹性"有关。

从理路上,我们已经说明了为什么"纯粹性"不但不排斥联系现实,而且还是在深层次上十分重视现实的;但是,在做学术研究、做哲学研究的实际工作中,有一些因素还是应该"排斥"的。

多年来,我有一个信念,就是哲学学术本身是有自己的吸引力的,因为它的问题本身就在一个更高的层面上涉及现实的深层问题,所以不是一种脱离实际的孤芳自赏或者闲情逸致;但它也需要"排斥"某些"急功近利"的想法和做法，譬如，把哲学学术当做仕途的敲门砖，"学而优则仕"，"仕"而未成就利用学术来"攻击"，骂这骂那，愤世嫉俗，自标"清高"，学术上不再精益求精；或者拥学术而"投入市场"，炒作"学术新闻"，标榜"创新"而诽谤读书，诸如此类，遂使哲学学术"驳杂"到自身难以存在。这些做法，以为除了鼻子底下、眼面前的，甚至肉体的欲求之外，别无"现实"、"感性"可言。如果不对这些有所"排斥"，哲学学术则无以自存。

所幸尚有不少青年学者，有感于上述情况之危急，遂有"纯粹哲学"之论，有志于献身哲学学术事业，取得初步成果，并得到江苏人民出版社诸公的支持，得以"丛书"名义问世，嘱我写序，不敢怠慢，遂有上面这些议论，不当之处，尚望读者批评。

叶秀山

2001 年 12 月 23 日于北京

作者的话：存在与存在者的区别

在我们这个流派纷呈的时代，海德格尔几乎是作为对自柏拉图以来的欧洲形而上学传统进行最强有力批判的思想家而独步了大半个世纪。不管是给东方学者带来共鸣的惊讶，还是给西方研究者带来振聋发聩的冲击，都是基于他对形而上学传统的有力批判。而这种批判又是建立在他对存在问题的独特追问与思考之上的。海德格尔终其一生所探究的一个根本问题就是存在问题（Seinsfrage）。他作为20世纪最伟大的哲学家之一，其独特魅力就在于他对存在问题的追问与思考。人们不禁要问，从根本上说，形而上学追问的难道不也一直是存在问题吗？为什么对存在问题的追问反倒成了海德格尔哲学的独特之处？海德格尔对存在问题的追问和思考究竟独特在什么地方，以致使他能够对向来也以追问存在问题为己任的形而上学传统作出如此根本性的批判，海德格尔对存在问题所作的独特追问与思考是否确实如他自己所坚信的那样，足以从根本上克服形而上学？

的确，形而上学试图追问的就是存在的问题。但是，它的追问方式使它真正追问的却成了存在的根据（Grund）问题。在海德格尔看来,正是由于形而上学追问的是存在的根据,它一开始就错过了存在(Sein)本身而把存在者(Seiende)当作存在。换句话说,在海德格尔看来,形而上学一开始就混淆了存在与存在者。这种混淆使形而上学一再把存在者错当作存在来追问,因而形而上学真正追问的并不是存在本身。从另一个角度说,这意味着海德格尔对形而上学的批判与克服是从区分存在与存在者出发的。正是这种区分,使海德格尔对存在问题的追问具有不同凡响之处。这一点已为一些研究者所揭示。现在我们要进一步追问的是:海德格尔是如何作出这种区分的?这种区分是如何可能的? 只有澄清了这一问题,我们才能真正理解海德格尔对存在问题的独特追问与思考,也才能去衡量海德格尔是在什么层次上和什么程度上克服了形而上学。

区分存在与存在者绝不意味着把存在与存在者分割开来,好像存在可以脱离存在者,而存在者也可以没有存在似的。对海德格尔来说,存在总是存在者的存在,而存在者则总是存在着的存在者。并不存在可以脱离存在者的某种"存在",这种可以独立于一切存在者的"存在"本身一定是一种存在者,尽管只是一种想象中的存在者。

存在总是存在者的存在,这一方面意味着存在与存在者不可分割地共属(zusammengehört)于同一(Selbe);另一方面则意味着存在与存在者有差别(Differenz),这种差别表明,存在不是存在者(Das Sein ist nicht das Seiende)。换一种说法,这等于说,存在就是对存在者的否定(Das Sein ist Nicht zum Seienden)。而用现象学语言说,这则意味着,存在是对存在者的悬搁,或者说,存在就是括去了存在者的那个剩余者。如果说存在者总是某种什么(etwas),是"有",那么存在就一定不是什么(nicht etwas),就是什么也不是的"无"(Nichts)。所以,海德格尔说:"无就是存在者的否定,因而是从存者那里经验到的存在。存在论的差别（无）就是存在者与存在之间的否定。"①无并非不存在，无不是存在者，不是"什么"，但无存在着，而且，也正因为无不是什么，不是存在者，无才作为存在而存在；同样，存在也只是作为什么也不是的无，存在才是存在自身。

于是，无既是对存在者的否定，同时也就是存在本身；而存在作为存在自身，同时也就是否定了存在者的无。因此，在海德格尔这里，存在与存在者的区分是在存在论差别意义上的区分，也即是说，存在与存在者的区分也就是存在与存在者的差别。而存在与存在者的差别，就存在论意义上而言，不是指别的，就指存在（无）是对存在者的否定。

但是，这种否定不是概念式的否定，也不是虚无主义式的否定，而是现象学意义上的否定。因此，存在既不是否定性的纯粹概念，也不是否弃一切的空寂，而是括去了存在者之后的那个剩余物。作为现象学的剩余物，它就是纯粹的现象本身，也即是说，它只是作为什么也不是的自身（Seblst）而显现着。那么，存在作为对存在者的否定，也就等于说，存在是作为什么也不是的自身而显现。

存在不是某种什么，不是存在者，因而我们不能问它是什么。但存在显现着，它作为什么也不是的自身显现着。这是海德格尔所追问的存在的一个最根本的现象学特征，也是存在区别于存在者的根本所在。

显而易见的是，"存在与存在者的区分是如何可能的？"这一问题的进一步提法是：存在作为什么也不是的自身显现是如何可能的？或者说，存在作为自身是如何显现的？存在总是存在者的存在，那么存在者又是如何被括去而显现为什么也不是的存在的？而存在者也

---

① 海德格尔：《论根据的本质》，法兰克福，1965年，第5页。

总是存在着的存在者,因此,同样要问:存在是如何被遮盖而转呈为存在者的? 这是海德格尔在区分了存在与存在者之后必须给予回答的问题。

存在总是存在者的存在向人们提示了一点,即,要回答"存在者是如何被括去而显现为什么也不是的存在?"这一问题,必须找到这样的存在者,这种存在者能够展示它的存在,即能够括去自己而作为什么也不是的自身出现,同时也能够忘却和遮盖自身而作为某种什么(角色)出现。这种存在者就是我们自己向来所是的存在者,海德格尔称之为 Dasein(此在)。①

此在是在与他人他物的种种关联(Bezug)中从事某种什么活动而作为某种存在者出现的,比如它是工人、学者、政治家、商人等。这些日常角色标明的是作为存在者的此在而不是此在自身,换句话说,作为存在者,此在展现为诸如农民、工人、学者等日常关联中的日常角色。因此,此在要展示它的存在,也就是要作为什么也不是的自身出现,它必须能够退出与他人他物的一切关联,因为只要此在还置身于与他人他物的关联中,它就作为某种存在者,即某种日常角色出现,而不是作为什么也不是的自身出现。这表明,此在作为自身存在乃是一种无关联的存在。作为这种无关联的存在,此在存在着(ist),如此而已。海德格尔把此在的这种存在称为生存(Existenz)。此在生存着(existiert),但它不是什么,它不是学者、政治家,这些日常角色只是它作为存在者的一种可能性,必须首先以它生存为前提。

但是,此在只有先行(Vorlaufen)到死亡之中而经受和持守着死亡,才能真正退出一切关联而作为什么也不是的自身生存着。对于

---

① 对 Dasein 一词我这里采用了《存在与时间》中的译法,称为"此在"。这是直译,其他诸如亲在、缘在等都带有太强的解释性味道。下面涉及的重要概念,凡采用已有译法,将尽量标明,凡有新译,其理由从上下文即可看出,不作另外说明。

此在这种存在者来说，死亡并不是远离在外的某种意外灾难或不幸事件，死亡恰恰是最本己、不可替代的可能性而为它自己所固有。此在作为自身存在，向来就是被抛的存在。这首先指的就是此在是且不得不是向死亡这种可能性存在。此在只有先行地领会着死亡这种可能性，也就是敞开这种可能性而承担起这种可能性，此在才作为无关联的自身而存在，或者说，此在才作为什么也不是的自身出现。换句话说，此在敞开（先行领会）死亡这种可能性，也就是敞开它自身的存在。

此在敞开死亡也就是持守（经受）着死亡。此在不仅只是在这种持守中才展现其自身存在，而且也只是在这种持守中，才能让其他存在者作为什么也不是的自身存在。

简单地说，此在必须括去一切什么，退出一切关联，才能作为其自身存在，才不是作为存在者而是作为什么也不是的存在出现。而且也只是在退出一切关联而作为自身存在时，此在才能让其他存在者不是作为某种什么，而是作为什么也不是的自身显现。要而言之，仅当此在退出一切关联，才能括去（否定）存在者而让……存在(Sein-lassen)。而此在要退出一切关联，则是以持守死亡这种可能性为前提的，海德格尔把"持守死亡这种可能性"这一现象称为本源意义的将来。但是，这种将来并不是可以与过去和现在分割的将来，相反，这种将来同时也是过去（重演）和现在（当下）。因为"持守（经受）死亡这种可能性"作为此在的被抛存在，它是可重演(Wiederholung)的：此在是且不得不一直是向死亡存在，也就是持守且不得不一直持守着死亡这种可能性。在这个意义上说，将来同时就是过去。不仅如此，"持守且不得不一直持守着死亡"这种现象作为被抛的存在同时意味着能够且不得不让……存在，即能够且不得不让……作为什么也不是的自身来相遇照面(Begegnen)。而这种"持守且不得不一直持守着死亡而让……存在"被海德格尔规定为时间性的本真到时,也即本真的本源时间。

这也就是说,存在者之所以能够被括去(否定)而作为什么也不是的存在出现(显现)是以本真的本源时间为前提。更简单地说,存在的显现或出现是以本真的本源时间为前提,或者是与本真的本源时间同一。

时间性既能本真地到时(zeitigen),也能非本真地到时。因此,本源时间有本真与非本真之分。如果说本真的本源时间是存在显现的时机(可能性前提),那么非本真的本源时间则是存在者作为某种什么来相遇照面的前提。

因此,我们有理由认为,海德格尔对存在与存在者的区分是以他对本源时间的觉悟与分析为前提的。而这同时也就意味着他对形而上学的批判与克服是建立在他对时间问题的追问之上的。如果说是因为混淆了存在与存在者而遗忘了存在本身才产生了形而上学,那么现在可以进一步说,恰是因为遗忘和掩盖了本源时间才导致混淆了存在与存在者。

那么,本源时间是如何被遗忘和掩盖的?这种遗忘和掩盖在学理上会带来什么样的问题?正是这种遗忘与掩盖所带来的问题为本源时间的觉悟准备了前提。如果把海德格尔对时间问题的思考放在问题史当中来考虑,那么我们也就不会把他当作一个西方怪杰,更不会把他当作一个东方来客。他对时间问题的追问已由历史作了准备工作。所以,我把本书中试图清理这些准备工作的第一章叫"问题的提出"。

从上面的分析中我们知道,海德格尔对存在的追问与思考是从时间问题着手的。他对存在与存在者的区分建立在他对本源时间的揭示基础之上。因此,必须澄清本源时间是如何到时,如何展现的,才能澄清海德格尔所要追问的存在问题:存在是如何显现,如何出场的? 也就是如何有存在(Wie gibt es Sein)? 这是我在第三章所要完成的任务。

但是,本源时间作为此在存在的显现或掩盖,我们必须首先弄清这一存在的基本特征及其展开方式,才能进一步去澄清本源时间是如何到时、如何展现这一问题的。我将在第二章完成这一准备工作。

形而上学遗忘和掩盖了本源时间,这并非意味着它没有自己的时间观,它倒恰恰是以认同和接受物理学时间为前提的。因此,克服形而上学所面临的一个任务就是对物理学时间作出本源的时间性解释。见第四章。

在海德格尔这里,由于对形而上学的批判与克服是建立在一个独特的基础之上的,因此,这种批判与克服也是独特的。对于海德格尔来说,克服形而上学并不能像抛弃一种观点那样把形而上学置之脑后就能了事。克服形而上学倒要求人们要经受(Verwinden)形而上学,也就是把形而上学消解(Destruktion)为对存在的一种可能的领会和理解,即一种迷误的领会。而要真正完成这种消解,则必须找出进行形而上学追问的形而上学之人,并且取消人的这种形而上学身份——主体之人。这是本书最后所要阐明的。

需要指出的是,本书作者追求的并不是刻画海德格尔哲学的概貌及其细节,而是对海德格尔哲学中的问题本身的理解。在我看来,真正的哲学研究,不管是对哲学问题本身的思考还是对哲学史的探讨,都不可能采取中立的静观方式,而只能是"设身处地"的方式。这就是"让⋯⋯作为自身出现而与之相遇和同一"。我们只有能够让哲学问题自身出现,并且根据问题本身给出的启示进行思考,才能真正进行哲学探索。要真正理解一个哲学家或者一部哲学史,必须首先理解他或它所面临的问题。哲学家所面临的问题绝不是哲学家自己随便提出的问题,而是哲学家"让"出来或"倾听"出来的问题。只有在哲学家的这种"让"和"倾听"活动中,哲学问题才会真正出现。因此,要理解哲学家所面临的问题,必须一样努力地"让"出这些问题。

这绝不是意味着要跟随哲学家,亦步亦趋,相反,只有能"让"出哲学家面临的问题,才能真正决定是跟随他,还是反对他。在没有"让"出哲学家面临的问题的情况下,对哲学家的任何评论,哪怕是"概论"性的议论,都既不能被视为支持他,也不能被当作反对他,而只能被当作局外人的一种无关紧要的议论。

当然,这种要求只是本书的一种努力,它希图通过这种努力来表明哲学研究所固有的严肃性与本己性。至于本书是否完全达到这种要求,则需要由能"设身处地"的读者来评判。

目　录

1

第一章　问题的提出

　　在西方哲学传统中,存在与时间几乎是两个互不相关,甚至是相互排斥的概念。然而,海德格尔却坚信,哲学要真正把存在作为存在本身来思考,就必须从时间问题着手。在海德格尔哲学中,时间问题并不是众多问题中的一个问题,而是规定着以何种方式解决这些问题的先导性问题。在海德格尔看来,形而上学对时间的排斥,绝不意味着时间问题对它来说是无关紧要的,恰恰表明了形而上学以其特有的时间观为前提,即认同"物理学"时间而掩盖和遗忘了本源时间。正是因为对本源时间的这种掩盖和遗忘,形而上学才一再把存在者错当作存在本身而遗忘了存在。

　　因此,海德格尔重提存在问题具有何种程度上的必要性和迫切性,就取决于他如何重新提出时间问题,以及如何解决这一问题。一旦澄清了海德格尔是"如何重新提出时间问题的"这一问题,那么同时也就提供出了本书作者为什么把海德格尔哲学中的时间问题专门提出来讨论的理由。

　　海德格尔显然是针对形而上学对本源时间的掩盖与遗忘而重提时间问题的,因而,必须首先澄清形而上学是如何掩盖和遗忘了本源时间,才能真正理解海德格尔是如何重新提出时间问题。

如果把明确重提时间问题这一哲学事件放在历史中当作一种历史现象来看待,那么我们有理由把它看作是本源时间意识的觉醒。这种"觉醒"并不是一种"偶然现象",它同样有其历史性的准备工作。这种准备工作在历史上曾经展现为自由与(物理)时间的冲突,为了理解海德格尔重提时间问题的意义,我们同样必须理清这些准备工作。因此,这一章将分两部分进行讨论。

第一节 对本源时间的掩盖与遗忘

一、"物理学"的追问方式与"物理学时间"的基本特征

在西方传统中,时间一直是"物理学"(Physik)的问题,而不是形而上学的问题。传统意义上的时间首先就是在"物理学"中生长起来的,因此,它所具有的基本特征不可避免地受"物理学"的规定。为了清理出这些基本特征,我们面临的首要任务是追问:何为"物理学"?

对于前苏格拉底时期那些我们现在称为哲学家的人,在亚里士多德时代却被称为"物理学家"或"自然学家"(Physiker),他们所做的学问被称为"物理学",因为他们所面对、所讨论的不是别的,就是"自然"(Physis)。在古希腊人那里 physis 最初指从自身涌现出来的东西。"φυσιρ 指涌现出来的存在以及这种存在的持续"[1]。但是,"物理学"一开始就并不停留于这种 physis,而恰恰是要超越(meta)它。面对这种涌现者,"物理学"以这种方式追问:为什么涌现者会涌现?(Warum geht überhaupt das Aufgehende auf?)这是一种探求最后根据(Grund)的追问。亚里士多德在其《形而上学》中已明确指出:"为什么(Warum)将追

---

① 海德格尔:《形而上学导论》,图宾根,1958年,第二版,第12页。

溯到作为最后者的概念,而原因和始基(αρχη)就是第一个为什么"①。因此,"物理学"真正追问的是"自然"的根据或始基。② 在这一追问中,已隐含着:(1) physis 作为涌现和涌现的持续是自明的和恒常的,即它总是在场(Anwesen),从而(2)遮盖了一个首先需要加以追问的根本问题:涌现者的状况如何?(Wie steht es um Aufgehende?)或涌现者是如何涌现的?

"物理学"追问方式所隐含的这两方面内容已决定了它在时间问题上所能具有的理解或领会。而随着"物理学"向形而上学的过渡,这种理解一方面被理所当然地保存在狭义化的物理学中,另一方面形而上学的哲学努力又反过来不断巩固这种时间领会,虽然是以排斥时间本身的方式完成这种巩固。

现在我们首先需要问的是:"物理学"的这种追问方式带来了什么样的时间领会(时间观)? 就其对"涌现者是如何涌现的"这一问题的遮盖而言,"物理学"不可能真正领会和意识到本源的(ursprüngliche)时间,它在遮盖这一问题的同时也遮盖了这种本源时间。因为"自然"作为涌现者正是在这种本源的时间中涌现出来的,在这种时间中来相遇的(Begegnen)。我们只是在追问"涌现者是如何涌现的"这一问题之际,才可能领会和把握到这种时间。在这一问题中,被问及的不仅仅是涌现者,而且问及了涌现者涌现的时机(Zeitigung),涌现(存在)不是被当作自明的、理所当然的存在,而是被当作有时机的存在,它在此(Da-sein)是有其时机的。太阳得其时机而升降,苍穹在其时机而展现,野兽出没有其机缘。只是在时机或机缘中,太阳才作为升起或降落的太阳来相遇照面,而所谓的时机或机缘正是时间性(Zeitlichkeit)的到时,也就是本源的

---

① 亚里士多德:《形而上学》,A2,983a25。
② 据西姆普里西斯的记载,第一次使用"始基"(αρχη)这个词的是阿那克西曼德。这表明始基作为第一根据的问题在伊奥尼亚哲学中就已明确了。

时间。①

然而，"物理学"的追问方式恰恰表明，它已经把涌现者从其涌现的时机中抽离出来，使其成了无时机无机缘的自在的涌现。没有时机没有机缘的涌现实质上已成了一种抽象化、概念化的涌现，因而理所当然地被看作是一种自在的、现成的（Vorhanden）东西。太阳东升西沉，涛浪潮起潮落，一旦从其时间中抽离出来，它们就不再是一种相遇的现象（Phänomen），而是被当作自在的现成存在及其运动。尽管我们是在生活世界中遇到波浪、看到太阳，因而人们才说"太阳每天都是新的"，但"物理学"却总是说：太阳在我们的生活世界之外，它现成地摆在那儿自在地运动。因为它现成而自在地在那里，我们才问它为什么在那儿，而不是问它如何在那儿。但是，正如我们上面所说，任何现象从其显现的时机中被抽离出来，也就成为无时机的现成的自在存在，而只有在概念中才有这种现成的自在存在。这也就是说，无时机无机缘的存在本质上只是一种概念性存在。正因为如此，对现成的自在存在，即无时机的存在问"为什么"，最后找到的也总是概念，如始基、第一根据或最后根据。"物理学"虽然面对"自然"，而实际上追问的却是作为"自然"之根据的概念。在其时机中涌现并持续的"自然"就这样被"物理学"统一到只是一种概念性存在的始基之中。

从这里不可避免地产生出一个后果，就是根据这种概念性存在去领会"自然"的涌现和持续；而概念性存在的一个根本特征就在于因其无时机无机缘而是一种现成的自在存在。因此，本来有其时机与机缘的涌现和持续也就成了一种无时机无机缘的自在的在场和纯粹现成的运动过程。"物理学"就从这种现成的、自在的运动过程获得自己的时间领会。这种领会使"物理学"时间获得这样的首要特征：时间是自在的存在。但是，作为这种现成的自在存在，同时也就意味着物理学时间是一种现成

---

① 参见第三章。

存在者。因为任何一种没有机缘的自在存在只能是一种概念性的存在——有机缘的存在必定是在世界中存在（In-der-Welt-sein），也就是在生存活动（existieren）中的存在——但是，任何概念中的存在都必定是一个"什么（Was）"，它有一个更高的"什么"作为其根据，而其最后的根据则是一个最高或最后的"什么"，也就是说，任何概念都可用另一个概念来说明它是什么。这表明，概念性的存在首先是某种现成的什么（ist etwas），而不是存在（ist）本身。对于概念性的存在，我们都可以问是什么，而最后找到的一定是一个最高也是最后的"什么"，这正是因为概念性存在都是某种现成的"什么"。存在（Sein）必定是具体的"我在"（bin）、"你在"（bist）、"他（它）在"（ist），也就是，必定是在世界中的存在或生存性存在，因而是一种有时机有机缘的存在；存在一旦成了无时机无机缘的"普遍的"自在存在，存在就只是一种概念，成了一个可以用其他概念来说明的概念：它"是某某什么"，也就是说，"存在"不再是存在，而成了存在者（Seiende），成了"什么"。因此，关于物理学时间的首要特征，我们可以更为确切地表述为：时间是一种现成的自在存在者。

根据自在而现成的运动过程去领会时间，决定了物理学时间具有另一个基本特征，时间总是与运动联系在一起，并且与运动相互规定。在古希腊哲学中，从我们能看到的涉及时间问题的最早文献开始，时间就总是运动的某某。阿那克西曼德就把时间看作是万物从始基"无定形"[1]产生又复归于它这一运动过程的程序。[2] 而比阿那克西曼德稍早一些的泰利斯则说："时间是最智慧的，因为它发现了一切。"[3]时间为什么能发现一切呢？我们已难以确切知道泰利斯的完整意思，不过，有一点是可以肯定的，那就是时间一定是在运动中发现一切的，因为一切万物都是

---

[1] 这里我采用了叶秀山教授的说法。参见叶秀山《前苏格拉底哲学研究》，三联书店 1982 年版，第 50 页。

[2] 参见 E. 策勒尔《古希腊哲学史纲》翁绍军的中译本，第 29 页。

[3] 参见第欧根尼·拉尔修《名哲言行录》，35。

在"水"这一始基的演化中派生出来的。如果把泰利斯这句话与赫拉克利特另一句同样著名也同样令人费解的话联系起来看,那么它的意义也许就会明确一些。赫拉克利特说:"时间是一个玩游戏的儿童,儿童掌握着王权。"①时间是一个做游戏活动(Spielen)的儿童,它虽然不能创造或派生出游戏中的一切,但是它却把游戏活动中的一切展示出来,万物就是游戏中的万物,它们只在这种游戏活动中展示出来,因而时间才发现一切,才掌握着(展示的)王权,所以它是最智慧的。如果我们的理解有历史的准确性,那么在这里,时间就是运动和变化的主宰,时间带来了变化和运动;万物因时间的到来而产生,又随时间的流逝而消亡。

在巴门尼德之前,运动和变化被视为是合理的,是有"尺度"(logos)的②,因此,时间作为运动和变化的促动力量被视为积极因素而被保存在本质世界中。然而,正因为作为运动之促动力量的时间被保存在本质世界之中,使"自然哲学"所确立的"统一世界"最终出现了严重危机,陷于既存在又不存在的晃动之中:"我们走进又不走进同一条河",万物是它自身又不是它自身。③ 本质世界或统一世界的这种晃动是如此激烈,以致模糊了存在与不存在、善与恶的明确界限,甚至"善与恶是一回事"。④因此,赫拉克利特诉诸"战争"来求得运动和变化的尺度,也就是他所倡导的 logos,这就毫不奇怪了。但是,对于一个富有法律意识和公正意识的民族来说,这无疑是一种极其危险的思想。如果说赫拉克利特的思想是自然哲学发展的一个极限,那么这一极限同时也意味着对另一种新的思想的召唤。这不仅对整个民族的精神来说是如此,对赫拉克利特个人的思想来说也是如此。因为这种新的思想在赫拉克利特那里也已从两个方面显露出来。一方面是赫拉克利特把事物的演变首次揭示为存在

① 参见《前苏格拉底的残篇》,52(据德文译出)。
② 参见赫拉克利特"残篇",F30。
③ 参见赫拉克利特"残篇",F49。
④ 参见赫拉克利特"残篇",F58。

与不存在的问题；另一方面是他对作为流变世界之不变尺度的 logos 首次给予特别的关注和强调。如果说，巴门尼德的思想是针对赫拉克利特的，那么这显然是就第一方面说的。就第二方面而言，毋宁说，正是赫拉克利特召唤了巴门尼德。因为通达真理的女神大道恰恰是从赫拉克利特开始被思想化了的 logos。[①]

随着巴门尼德"存在"概念的提出，以及真理与意见的截然对立，一个新的本质世界开始伫立在古希腊人面前，并且在柏拉图的理念论中第一次得到了全面的描述。而自然哲学所确立的本质世界，则成了一个虚幻的流变世界而被摆到了与意见相对应的位置上。与此相应，从巴门尼德开始，运动和变化完全被排除在本质世界之外，这种情况即使在后来的自然哲学家那里，也是如此。阿那克萨戈拉的"种子"和德谟克利特的"原子"都具有巴门尼德的"存在"与"一"的性质，它们作为世界的本质本身都是永恒不变的，因此时间并不对它们起作用，时间只是它们由一结合为多的条件，而不是它们本身的条件。因此，随着运动和变化被排除出本质世界，作为运动的某某的时间也从本质世界中被排除出去。

二、形而上学的基本问题与本源时间的遗忘

如果说巴门尼德存在概念的提出，以及真理（本质）世界与意见（现象）世界的对立，意味着"物理学"向形而上学的过渡，那么这种过渡则是以排除时间于本质世界之外为前提的。也就是说，形而上学是以排斥"物理学"时间为前提的，而"物理学"时间以至整个"物理学"本身则是以掩盖本源时间为前提的。这是否也意味着形而上学是以掩盖和遗忘本

[①] 在"残篇"第 50 条中，赫拉克利特说："如果你们不是听了我的话，而是听 logos 那么承认一切是一，就是智慧。"显然，这里的 logos 并不是一般意义上的话语，而是话语传达出来的思想。因此，他才要求人们不要拘泥于感性的话语，而是把握话语传达出来的思想。策勒尔明确指出，赫拉克利特与巴门尼德都试图用思想去修正感官提供的证据。（参见策勒尔《古希腊哲学史纲》有关巴门尼德的部分）

源时间为前提呢？如果我们揭示了形而上学的追问方式，那么我们将给予肯定的回答。

形而上学拒斥了"物理学"世界，但是并没有改变"物理学"的追问方式，恰恰是深化了这种追问，在此意义上，形而上学一开始就受到"物理学"的规定。它现在要追问的基本问题是：为什么总是存在者存在而不是非存在者（无）存在？（Warum ist überhaupt Seiendes und nicht vielmehr Nichts?）在这一追问中，传统形而上学真正关注的是问题的前半部分：为什么总是存在者存在？（Warum ist überhaupt Seiendes?）这一问题被当作整个基本问题的核心，而后半部分"毋宁是无存在"则被视为语言使用中的附加用语，[①]没有它，问题甚至会更加清楚明确，因为它根本没说什么。我们还能向无追问什么呢？从巴门尼德开始就认定"非存在者（Nichtseiendes）不存在，且不能被思想"[②]。无就是无，在这里，任何追问似乎都无法再探寻到什么。而且对于形而上学来说，谁谈论无，谁就是谈论自己反对的东西，即是说谈论无是违反逻辑的，而逻辑是哲学的家园。所以，正如海德格尔所指出的，"谁在哲学谈论无，谁就会被指责为违背思想的基本规则"[③]。

因此，传统形而上学真正追问的基本问题是：为什么总是存在者存在？（或存在者为什么总存在？）在这里，存在者存在已被认定为具有无可置疑的自明性（Selbstverständlichkeit）。因此，这里的追问丝毫不关涉存在本身，在整个问题中，"被询问的（Befragte）是存在者，而所问的（Gefragte）则是为什么，即根据"[④]。也就是说，我们向存在者追问它的根据，显然，在这个基本问题中，同样也隐含着两个基本内容：（1）存在者存在（Das Seiende ist）是无可置疑的，它已被给予，它似乎是无时机地摆

---

① 参见海德格尔《形而上学导论》，图宾根，1958 年，第二版，第 17 页。
② 赫拉克利特："残篇"，F4，这里是据策勒尔的德文译文译出的。
③ 海德格尔：《形而上学导论》，第 18 页。
④ 同上书，第 17 页。

在那儿，以至于离开了我们的生存世界，它也依旧如此这般地在那儿。对如此被给定的存在者，需要探究的的确只是：它的根据是什么？就像在日常的忧烦（Besorgen）活动中，由于我们把碰到的东西当作现成的某种东西（Vorhandene），当作摆在手头的东西，因此，我们总问：这一现成东西来自什么地方，它的根据是什么？被当作事先给定的、摆在那儿的存在者，实际上也就是这种现成东西。既然存在者是现成的，它存在是自明的，那么也就无须追问存在本身，因此（2）也就掩盖和放弃了首先需要加以追问的存在问题：存在的状况如何？（Wie steht es um das Sein?）①或存在如何站出？存在如何显现？如何关切存在？② 在这个追问中，存在者已完全被括出去，被问及的是存在与存在的时机或机缘。存在不是预先就给定的，而是在其时机（机缘）中显示出来的，③在关切中来相遇的。因此，掩盖这一问题也就表明掩盖了存在的时机。

因此，形而上学的追问也就意味着，形而上学在根本上以遗忘存在的时机，从而遗忘存在本身为前提。因为形而上学的追问本身表明，它已设定了存在者存在是自明的，它是以存在者存在这一预设为前提的。但是，任何存在者的存在只有从其存在的时机或机缘中被抽离出来，这一存在才是普遍地自在自明的，而无须追问这一存在是如何显现如何来相遇的。因此，从根本上说，形而上学以遗忘本源时间为前提，或者说，以从本源时间中抽身出来，从而从存在抽身出来为前提。用海德格尔的话说，这种抽身就是从存在中跌落出来（herausfallen）。④

对于整个人类来说，这种抽身或跌落是一个划时代的历史事件，整

---

① 参见海德格尔《形而上学导论》，第 25 页。
② 这是一个问题的不同表达。存在不是存在者，不是"什么"，因而不能问：存在是什么（Was ist das Sein）？但却能问：存在的状况如何？这是涉及存在机缘的追问，因此，这一追问等于问：存在如何出现，如何显现？甚至更直接地就是：如何关切存在？
③ 就是在这个意义上，海德格尔认为他的"存在"就是在其时机中涌现的 physis，参见海德格尔《形而上学导论》，第 11—12 页。
④ 参见海德格尔《形而上学导论》，第 28 页。

个科学和现代技术就奠基在这一事件之上。因为正是我们从存在中跌落出来，我们才把日月山川、飞禽走兽，乃至周围的一切都当作自在的现成存在者，因而我们才追问它们是什么，它们的根据何在，从而才有科学（形而上学和物理学）。但这只是说出了这一事件的一个方面，而对于如今的人类来说，更值得注意的则是这一事件的另一方面，那就是人类的这种"跌落"导致的存在危机。这种存在危机已从各种方面展现出来，而我们这里所要关注的只是哲学层面上的。哲学本身的危机无疑泄露了人类的存在在根源上有了问题。这种危机在尼采那里得到了最强有力的揭露。毫无疑问，"存在"和"上帝"这两个源初词构成了整个西方文化的根基，是整个西方历史此在（Dasein）获取生存力量的源泉。然而，尼采在宣告上帝死亡的同时，也发现了作为哲学最高概念的存在也只不过是"实在性（Realität）蒸发出的最后一缕烟雾"，①哲学所谓"真正的世界"（柏拉图的理念世界）原来只不过是一个编造出来的"寓言"。②

那么哲学家岂不就是一个谎言家，抑或——说得好听一些——是一个寓言家？整个历史，至少整个西方历史竟是一部谎言史？而这不也就意味着人类就生存在谎言中，生存在寓言世界里？如果不是尼采说谎，就是整部历史在说谎。然而事实却是：在哲学（形而上学）中，存在这类概念的确如烟雾那样飘摇不定。③ 我们都知道一条逻辑学规律：一个概念的外延越大，它的内涵也就越不确定和越空洞。但还有什么概念的外延比存在概念更大更广呢？在哲学中，我们都熟知这样一种观点：存在，是一个最普遍的概念，它的适应范围延伸到一切东西，甚至延伸到无，甚至它干脆就是无。存在的这种不确定性和晃动，黑格尔已作过最直接的揭示，"纯粹的存在是纯粹的抽象，因此是绝对的否定。这种否定，直接

---

① 参见尼采《偶像的黄昏》，"哲学中的理性"第 4 节，参见周国平译本（湖南人民出版社 1987 年版），第 25 页。
② 参见尼采《偶像的黄昏》，第三、第四章。
③ 参见海德格尔《形而上学导论》，第 30 页。

地说，也就是无"①。然而，令人们普遍感到惊讶的是，黑格尔的逻辑学就以这个抽象的毫无确定性的存在概念作为开端。②

显然，我们不只是置身于黑格尔的哲学之外，而且是置身于某种地方，我们才会对此感到惊讶，不然我们就会和黑格尔一道心安理得于他的逻辑学体系，或者至多只把它当作"死狗"而表示厌烦。那么，我们置身何处？我们从什么角度看，存在的这种抽象的不确定性才意味着虚构和危机？如果说，黑格尔哲学是形而上学的典范，那么我们置身于黑格尔之外也就意味着跳出（Absprung）了概念思维或表象思维（das vorstellende Denken），因为整个形而上学就是借这种表象思维建立起来的。③ 因此，这种跳离也就意味着跳离作为形而上学最高（最初）概念的存在。我们从表象思维跳出，从而从存在概念跳开，那么跳往哪里呢？在形而上学传统中，存在概念一直被当作一切存在者的最后根据，因此，跳离存在是否也就等于说跳进无根据状态的深渊（Abgrund）呢？

如果我们只是停留在形而上学的视野里去想象这种跳离，那么就是跳进了深渊。但是，海德格尔指出，假如我们跳得彻底，那么我们就不是跳进深渊，而是归属存在（in das Gehören zum Sein），"而存在本身又归属于我们，因为只是在我们这里，存在才能作为存在而显明（wesen），即在场（Anwesen）。"④需要特别指出的是，这里的存在已不再是一个普遍概念而永恒自在地在场，它只有在我们这里才在场。存在归属于我们，我们也归属于存在，我们和存在处于共属（Zusammengehören）中，我们归属存在，也就是跳进与存在的共属。存在是与人共属的存在，而"人"也是与存在共属的人，海德格尔称此人为此在（Dasein）。只是在这里，存

---

① 黑格尔：《小逻辑》，第 87 节，参见贺麟译本（商务印书馆 1986 年版），第 192 页，译文略有改动。

② 就黑格尔对存在的直接性的强调而言，他多少还保存了这个词的源始意义，但在根本上他是把它作为一个最一般、最普遍的概念来使用的。

③ 详见第五章。

④ 参见海德格尔《同一与差别》，图宾根，1957 年，第二版，第 24 页。

在如何归属于人这一问题也才直接等同于人如何归属于存在的问题,它们的共同表达就是:存在如何显现(或如何出场)? 在这一问题中,我们是就存在而追问存在(Sein)和存在的机缘(Da)。

存在只在"此"(Da)——"人"携带的可能性时机(机缘)中出场;丧失时机,就意味着不存在——存在不出场。因此,如果说,形而上学意味着从本源的存在领域中跌落出来,那么跳进共属也就意味着跳回这种本源的存在。同样可以说,如果形而上学意味着对本源时间的遗忘,那么这种跳回也就意味着对本源时间的觉悟——我们或许可以把这种觉悟称为本源时间意识的觉醒。至此,我们可以回答上面提出的问题:我们置身于何处? 我们处身于与存在的共属中,处身于本源的存在中。只有置身于与存在的共属中,也就是在对本源时间的觉悟中,我们才会领会(觉悟)到存在有其机缘有其时间,存在是与人共属的存在,是在时间(Da)中来相遇照面的现象;而且也只是在这种共属中,在这种时间觉悟中,我们才会看到,传统形而上学以之为对象的"存在"是被抽掉了时间(Da)从而是与人相分离的自在存在,因而是抽象的"纯粹存在"。正因为存在被抽掉了时间,它才被形而上学一直当作是永恒的在场,并且是一切存在者的根据。当形而上学谈论存在时,存在一词所说的实际上已不再是存在本身,而只不过是一个最高的存在者,更确切地说,只不过是一个最高概念。较之共属中的存在而言,作为形而上学对象的存在只不过是人的表象思维的产物,更准确地说,只是哲学家思维的概念设定。因为正是哲学家在谈论存在时,遗忘或抽掉了存在的时间,而这种没有时间没有机缘的存在只不过是思维中的概念。这也就是尼采所说的形而上学的虚妄性所在。

历史就这样富有讽刺意味,形而上学以追问存在为己任,而又恰恰是形而上学遗忘了存在本身。形而上学所谈的存在以及以之为根据而建立起来的"真正世界"原来只是思维的虚构,而存在本身却完全是另一种情形。这是海德格尔要重提存在问题——Wie steht es um das

Sein?——的根由所在。存在被遗忘了，需要重新被唤起：我们从存在中跌落出来，需要重新跳回。显然，这种唤起和跳回也就意味着克服和终止形而上学。如果说形而上学是以从本源时间中抽身出来为前提，那么我们也就能理解海德格尔为什么把时间称为存在从中显现的界域（Horizont），①对于他用"存在与时间"这两个在西方传统中几乎是相互排斥的概念来命名他的著作，我们也就不会感到惊讶。形而上学产生的前提就已表明，要克服形而上学，回到存在本身，必须首先跳回形而上学从中抽身出来的本源时间。人类的回头路不在别处，就在人"自身"（Selbst）中。《存在与时间》不管离存在问题的解决还有多远，但它贯彻着海德格尔的一个基本思路是显而易见的：寻回归属存在之路。② 他对此在的时间性结构的分析就是这种寻回工作的展开。在这里，时间作为此在时间性的到时（Zeitigen）既是存在归属于人，向人显现的界域，同时也是人归属于存在，向存在敞开（Öffnen）的道路。只是在时间这种界域中，存在才作为存在，因而也才作为真理向人显现，而人也才作为此在，即作为自由的人向存在敞开。

我们将看到，不管海德格尔在多大程度上解决了存在问题，他对形而上学的克服无疑是继康德之后最强有力的。他不仅揭示了形而上学的虚妄性——在这一点上，做得最透彻的显然是尼采③；而且把哲学置于形而上学完全陌生的领域——基本存在论（Fundamen-talontologie），并从这个领域去透视形而上学的虚妄性。

———————————

① Horizont 这个词在德文中是"地平线""视界"的意思，海德格尔这里使用这个词带有比喻性质，意在说明一切呈现都与时间有关，都是时间中的显现，就像地平线内出现的事物，只在地平线中才出现。这里我译为界域，有时也译作视界。

② 如果我们理解了海德格尔的这一思路，那么也就能理解他为什么反对别人把他的哲学视为存在主义（Existentialismus），而且我们也会惊讶于人们竟会把阅读的注意力集中在《存在与时间》的第一篇（此在的准备性分析），而几乎不问其中的第二篇。

③ 尼采从其具强烈生命特征的权力意志去衡量传统形而上学概念，从而能透彻地揭示形而上学的虚妄性。但是这种权力意志仍是没有时间性的"限制"，从根本上说还只是一个概念，因而海德格尔认定他也是形而上学的一个牺牲品。

三、"物理学时间"的困境与亚里士多德的时间定义

形而上学的虚妄性其实在芝诺的悖论中就已露端倪,但它却以其强硬的逻辑力量把这种虚妄性转嫁给意见(现象)世界,而自己充当起真理世界的角色。这种逻辑力量是如此的强大,以至于跑得快的能追上跑得慢的、一袋米落地会发出声音等等日常世界的现象被当作感官的幻象而加以否定,这的确富有假作真时真亦假的意味。

在芝诺的悖论中,最值得我们这里注意的是他有关运动的四个悖论。(1)运动是不可能的。某一物体 A 要经过一段路程 B,它首先要经过 B 的一半 C,为此,它又必须经过 C 的一半 D,依此类推,A 要经过无限的一半,也就是说,A 必须在一段有限的时间内经过无限多的空间。因此,运动不可能开始。(2)阿喀琉斯追不上乌龟:如果乌龟先走一步,以善跑著称的英雄阿喀琉斯就追不上乌龟。因为当他到达 A 点,乌龟已达到第二点 B,当他到达 B 点,乌龟又到达 C 点,依次类推,运动永远达不到终点。(3)飞矢不动。因为每一瞬间它总处于同一空间,因此,它飞行的每一瞬间都是静止的,因而它在整个飞行时间内都是不动的。(4)一半时间等于整个时间。在跑道上有三排物体,一排为四等份组成的物体 AAAA,一排为大小、数目与 A 相同的物体 BBBB,处于 A 的中间点到跑道的起点处,一排为大小、数目也与 A、B 相同的物体 CCCC,处于 A 的中间点到跑道的终点。B、C 以相同的速度沿相反方向运动。当第一个 B 经过所有的 C,第一个 C 也经过所有的 B,但第一个 B(或 C)却只经过 A 的一半。因此,一半时间等于整个时间。①

芝诺主要是为了捍卫巴门尼德那作为"一"的永恒不动的"存在"而提出这些论证的。据柏拉图的记载,当时大概有一些人根据巴门尼德的概念引申出许多可笑而且矛盾的东西来嘲笑巴门尼德,而芝诺的这些论

---

① 参见亚里士多德《物理学》卷 6,239b5 - 240a20。

证就是反击这些人的,向他们指出,"那种假定'多'的看法如果推下去,看来要比假定'一'更加可笑。"①历史的事实证明,逻辑的确以更强大的力量支持了"一"而舍弃了"多"。

在芝诺的四个悖论中,显然都涉及时间问题,如果我们做一番细致的分析就会发现,这些悖论完全是建立在古希腊的时间观基础上的,也即是以"物理学时间"为基础的。在这些悖论中,显然隐含着这样看待时间的方式:时间是一种自在而现成的东西。在前两个悖论之中,这一点尤为明显。因为只有在这种抽象的时间中,空间才是无限可分的,更明确地说,只有在概念化的时间中,空间才是无限可分的。但是,只要我们置身于本源时间的整体性中,那么任何事物的空间存在状态都是在时间中到时的,也即是说,相对于本源的时间来说,空间的可分性以及可分的程度或限度都是在具体的时机中得到规定的,而没有抽象的无限可分性或不可分性。在赛跑中,从起点到终点这段空间距离在赛跑这一时机中是不可被分割的,它在赛跑这一时机中是作为一个空间整体呈现给赛跑者;赛跑运动并不是分割这一整体空间,而是促使这一整体空间到时,是对空间作时间性的阐释,如一百米对人来说意味着多少时间。从根本上说,这种阐释也就是对空间作生存性解释。在思维的抽象中被无限分割的空间点,在赛跑活动对空间的这种时间性即生存性解释当中,则被联系为一个不可分的空间整体。生存(Existenz)并不遵循抽象的逻辑,因为它不是以逻辑为基础,相反,逻辑却必须以它为根基。

从这里,我们可以看出,如果我们不从具体的生存活动抽离出来,那么也就不存在无限可分的单一空间,而只有具体的整体空间。② 但是,一

---

① 参见柏拉图《巴门尼德篇》,127C‑D,载北京大学哲学系编《古希腊罗马哲学》,第 59 页,又见陈康译注《巴曼尼德斯篇》,商务印书馆 1982 年版,第 37 页。

② 这绝不意味着否定科学上的时空无限可分性,但我们同样要知道科学是有界限的。科学只是我们的一种生存方式或在世(In‑der‑Welt‑sein)方式,而不是我们的生存整体,不是在世本身。在科学这种生存方式中,时空无限可分是正确的,但也只是在这种方式的范围内有效。

且从具体的生存中也即从本源时间中抽象出来，从而置身于物理学时间，那么空间和时间一样，立即成为无限可分的。芝诺反对运动的前三个悖论在本质上就以这种无限可分的时空为基础。

对时间的这种抽象最为直接地体现在第四个悖论中。在这一悖论中，1/2时间之所以等于整个时间，完全是出于这样的推论：

既然 B 和 C 以同样的速度运动，那在某一确定的时间内，B 经过的空间量所代表的时间要等于 C 经过的空间量所代表的时间。现在，既然在第一个 B 经过了整个 CCCC 的同时，第一个 C 只经过了 AA，即 CCCC 的一半，因此，一半时间等于整个时间。

从这个推论中，我们可以看出：（1）用空间来解释时间，这里时间甚至被直接等同于代表时间的空间。（2）把速度因而把时间和空间以及时空关系从具体的参照系中抽象出来，以致把 B 经过 C 的速度等同于 C 经过 A 的速度，因而才有 1/2 时间等于整个时间这一悖论。而实际上，B 经过 C 的速度必须以 C 为参照系来计量，C 经过 A 的速度则必须以 A 为参照系来计量，B 经过 C 的速度一定比 C 经过 A 的速度快一倍。芝诺在这个悖论中，实际上是把静止的 A 设定为一个一般的参照系，借以把 B、C 中的时空关系抽象出来。后来的牛顿物理学也类似于此：把低速状态或相对静止状态设定为计量时空的一般参照系。爱因斯坦的狭义相对论则证明，这种参照系只是一种特殊的参照系，不存在一般参照系，因而也不存在一般的时间：任何时空都只是具体参照系里的时空。我们将看到，这无疑与现代哲学精神是相通的。

从上面的分析中我们可以进一步看到，这四个悖论与其说是芝诺为了维护巴门尼德的"真理世界"而直接用来反对运动的，不如更富深刻意味地说是这些悖论在根本上透露了"物理学时间"的困境，因为正是在这种"物理学时间"中，才有这些悖论，从而才使运动这种日常现象被当作假象而遭到否定，并最终在逻辑上葬送了整个现象世界。

我们知道，亚里士多德是在批评芝诺时，记述了上面这些悖论，但是，他只是指出了芝诺在论证中的一些明显错误，而并未真正揭示出这些悖论的深刻意味。根据我们的分析，这些悖论在根本上透露了物理学时间的困境——只要存在这种时间，对现象世界的否定在逻辑上就是有道理的——但亚里士多德似乎对此"消息"毫无觉察，因此，他并没有对物理学时间提出任何质疑，相反，在形而上学把时间排斥于本质（真理）世界以外之后，他则在其《物理学》中接纳了这种时间，并以定义的形式巩固了这种时间。

这里必须首先指出的是，在亚里士多德这里的物理学已不同于自然哲学意义上的"物理学"。后者所面对的 physis（自然），不仅指周围的自然界（die Natur），而且包括灵魂、历史甚至受命运支配的诸神。只是随着这种"物理学"向形而上学的过渡，形而上学才开始担当起追问第一根据的问题，"物理学"才成了亚里士多德意义上的物理学，它所面对的不再是 physis，而是作为 physis 之狭义化的 Die Physische，即与历史、灵魂相对的物理的东西。也就是说，物理学现在更明确地要面对着"死的"东西，而所谓死的东西也就是被当作现成的东西（Die Vorhandene），被表象（概念）思维从具体的机缘中抽象出来而固定地摆在那儿的东西。更明确地面对死的东西也就是更明确更自觉地进行抽象活动：把"现象"从具体机缘中抽离出来。因此"物理学"向物理学的狭义化也就意味着更明确更自觉地进行抽象活动。所以"物理学时间"的那些抽象特征在亚里士多德的《物理学》中得到了进一步的明确和规定。

在第一节中我们已经指出，在"物理学"中，时间总是运动的某某，或为运动秩序，或为运动的主宰。亚里士多德则以问题的形式把这一基本特征明确为"时间是什么的问题"，也就是"时间是运动的什么的问题"。[1]

---

[1] 参见亚里士多德《物理学》，219a。

而他对这一问题的回答是："时间是计算前后出现的运动得到的所计之数"①。亚里士多德这一时间定义彻底挑明了传统时间的本质。不管是作为运动的什么，在本质上，时间都是一种测量活动（Messung）的时间。这等于说，从"物理学"开始，时间在本质上就是一种测量的时间。或者说，从没有机缘的现成的"自然"那里领会到的时间在本质上是一种测量的时间。

我们已经指出，古希腊人是从现成的自然过程（持续）那里领会时间的。比如，现在是日头当空之时，最近是月亮盈圆之期，眼下是海潮高涨之际。在这里，借现成事物的运动来领会时间，实际上也就是借现成事物的运动来计量时间。时间是计量的时间，是计量活动中的时间。而且时间也只是作为测量的时间，它才会被理解为一种现成的存在者。因为根据现成的自然过程去领会和计量时间，首先已认定了：所计量的东西（时间的延伸）和计量的尺度（Maßstab，如分、秒、时、期、纪）都必须是现成的和在场的（anwesend），否则，计量就无法进行。因此，时、分、秒这些时间尺度就必须在白天这一现成在场的时间延伸段中现成地在场，才能按这些尺度来计量这一天的时间，从而给今天的时间定期（Datieren）：8点30分是上班时间，12点是午餐时间……因此，只要时间是计量的时间，时间就必定被理解为一种自在的现成东西。

在时间的测量之初，主要是为了对时间进行定期：那是"水"演化为"土"之时，明年是橄榄丰收之年，现在是做白天工作的时候……而且，在测量之初，时间总还具有"是其时"（Die Zeit zu）和"非其时"（Die Unzeit für）的关联结构，也即是说，时间是……的时候或不是……的时候。虽然这种时间并非本源的时间，但它们具有在世（In-der-Welt-sein）的关联内容。因为为了定期的测量活动最初是出于调整人自身的生存活动和解释活动而进行的。但是，随着测量活动越来越专意于测量本身而不在意

---

① 亚里士多德：《物理学》，△11,219b。

于时间的定期,即不在意于时间的关联结构,时间便越来越显明为纯粹测量的时间,显明为无在世关联结构之纯粹时间,因而也越显明其自在性和现成性。亚里士多德的时间定义对传统时间的测量本质的挑明意味着在《物理学》中,时间就已明确地显明为纯粹测量的时间。因此,时间作为一种自在的现成的存在在《物理学》中也就得到了明确的肯定和强调。①

那么这种时间又是一种什么样的现成存在者呢? 随着时间的测量本质得到揭示,这一问题也就可以得到明确的回答。作为纯粹测量的时间,意味着时间的关联结构被抽掉和抹平(nivellieren)。因此,时间不再是是其时或非其时的时间,不再是适合于做……或不适于做……的时间,而只是时间本身,是测量活动中的"所计之数"。这种纯粹的时间,抽掉了一切关联结构的时间,只能是一种线性的时间流。"逝者如斯夫"的感叹就隐含着这种时间流的领悟。人们也常有"时间的长河"这种说法,其所领悟的也是这种时间流。只要是纯粹的测量时间,就必定是一个现成而自在的时间流,而且是一个一面逝去一面来临的现在(Jetzt)系列,一个现在之流。因为测量活动在本质上只计算现在,也只能传达现在。从任何运动事物那里领会到的时间,本质上都是测量意义上的时间,而不管借什么运动事物进行测量,是以自在的天象运动,还是以人工钟表的指针转动,其所道出的都是现在:现在太阳升起,现在日落西山,现在八点一刻……所列计的都是现在。这样,物理学时间(纯粹测量的时间)便显出了另一个基本特征:它是一种现在时间(Jetzt-zeit)。所以,亚里士多德强调说:"没有时间就没有'现在',同样,没有'现在'也就没有时间。"②对于这种现在时间,海德格尔作了这样的刻画:"现在逝去着,已逝去的现在构成了过去;现在来临着,而未来的现在界定着'将来'。"③但,

---

① 参见亚里士多德《物理学》,223a22-30。
② 亚里士多德:《物理学》,220al。
③ 海德格尔:《存在与时间》,图宾根,1979年,第七版,第423页。

过去已不再在,将来尚不在,因此,在这种时间流中,在场存在的只有现在。

那么我们又如何理解这个"现在"呢? 这个"现在"又是什么? 按亚里士多德的说法,现在有前限和后限。① 现在的前限,显然是过去的界限和终点,因此,它们表达的是"马上不再在"(sofort-nicht-mehr-sein);而后限作为将来的界限和起点,它们表达的则是"刚还不在"(soeben-noch-nicht-sein)。如果从前限理解现在,那么现在就意味着它还存在着(ist),但马上就不再存在了(nicht mehr ist);如果从后限理解现在,那么现在则意味着它刚存在着,但刚尚不存在(noch nicht ist)。因此,在每一个现在中,现在消失着(尚还在但马上不再存在了),又来临着(刚存在但刚还不存在)。现在在这种消失着来临着的流变更迭中永远在场。现在一方面消失着来临着,一方面又持续地在场,因为消失着来临着的只是现在,也只有现在才消失着来临着。

这样,在亚里士多德的时间定义中,时间实际上是作为这样的东西得到了明确规定:时间是一个现成的现在之流,它自在(an sich)地流失着。这无疑是对"物理学时间"的本质性概括。在亚里士多德看来,整个物理世界的生灭就受这种自在之流的时间支配。因而,时间理所当然地成为物理学的问题。而我们已经指出,这种时间是以掩盖和遗忘本源时间为前提的,它越流行,对本源时间的掩盖和遗忘也就越自然。亚里士多德的时间定义无疑表明,他不仅没有揭开这种掩盖和唤醒这种遗忘,而且恰恰是加深了这种掩盖和遗忘。因此,如果情况的确如海德格尔指出的那样,即以后有关时间概念的讨论原则上都依附于亚里士多德的这一定义,②那么这也就意味着,在西方传统中,真正的时间,也就是本源的时间一直没有得到应有的觉悟。

---

① 参见亚里士多德《物理学》,219b。
② 参见海德格尔《存在与时间》,图宾根,1979 年,第七版,第 421 页。

第二节　时间与自由的冲突：本源时间意识的觉醒

一、奥古斯丁的忏悔与康德的批判

亚里士多德对芝诺悖论所隐含的深刻意味的失察，使物理学时间得以在西方传统中继续广泛流行。在这一点上，形而上学当然也有其一份应负的责任。因为正是形而上学对本质世界的诉求与执迷而把时间与整个物理世界当作假象拒之门外，从而心安理得地对物理学时间带来的困境置之不论。就此而言，形而上学以听任的方式支持和促进了物理学时间的流行。

然而，只是对于愿意以牺牲现象世界为代价来求得本质世界的希腊形而上学来说，才可以无视物理学时间给整个世界带来的困境，而对于不允许放弃现象世界的基督教信仰来说，则不能不正视这种困境，不能不对那种给上帝创造的现象世界造成晃动的时间表示"忏悔"。因此，芝诺悖论所暗示出的物理学时间的困境便在信仰这一实践领域中通过一系列令奥古斯丁深感罪恶的问题第一次公开出来。

作为基督教信仰者，奥古斯丁不仅要相信上帝存在，而且必须承认被希腊人当作影像的现象世界也是真的。因为它是上帝创造的，而上帝怎么会欺骗我们呢？如果被希腊人否弃的现象世界是真的，那么它的时间是否也是真的呢？时间是否的确就是一个现成的自在之流呢？对于奥古斯丁来说，这并不是一个随随便便的问题，在他看来，这是一个把人引入罪恶深渊的问题。因为依循这种自在之流的时间去思考上帝，不可避免地会引出下面一些严重的问题。

按希腊人的看法，时间作为自在之流，是运动和静止的尺度，因此，运动和静止都存在于时间中。[①] 而上帝不管是运动的，还是静止的，他是

[①] 参见亚里士多德《物理学》，222b。

万能的,这一点是肯定的,也就是说,他至少是潜在能动的。因此,按亚里士多德的看法,合理的结论就是:上帝存在于时间之中。但是,(1)上帝作为自由意志是否存在于时间中?如果上帝存在于时间中,那么他"在创造天地之前做些什么?如果闲着无所事事,何不常无所为,犹如他以后停止工作一样?"①而尤其严重的是,如果上帝存在于时间中,那么上帝就受时间的支配,因此,上帝就不是永恒的和自由的。

如果上帝不在时间中,情况也没有好多少,因为既然他不在时间中,那么他又如何知道时间中发生的一切?上帝是全知全能的,他当然知道时间中发生的一切。奥古斯丁满怀疑虑地问道:"你是否是随着时间才看到时间中发生的事情?"②上帝不在时间中,他当然不是随时间才看到其中发生的事情,那么唯一可能的则是,他将在其意愿中料知时间中发生的事情,而这也就意味着在上帝的意愿中存在着事情发生的时间秩序,但是,如果上帝的意愿是无时间的,怎么会有时间秩序呢?显然,上帝的意愿也是有时间的。而这不就等于说,上帝的意愿是变化着和不自由的,因而不是永恒的吗?

(2)时间作为自在之流,它促动着变化而磨损着万物,因此,亚里士多德和毕达哥拉斯派的潘朗把时间当作改变事物现状的破坏因素,因而称之为"最愚笨的东西"③。那么上帝为什么既要创造万物,又要创造磨损万物的时间?上帝的意志是永恒的,它据此永恒意志创造的万物又为什么要受时间的破坏而处于流变之中?如果万物的确都存在于时间之中,因而受时间的支配,那么万物就不受上帝的意志的支配,因为非时间的自由意志怎么能支配时间中的万物呢?但是,如果时间中的万物不受上帝意志的支配,那么上帝的意志岂不就是有界限的?而这等于说,上

---

① 奥古斯丁:《忏悔录》,卷十一,第 10 节,参见周士良中译本(商务印书馆 1981 年版,以下不再另注),第 239 页。
② 奥古斯丁:《忏悔录》,卷十一,第 10 节,参见中译本,第 231 页。
③ 参见亚里士多德《物理学》,222b16 - 25。

帝的意志并非绝对自由的。

从这里，人们可以深切感受到物理学时间所具有的强大力量，它不仅动摇了希腊人的整个现象世界，而且动摇了上帝这一绝对自由意志。它在逻辑上不仅使现象世界陷入了困境，而且给信仰(上帝)带来了困境。如果说，希腊人可以通过形而上学的本质诉求而心安理得地把现象世界的困境置之不理，那么基督教信仰者则不能不对这种信仰困境深感恐惧和罪过，而且不得不以某种有别于希腊思路的方式来挽救和摆脱这种困境。因为对他们来说，人并不是因无知犯错，而是因自由犯错，自由世界和罪错尘世都同样真实，因而才需要救赎，才需要拯救。因此，他们需要同时为两个世界的存在辩护，就此而言，他们所面临的困境要比希腊人深刻和艰难。然而，也正因为这种困境的公开化和深刻化，才使奥古斯丁洞察到物理学时间的可疑性，而且他的这种怀疑是根本性的，因为他首先是对时间被当作"什么"(Seiende)的怀疑。他写道：

> 时间究竟是什么？没有人问我，我倒清楚，有人问我，我想证明，便茫然不解了。①

在"时间是什么"这一追问中，时间已被视为自在的"什么"(Seiende)。因此，在奥古斯丁的这种茫然中，透露的不仅是对"是什么"这一问题的不解，而且在根本上是对作为"什么"的时间的怀疑。时间是"什么"呢？对希腊人来说，时间的确就是一种"什么"，一种存在者，他们并不对此感到困惑。但对于奥古斯丁来说，事情就不这么简单，因为他已深刻洞见到，只要时间作为自在的现成者，就势必引发出上面的那些严重问题，从而动摇了作为最高价值的绝对自由。因此，对奥古斯丁来说，如果绝对自由是确信无疑的，那么物理学时间就是值得怀疑的。摆脱信仰领域的困境，挽救绝对自由的道路就不是否弃尘世世界，而是重新理解时间。

如果时间不是作为一种存在者在我们之外自在地存在着，那么它又

---

① 奥古斯丁：《忏悔录》，卷十一，第 14 节，参见中译本，第 242 页。

存在在什么地方呢？它不是作为"什么"存在，那么它又如何存在呢？对"时间是什么"感到茫然不解的奥古斯丁对这个问题则给予了明确的回答："时间存在于我们心中，别处找不到"①。时间不是"什么"，而只是"思想的伸展"②。

既然时间不是自在之流，那么也就不曾存在自在地流失了的过去，同样也不存在自在地到来的将来，因此，奥古斯丁否认有纯粹的过去和将来存在，那么时间分过去、现在和将来三个环节也就是不确切的；在他看来，我们至多只能说，时间分过去的现在，现在的现在和将来的现在，而这些又都存在于我们的心灵中。那么，它们又如何存在于我们的心灵中呢？奥古斯丁的回答是富有"现代"意味的："过去事物的现在便是记忆，现在事物的现在便是直接感觉，将来事物的现在便是期望。"③从这里，我们可以领会到，奥古斯丁所理解的时间至少有这两个根本特征：(1) 时间存在于人类的心灵中，是心灵或思想的伸展。(2) 过去、将来统一于现在，通过现在而存在。我们之所以说奥古斯丁的回答具有"现代"意味，就在于时间的这两个根本特点只是在现代哲学中才得到了完全的解释和回应。在《存在与时间》中，我们不就可以隐约地看到奥古斯丁的身影吗？

当然，奥古斯丁把时间人类化或心灵化并不是出于哲学的思考，而完全是出于摆脱物理学时间给信仰领域带来的困境的考虑。他试图通过时间的心灵化，也就是通过把时间与人的拉近来拉开时间与上帝的距离，从根本上把上帝从希腊人的物理学时间中解放出来。也就是说，在奥古斯丁这里，时间的心灵化纯粹是出于摆脱实践领域之困境的考虑，④出于捍卫绝对自由的需要。因此，时间的这种心灵化在热衷于本质认知

① 奥古斯丁：《忏悔录》，卷十一，第 20 节，参见中译本，第 247 页。
② 同上书，第 26 节，参见中译本，第 253 页。
③ 同上书，第 20 节，参见中译本，第 247 页。
④ 本书中"实践"这一概念完全是在康德意义上来使用的，它与所谓生产活动意义上的"实践"不相干。

的传统哲学中并没有很快得到理解和消化,只是在奥古斯丁之后将近一千年的康德批判哲学中,才在某种程度上得到回应。

就本文的任务而言,康德在何种程度上回应了奥古斯丁并不重要,重要的在于康德为什么会作出这种回应。如果说,奥古斯丁在信仰领域首先洞察到了时间与上帝的冲突,那么康德则在哲学上第一次证明了时间与人的自由的矛盾。面对希腊人的物理学时间,神学要捍卫的是作为绝对自由意志的上帝,而康德则发现,人的自由同样受物理学时间的威胁。因此,捍卫人的自由也就成了哲学的一个根本任务。对于传统哲学来说,这似乎是一个陌生的使命,因为在希腊人的"无人自愿犯错"这一观念下,自由就是对必然(本质世界)的认识,哲学的传统任务就是去认识这种必然。① 在这里,自由并不是一个问题:自由无须辩护。我们已经指出,在希腊人的这种哲学努力中,已包含着对人的生存世界的否定。但是,对于康德哲学来说,人的生存世界本身恰恰就具有最高价值,具有真理性。正是在这一点上,我们说,康德在哲学中接受和消化了基督教的精神。然而,也正因为如此,在物理学时间面前,②康德哲学面临着挽救人类自由的任务。因为在物理学时间中,人是没有任何自由可言的,作为这种时间存在,人的生存没有丝毫价值。显而易见,时间问题成了康德挽救自由的先导性问题。③ 康德的所谓哥白尼式的革命以及对自由的捍卫实际上完全奠基在他对这一先导性问题的变革性解决:取消时间作为自在存在者的地位,使之成为人的内在感性形式。简单说,就是时

---

① 如果要达到对纯粹必然的完全认识从而达到纯粹的自由,就必须彻底摆脱人的生存世界。用古希腊人的通常说法,就是灵魂脱离"肉体",回到理念世界,而这在现世中只有哲学家才勉强能做到。
② 在康德时代,物理时间是以牛顿的均匀流逝论出现的,它更具有"科学"的根据,因而显出更强大的力量。
③ 因此,《纯粹理性批判》在康德那里是实践哲学的导论,用他自己的话说,就是任何一种可能的形而上学的导论。因为他正是在这里实现了哲学上的第一次时间观变革。因此,那种认为康德在《纯粹理性批判》中赶出了作为实践的理念的上帝,而在《实践理性批判》中又把上帝迎接回来的看法,是很荒唐的。

间的主体化或向主体的皈依。因此,在康德的哲学中,时间只是人的时间。[1]

康德的这种时间观使他有理由既承认时间,又承认自由意志。

就时间作为人的内在感性形式而言,可以说,时间存在于人的心灵中,但是,也正是由于时间只是人的感性形式,因而不能说,人存在于时间中,或者更准确地说,时间并不是人的唯一存在方式。这个非时间的存在方式就是自由意志。在康德哲学中,对时间与自由的双重承认是以将人一分为二作为代价的:作为时间存在,人归属于现象界,作为自由存在,人则属于本体界。人在哲学中的这种矛盾,其实早已隐含在希腊人的形而上学努力中:人明明在(物理学)时间中,却偏偏要求得到非时间性的存在。这一矛盾借助于希腊文化与基督教文化的冲突,第一次公开出来。用问题的形式表达,这种冲突就是:人是因无知犯错还是因自由犯错? 冲突的核心则是时间与自由。[2] 人的二重化一方面可以看作是康德对这一冲突的解决,也可以看作是这种冲突的尖锐化——时间与自由的冲突直接体现为人自身存在的矛盾。在康德的整个哲学中,这种尖锐化最为突出地体现为《实践理性批判》中关于灵魂不朽(Unsterblichkeit)和上帝存在的两个悬设。

人作为自由存在意味着他受道德法则(自由意志)的支配。这一法则命令我们践行的一个根本职责(die Pflicht)是:尽心竭力地在世上实现和促进至善(höchstes Gut)。至善作为实践理性的必然对象[3]是德行

---

[1] 就是在这一点上,我们说,康德在哲学上回应了奥古斯丁。

[2] 奥古斯丁的伟大之处就在于他在信仰领域首先敏锐地洞察到这一冲突,并且以一种具有根本性意义的方式解决了这种冲突。

[3] 参见康德《实践理性批判》,第七版,第139页。参见关文运的中译本(商务印书馆1960年版,以下不再另注),第111页。至善作为实践理性的对象的意思是说,实践理性要达到的最高境界是至善。在这里,至善概念包含双层含义:无上者(das Oberste)和完满者(das Vollendete)。而无上者也就是无制约者,完满者则是不再属于任何一个全体的那个全体。前者是德行的体现,后者是幸福的条件[参见康德《实践理性批判》(第七版),第142页,中译本第113页]。

(Tugend)与幸福(Glückseligkeit)的统一。在至善概念中,幸福与德行是完全契合的。道德法则(自由意志)命令我们去实现和促进至善,但并没有担保我们是否能实现这一至善。这样,对理论理性来说,就面临一个问题:一方面,至善是实践理性(理性的实践运用)要达到的必然对象,人应该去实现它,另一方面,对于总有一死的人来说,至善是不可能完全实现的,因为作为时间性存在的人,他永远有不自由的一面,他的幸福不可能完全契合道德法则。为了解决人自身中的这种矛盾,理性不得不在理论上①首先作出了一个悬设(Postulat),即灵魂不朽。只有设定灵魂不朽,在实践上才有可能实现至善,更确切说,才能使向至善这种境界迈进永远持续下去。也就是说,灵魂不朽保证了向至善接近的无限努力成为可能。但,这并不就此保证通过这种进程的努力就能够最后达到至善。因此,理性在理论上必然作出第二个设定,即上帝存在。只有设定了上帝的存在,才向人提供了在世上实现至善的范例和榜样。上帝的存在向人揭示出达到至善不仅是可能的(灵魂不朽),且是现实的(上帝),从而坚定人追求至善的信心,不至于使人在日进无疆的道德努力的艰难进行中出现动摇和失望。这样,康德借助于至善概念便把道德法则引向了宗教,试图通过理性的理论设定——灵魂不朽和上帝存在——来解决人自身的矛盾。②

的确,灵魂不朽和上帝存在可以解决人的时间性(有限性)存在与自由存在之间的矛盾。现在问题在于,上面的分析实际上已经揭示出,灵魂不朽和上帝存在只是对于终有一死的人来说才是有意义的,才是需要的,理论作出这两个悬设,完全是出于人是时间性存在的考虑。换句话说,我们恰恰是从人终有一死这一时间性存在出发,才能信仰和理解灵

---

① 两个悬设只是从理论的思辨考虑才是需要的,故言理论上的悬设。从实践运用而言,理性只管命令,不管这命令能否实现。参见康德《实践理性批判》(第七版),第162页,中译本,第128页。

② 参见康德《实践理性批判》,中译本,第132页。上帝存在和灵魂不朽在康德那里只是理性的理论悬设,所以康德所说的宗教仅仅是理性范围内的宗教。

魂不朽和上帝存在。如果尘世之人都像雷蒙·福斯卡①那样是不死的，那么他就根本无须上帝，也无法理解和信仰上帝。因为作为至善的榜样，上帝是作为最后的审判者才为人们所信仰。② 而不朽的福斯卡永远不可能接受和理解最后的审判。在这里，显而易见的是，实践领域中这种非时间性存在恰恰是以时间性存在为前提，只是相对于时间性存在来说非时间性存在才有存在的理由。因此，康德的两个悬设虽然缓解了时间（追求幸福）与自由（追求德行）的矛盾，但这两个悬设自身却陷入了矛盾。这可以视为康德在实践领域留下的困境。

二、人文科学的困惑

实践领域遗留下的这种困境表明，康德的时间观使他有理由同时承认人的时间存在与自由存在，就此而言，他缓解了两者的矛盾，但并未能使他从根本上解决两者之间的冲突。在康德这里，人在根本上仍陷于时间与自由的冲突这种困境中。如果哲学的确如康德所说，根本上要解决的是人本身的存在问题，那么哲学就是人文科学。与自然科学面对的是"死的"对象，即现成东西相对，人文科学面对的是"活的"人，即存在于可能性中的存在者。人在康德哲学中的那种困境——时间与自由的分离，意味着人文科学本身仍处于困惑之中。康德时间观的变革一方面突出地挑明了这种困惑，同时又从积极方面唤起了解决这一困惑的可能。狄尔泰的生命解释学与胡塞尔的现象学无疑是对这一召唤的热情回应。对他们来说，哲学（人文科学）要寻找的就是一个活生生的人。唯有活生生的人才是自由之人，才有超越的绝对价值。因此，解决自由与时间的根本冲突，捍卫人的自由问题，也就成了如何在哲学上使人活起来的问题，成了在哲学上挽救人的生命（Leben）的问题。

---

① 雷蒙·福斯卡是存在主义作家西蒙娜·德·波伏瓦的小说《人都是要死的》中的主人公。
② 这也是上帝与任何道德榜样的根本不同所在。

在康德那里,时间只是内在的感性形式,并不具有"本体"的地位,因此,时间这种形式只是现象世界的条件,而与本体世界即自由存在没有任何关联。① 在这里,人被分割为时间存在和自由存在,而康德通过理性范围内的宗教信仰来克服这种分裂不能说是成功的。因此,在康德这里,人是两个世界的相加,而不是一个整体本身,因而也不是一个真正的活生生的人。作为活的人,人向来就是一个整体存在,他是且不得不把两个世界当作一个世界来理解的,他向来就只存在于一个世界中。

因此,狄尔泰首先要完成的使命可以归结为:在哲学上挽救人的生命——时间存在与自由存在的统一。他在心理学方面②的努力就是试图揭示"人这一整体事实",从而在哲学上领会生命。③ 在狄尔泰的心理学中,生命不仅被揭示为人存在的方式,而且被理解为精神(人文)科学的可能对象和这种科学的根基:一切历史现象只不过是人类生命的体现。作为人存在的方式,生命不再是由一些基本心理要素相加组合起来的。生命存在既不能由肉体加精神得出,也不能由感性(如时间存在)加理性(如自由存在)得出。从任何部分都综合不出生命来,因为生命本身只能是一个整体存在。狄尔泰把生命的这种整体存在理解为体验的一般心理结构。一切历史现象作为生命的展现就是这种心理结构的自由创造。人的自由存在和历史(时间)存在就在这种心理创造中被统一起来。这是狄尔泰在哲学上挽救生命迈出的关键一步。

但是,现在的问题是,体验的一般心理结构固然保证了生命的整体性,但它为什么具有普遍有效性呢?这种普遍有效的心理结构作为历史的根基,本身是否是历史的和时间的呢?狄尔泰的回答是否定的,因此,

---

① 在这里,显露出了希腊人的影响:为了捍卫本体世界而把时间排斥于本体世界之外,只是康德对时间与本体作了完全不同的理解。

② 狄尔泰的心理学不是一般意义上的心理学。在他看来,一般意义上的心理学使用的是经验科学的方法,它的经验材料是由感性知觉获得的事实,而他的心理学所要研究的则是心灵内在的精神生活。

③ 参见海德格尔《存在与时间》,第 398 页。

他才要求在理解活动中复活古人的真实意图。这表明,在狄尔泰这里,一般心理结构一方面创造了历史,而本身却是非历史的,因而是一种人人皆有的现成结构。那么这种现成的心理结构又如何能进行自由的创造? 对狄尔泰来说,这是一个致命的问题。就此而言,狄尔泰并没有完成挽救人的生命这一哲学使命。

如果用现象学眼光来看,那么狄尔泰的心理学无疑已指示出了问题的根本方向,但仍缺乏方法上的根据。在胡塞尔看来,现在首先要问的是:我们如何才能达到担保生命的纯粹心理世界(结构)? 显然,只有借助于现象学还原才能解决这一问题。而这种现象学还原所要悬置的恰恰是一切经验因素和一切概念性的现成东西,当然也包括狄尔泰设想的一般心理结构。那么这种还原最后达到的是一个什么样的心理世界呢? 一个纯粹的意识世界。由于它括出(悬置)了一切"什么",因此,这种纯粹意识虽有所思有所指,但并不思现成的什么,不指现成的东西。所以,胡塞尔把这种纯粹意识当作一种意向性存在。正因为纯粹的心理(意识)世界是一种意向性存在,它才是活的,才是自由的:对现象的自由构造同时也就是让存在者作为其自身显现出来,而不是用某种现成的先验框架——康德的先验范畴或狄尔泰的一般心理结构——去规范对象。只要先验的意识结构不是作为可能性存在,而是作为现成的框架,那么它的创造活动就是独断的和强行的,而不具有"让……自身显现"的品格,这种独断的构造活动作为纯粹的主观行为,不可避免地要遭到所构造的对象的制约,因而不可能是自由的。胡塞尔现象学之别于古典现象学的根本所在,就在于胡塞尔现象学所提供的完全是一个可能性世界。海德格尔就是在这个意义上使用现象学的。[1]

在海德格尔心目中,现象学之所以是必要的,完全在于它是通往可能性存在必不可少的一条道路,但也仅此而已。海德格尔发现,哲学所

---

[1] 参见海德格尔《存在与时间》,第38页。

面临的问题仍是历史的或传统的,这就是"存在如何显现(Wie steht es um Sein?)"这一存在问题。这一问题经由康德时间观的变革才在某种程度上获得与时间的关系而朝近了获得解决的方向。在海德格尔看来,康德的时间观变革才使他的先验感性论担当起了揭示存在者存在的任务。[1] 但是,康德对时间的限制同时也限制了时间与存在的联系:把这种联系限制在现象界。而康德对时间的这种限制完全是以将人一分为二为前提的。因此,解决存在问题——突破时间与存在联系的最后限制——也就与解决人的时间存在和自由存在之间的分裂冲突这一问题相联系,从而与挽救人的生命整体这一问题相联系。因为只有结束哲学上对人的分割而把人的时间存在与自由存在统一为一个生命整体,才能真正突破时间与存在联系的限制。

这种突破的直接结果就是:存在问题不仅与时间相联系,而且与自由相联系。因为在人的生命整体中,自由不再与时间相分离,恰恰以时间为根基。这也是为什么狄尔泰解释学的整体生命观引起海德格尔特别关注的理由。在狄尔泰的解释学中,生命作为人存在的方式,它当然也就是理解一切存在者之存在的根据。作为生命存在,我们当然是在生命整体中去理解和揭示一切存在。这是狄尔泰启示海德格尔的根本所在。在海德格尔看来,狄尔泰的重要性也只是在这种方向性的启示方面。因为在如何理解整体生命这一问题上,即如何从哲学上挽救人的生命这一问题上,海德格尔不会认为狄尔泰是成功的。所以,海德格尔在解决存在问题的努力中,仍明确地把阐释(Interpretation)整体生命(Existenz)当作自己的一个根本任务。

我们上面已经指出,存在问题与如何阐释生命的问题是联系在一起的。既然狄尔泰未能完成对生命的阐释,海德格尔为了解决存在问题,

---

① 参见海德格尔《康德与形而上学问题》,载《海德格尔全集》第三卷,法兰克福,1991年,第51页。

他理所当然地要面对从哲学上阐释生命这一任务。因此,他不仅需要解释学(Hermeneutik)——把生命当作整体来理解,而且首先需要现象学——括去一切现成东西而通达可能性世界,即生命存在。借助于现象学,他达到的生命存在不再是一种现成的灵魂(如狄尔泰的一般心理结构)或肉体,而是一个本源的(ursprüngliches)可能性存在;而解释学则担保他把这种可能性存在当作整体存在,而不再是可分割的存在。在海德格尔看来,基础存在论只有提供出生存的这种本源的整体性存在,才能为解答存在问题提供基础。① 用我们在第二节里的说法,我们只是作为本源的整体存在,我们才能归属存在,存在也才归属我们。

但"人"(Dasein)的这种整体存在只是在时间的统一中才是可能的,即只有在过去、现在和将来的统一中,此在的整体存在才是可能的。过去、现在和将来在统一中共同到时,就是我们上面所说的机缘或时机。因此,时间问题也就成了海德格尔哲学中一个带有根本性意义的问题。

如果说,物理学时间及其流行意味着对本源时间的遗忘,那么奥古斯丁对这种时间的忏悔与康德对此的批判——这同时也是时间向人的皈依——则意味着向本源时间的回归;而当时间成了生命存在的可能性前提,从而成为一切存在的界域,那么在根本上则意味着本源时间意识的彻底觉醒。

我们完全可以说,海德格尔是在这种觉醒的前提下,重新提出存在问题的,而以遗忘本源时间为前提的形而上学因而也就成为必须加以克服和可以克服的,随之需要重新思考的是自由与真理这些根本性问题。因此,在海德格尔哲学中,时间并不是概念堆中的一个概念,而是整个哲学的一个前提性问题。因此,正当人们热衷于海德格尔哲学中的语言、诗、技术等问题,以及关于前后期关系的争论,我则希望首先弄清时间这一问题。

---

① 参见海德格尔《存在与时间》,第 233 页。

第二章　在世——现象学的剩余者

海德格尔的哲学最终要解决的是存在问题：存在如何显现？或者问，如何关涉存在（Wie steht es um das Sein）？在这一问题中，所追问的（Gefragte）是存在及其时机。存在总是存在者的存在。因此，我们只能向存在者询问（befragen）存在；也就是说，在上面这一问题上，所询问（Befragte）的是存在者。那么我们向什么样的存在者询问存在呢？古代存在论显然是向现成存在者询问存在，把这种存在者当作解释存在的样本，因而，它们把握到的向来是无时机的概念存在。在现象学眼光里，这也是必须悬置的对象。

存在总是存在者的存在，因此，要解决存在问题，不仅离不开存在者，且需要首先把存在者阐释清楚。但是，存在者又是受其存在规定的，只有在存在者的存在中才能把这一存在者阐释清楚。

存在问题的这一特点本身要求必须找到这样的存在者来询问存在，存在问题才能得到彻底解决：这一存在者向来就已置身于存在的展开状态，置身于存在的引导中；而存在也向来在这一存在者身上展开出来，引导着这一存在者。通过清理出这种展开状态，既把这一存在者的本质情态（Die Verfassung）阐释清楚，同时也就廓清了存在问题。

这样的存在者不是别的,就是我们自己向来所是的存在者,海德格尔称之为 Dasein(此在)。较之其他存在者,此在的特殊之处就在于它能够提出存在问题。而任何追问都必定有来自所追问者的事先引导。此在追问存在这一事实本身表明,此在已置身于存在的领会(Verständnis)之中,置身于存在的展开状态;存在首先就在发问者这里展现出来。在众多存在者中,唯有此在这一存在者是且不得不是根据自己的存在领会去筹划(entwerfen)和解释自身的存在(生存)。

因此,为了解决存在问题,必须首先澄清此在这一存在者的基本存在情态。而在第一章里,我们已经指出,从狄尔泰开始,此在这种特殊存在者的存在已被明确认定为一种生命存在。虽然如此,狄尔泰并没有成功地把这种生命存在展示出来,更不用说为生命存在提供存在论上的担保。其根本原因在于,狄尔泰用生命存在的整体性来克服康德哲学中人的存在的分裂状态,却把造成这种分裂的问题,即时间与自由的冲突,排斥在他的视野之外,这从根本上也就耽误了时间与存在的关系问题的明确提出。因为康德虽然已在某种程度上挑明了时间与存在的关系,但恰恰是时间与自由的分裂限制了这种关系,①从而未能把时间与存在的关系作为根本性问题明确提出来。这一工作显然有待于时间向超验领域的突破,才能获得进展。而这意味着,时间不仅是现象存在的条件,且是本体(质)存在的条件,也就是说,是人的整体存在的条件。

问题本身的历史性进展,使得对于海德格尔来说,存在问题首先所要解决的任务,即澄清此在的存在情态,也就成了对生命整体存在的展示,而最后要达到的则是对这种整体存在的时间性阐释。这里必须特别指出的是,海德格尔对此在存在的基本情态(Grundverfassung)的阐释已隐含着对时间超验化的理解。这也就是为什么我们这里要花一章的篇

---

① 在康德哲学中,这种关系完全被限制在现象界。即是说,在这里,时间只与现象的存在有关系,只是现象存在的先验条件,而与本体(自由)存在无关。

幅来清理海德格尔对此在存在的基本情态的阐释。

第一节 在世：此在存在的基本情态

Dasein 作为与众不同的存在者，在海德格尔的现象学还原中显示出了一个基本存在特征，即这一存在者在其存在中总是有所领会地对它的存在有所作为（Verhalten），它在其存在中总是关切着这一存在。[①] 这一基本存在特征可以阐述为此在的两个存在品性：（1）此在的"本质"（Wesen）在于生存（Existenz），也就是在于去存在（zu sein）。这意味着，一切"什么"的现成存在（Vorhandensein）这种方式不适合于此在，此在存在着（existiert），但不是"什么"。因此，从此在身上清理出来的一切现象性质就不是某种现成的属性（Eigenschaft），而是它去存在（生存）的诸可能方式。（2）此在作为在其存在中关切这一存在的存在者，其存在向来就是我的存在。即是说，此在这一存在者的存在具有向来属我性（Jemeinigkeit）。这一存在品性决定了此在总是以这样那样的方式把它的存在作为本己的（eigene）可能性来有所作为。它由此既有可能获得自身（Selbst），也有可能失去自身，因而，此在在其生存中具有本真状态（Eigentlichkeit）和非本真状态（Uneigentlichkeit）两种存在样式。

这里的关键，显然已被集中到 Existenz 上。生存这一概念及其所表达的内容在古希腊哲学中是没有的，至少是不受重视的，只是在中世纪的神学与哲学中，才得到使用和重视。这显然与对人所生存的世界的态度相联系。不过，这里我们并不过分纠缠于这一概念的历史沿革，而只在意于它的根本性意义。

我们通常把 Existenz 理解和翻译为"存在"，[②]这不能说是错的，却完全失去了它之别于作为与系动词合一的存在（sein）的根本性含义。自

---

① 参见海德格尔《存在与时间》，第 43、53 页。
② 国内哲学界把 Existenzialismus 译为"存在主义"，就是基于这种理解。

古希腊以来,存在(是)既是系动词,又是存在动词。作为系动词,"是(存在)"总是"是什么"(ist etwas),在语法上,说"这是"(Das ist)并没有明确的意义,因为它是一个不完整的句子。这一语法现象左右着哲学对存在的思考,即左右着存在(sein)作为存在动词的使用:作为存在动词,存在也一定存在着(是)什么。因此,哲学追问存在,而实际上思考的却又总是存在者(某种什么)。但是,世上恰恰又有这样一种存在者,它存在着(ist),却又肯定不是什么,即不能用某种什么或说不能用另一存在者来说明它。这种存在者在神学中首先就是上帝,在海德格尔这里,则是时间性的人,即此在。上帝是创世者,但作为创世者只是它的一种能在(Seinkönnen)方式。也就是说,不管他创世还是没创世,他都存在着。正如一个人可以是哲学家,或者是政治家,但并不能把这个人的存在完全等同于哲学家或政治家。这种存在者的存在(ist)要高于和多于它所是的东西。换句话说,对于这种存在者来说,作为存在动词的 sein 要比作为系动词的 sein 多出一些内容,或者说,作为系动词的 sein 永远都不可能穷尽作为存在动词的 sein。

这里涉及了存在动词与系动词的区分问题。在西语中,sein 作为存在动词和系动词在使用中一直是不加区分的,也是很难以区分的,以致把存在动词归结为系动词。因为在西语的日常使用中,表面上看,我们只有在一个完整的语句中才能传达出某物存在或不存在。如我们说:Er ist(ein Philosoph)[他是(一个哲学家)]。只有在这个由系动词(ist)联系起来的完整句子中,才传达出了:a. 他存在着,b. 他从事哲学工作并颇有建树。但是,在俄语中,这个句子可表述为:ОН ОДИН ФИЛОСОФ。在这个俄语句子中,没有系词,却同样传达出了上面两层基本意思。这表明,存在动词并不能归结为系动词。在某些语言(如古汉语)中,并没有系动词,或者系动词被隐藏在语气中,但它们却同样传达着存在,甚至是更真切地传达着存在。这一语言事实甚至让人反过来认定,即使是在西语中,存在动词不仅不能归结为系动词,相反,存在动词是系动词的前提。

拿我们上面的例子来说，只有他存在着（Er ist），他才能够是一个哲学家或政治家（Er kann ein Philosoph oder Politiker sein）。在这里，他是一个哲学家的"是"（ist）只是他存在着的"存在"（ist）的一种可能方式，而不是这一"存在"的全部（Ganze）。作为系动词的"ist"永远也不能穷尽作为存在动词的"ist"。他是一个哲学家，他（是）中等个儿，他是颇有思想的人，他是……这些都不能完全给出一个人的整体存在。因此，我们说，作为存在动词的 sein 总要比作为系动词的 sein 多出一些内容。出自拉丁世界的 Existenz（生存）要表达的就是作为存在动词的 sein 所多出的内容。

现在，我们可以合理地说：Gott existiert，上帝存在着，仅此而已；Dasein existiert——此在存在着，但不是什么。这里，existieren 发挥着作为存在动词的 sein 的功能。在这个意义上的 Existenz（生存）虽也有所"等待"，但并不"等待"具体的现成东西。也就是说，生存"等待"的只是种种可能性，尚不是某种现成的什么；一切"什么"都被悬置在外。就此而言，生存这一概念本身就富有现象学的本源性意义，海德格尔也完全是在现象学意义上来使用这个词的。[①] 因此，从现象学角度说，生存是现象学的剩余者，而较之"是什么"的"是"，生存则是多余者。如果此在的"本质"就在于其生存，那么现在需要进一步追问的就是这个多余者。

显然，对于这个多余者，我们并不能问它"是什么"，因为它并不是什么，它只生存着。"人"（Dasein）不是什么东西，但它生存着，这是一个现象学的事实（Sache）。对这个事实，我们不问它是什么，而问：它如何？也就是：此在如何生存着？此在如何展开其生存？

哲学一直为之殚精竭虑的一件事，就是提供一个世界图景（Weltbild）。各门科学从各个方面提供出日益丰富的知识，似乎为哲学

[①] 就 Existenz 作为这种现象学概念而言，它是可能性存在，因而是"空的"，是自由的。因此，译成"实存"似也不妥。

完成这个任务准备了成熟的条件。然而，事实上，面对这些越来越纷繁的知识，哲学却更显得力不从心。因为这些知识不仅不能给出世界的秩序，反而越来越掩盖了世界的真实存在。这至少表明了：(1)哲学不能指望依靠科学去理解世界，科学只是世界存在的一种可能方式，而不是世界存在的唯一方式。当我们为了弄清世界图景而去整理科学提供的知识时，我们已对世界及其秩序有所领会，即已把世界当作前提。因此，(2)哲学真正要澄清的不是世界图景，而首先是被设为前提的世界本身，即我们所领会的世界。

我们作为时间性存在，即作为此在而存在，向来就领会着世界而存在。此在的生存(存在)作为多余者，就多在这个所领会的世界。此在并不仅仅是着(ist…)，而且生存着(existiert)世界。只要此在生存着，它就不会单纯抽象地是着……，而总是生存(领会)着世界。海德格尔把此在的这种生存方式或生存情态称为在世界中存在(In-der-Welt-sein)。① 也就是说，此在是以在世界中存在(在世)的方式生存着，或说以在世的方式展开其生存。

按叶秀山教授的解释和介绍，Existenz 具有出来、出世的意思。② 出世并不是遁世，而恰恰是入(In)世。但入世并不意味着事先有一个大观园似的世界在那儿，等待你怀着积极的态度进去尽情领略。入世恰恰意味着展开出世界。此在生存着而展开出世界，或说，此在展开着世界而生存着，因而说它在(入)世界中存在(in-der-Welt-sein)。

为了说明世界的这种生存性质，海德格尔借用了语言学方面的考据。根据 Jakob Grimm 的研究，德语中的介词 in、an 和 bei 都来源于相应的动词。In 来源于居住(wohnen)、逗留(aufhalten)，意味着我居住着(Ich wohne…)，我熟悉着(Ich bin vertraut mit…)，我照料着(Ich

---

① 参见海德格尔《存在与时间》，第53页。在海德格尔这里，这是一个词。
② 参见叶秀山《思·史·诗》，人民出版社1988年版，第348页。

pflege……）。而 bei 则来源于 bin，与 bin 相关联。[①] 我在（Ich bin），也就意味着我处身于……，我在……中或在……之旁。

这也就是说，in(an)和 bei 这些介词都隐含着"我在"，"我居住着"等源始意义。根据这一解释，In-der-Welt-sein 中的 In-sein 所标明的显然等于说：我居住着……而存在，我在……中存在。而世界就是这个"我居住着……而存在"（In-sein）中的世界，是为 In-der-Welt-sein。我居住着，生存着，我才在(in)……中，才居身(bei)于……中。我居住着，总是居住在(in)……中，我生存着，总是居身于……中而生存。居住总得展开出一个居住之所，居身总得整理出一个居身之处。居住（生存）活动所展开所整理出来的处所就是我所居住的世界。此在在其生存活动中，任何作为，如照料、熟悉、安排、整理，都已经是一种领会（Verstehen）和解释（Auslegen），它就在这种领会和解释中展开出它周围的世界。也就是说，此在所居住（生存）的世界是由居住活动展开出来的，而不是先有了一个世界，此在才去居住。就此而言，世界总是居住的世界，生存的世界，即总是 In-der-Welt-sein 的世界。

这里有必要进一步指出，如果 In-sein 说的是：我在……中存在（Ich bin in…），我居住着……而存在（Ich bin…gewohnt），那么我们就可以用汉语中的"在"一词来理解它。在汉语中，"在"既是介词又是生存（存在）动词，并未从动词中脱离出来。即使在语法形式上是以介词身份出现，它也以隐含的动词意义为前提。如果稍做比较，这层意思即可显而易见。比如，"我在邮局附近"，对应的德语句子是：Ich bin in der Nähe der Post。在这里，汉语句子中的"在"对应了德语句子中的"bin"和"in"。在汉语中，我在(bin)同时意味着在(in)某种地方。因此，In-der-Welt-sein，在世界中存在，也就可以理解为在(bin, in)世。

实际上，在世更能直接地传达出 In-der-Welt-sein 这一整体现象。

---

① 参见海德格尔《存在与时间》，第 54 页。

我们常说，此人还在世。这种说法有两层不可分离的根本性含义：此人还生存着（existiert），或还在着（ist），且还有一个世界。只要此人生存（存在）着，他就有一个生活世界。所以，他生存着，也就意味着他在世。而当我们说，此人已不在世或已去世，并不意味着他离开了世界，从世界中抽身远去，却把世界留了下来；去世就是遁世，世界随着此人的消失而逝去。从在世与去世的两极更为深刻也更为明确地表明了世界的生存性质，即它的整体性：只要此在存在，它就展开出一个世界，生存出一个世界；而只要有世界在，它就必定是生存的世界，生活中的世界。既不存在孤立封闭的、无世界（weltlos）的此在（Da-Sein）——存在（Sein）必定是In-der-Welt-sein 的存在；也不存在抽象的、非生存性的世界——世界总是 In-sein 的世界。

因此，此在是且不得不是以在世的方式存在着。换句话说，此在存在的基本情态就是在世界中存在。只要此在存在，它就展开着世界。所以，在世作为此在存在的基本情态，同时也是生命的整体存在的展示。当海德格尔把在世阐释为此在存在的基本情态，也就意味着他把生命的整体存在展示为在世。

这里，我愿意事先提示一点，把在世作为此在的存在情态，从而作为生命的整体存在方式，已隐含着海德格尔对时间与生命存在之间的内在关联的理解。在世是有界限的，但首先并不是空间界限，而是时间上的有限。正是在世在时间上的有限性使生命的整体存在成为可能。这一点在下一章将得到进一步说明。

第二节　在世界中：世界的超验性

在世作为一个整体现象并非没有结构环节（die Strukturmomente）。[1]

----

[1] 参见海德格尔《存在与时间》，第 53 页。

实际上,从上面的分析中已经显明,我们至少可以从三个环节去进一步展开和理解在世。但必须指出的是,这三个环节绝不是分离的,从任何一个环节出发,都必定完整地带出另外的环节。这里的环节实际上也就是在世界的展开状态和展开方式。下面我们将分三节来解释海氏给出的这些展开状态和展开方式。

从在世界中(In-der-Welt)这一环节着眼,所要追问的是世界之为世界的存在结构。其结论是,意指整体(Bedeutsamkeitganze)是世界的存在论结构。而这一意指整体不是别的,就是此在的生存意志(Umwillen)。"世界是此在为之生存的世界。它具有为了(Umwillen)……的基本性质。"①也就是说,是此在为了其自身(Selbst)而生存的,"为了"使世界成为可能的。

在海德格尔看来,世界不是生存活动之外的世界,它必定与生存活动有关。世界总是"在……中"(In)的世界,更完整地说,总是"在……中存在"(In-Sein)的世界。上面已经指出,"在"(In-sein)就是"我在"(Ich-existiere),也就是作为此在之我的生存活动。"但此在为之生存的就是它自身(Selbst),此在这样存在,它为了其自身(Umwillen seiner)而生存着"。② 显然,为了进一步深入世界的生存论结构,我们现在要问的是:这个"自身"又是什么呢? 这个自身不是什么,它什么也不是。就此在的整体存在而言,它不会也不是为了某种"什么(Seiende)"而存在,即使这个"什么"是某种更美好的社会或最高的目的。作为有限的、总有一死的此在,它自身没有任何理由要求自己去为了某种在它之外的既定的目的而生存。这个自身既然不是什么(nicht Seiende),那么它就是一种可能性存在;既然此在终有一死——这是一个先验的事实,因此,此在的存在也就有理由被视为向死亡的存在,或者说,向死亡存在是此在的存在方

① 海德格尔:《论根据的本质》,法兰克福,1965 年,第五版,第 37 页。
② 参见同上书,第 37 页。

式——那么,此在的自身即使不是死亡本身这种可能性存在,也必定是受死亡规定的可能性存在。

现在,我们可以对自身作出基本的刻画:a. 自身是可能性存在,且 b. 是死亡或受死亡规定的可能性存在。因此,此在为了其自身而生存,也就意味着为了本己的(eigen)可能性存在而生存。由于自身是可能性存在,为了这种自身而生存所说的就是走向自身,展开可能性。自身既不在此在之外等着此在,也不现成地闲呆在此在身中,而是展现于每时每刻的本己可能性。显而易见的是,此在为了自身而生存,抑或说,此在走向本己的可能性,也就是一种努力,一种意向性行为(intentionales Verhalten)。海德格尔把这种行为看作一种超验活动(transzendieren)。此在的生存——为了其自身的生存——在根本上是一种超验活动。唯有作为超验活动的生存,即为了自身的生存,才是此在的生存。这是此在的生存之别于一切生命(Leben)的根本所在。所以,海德格尔认为,正是超验使此在的生存成为可能的。"此在在超越中才走向(zukommt)它所是的存在者,走向它'自身'。超验(Transzendenz)组建(konstituiert)着自身性(Selbstheit)。"①

现在需要进一步弄清楚的是:何为超验? 海德格尔给出这样的解释:"超验意味着超越(Ü berstieg)。超验活动(Transzendent)就是执行超越,就是置身于超越活动中。"②在这里,超越所要达到的显然是自身,那么,所要超越的又是什么呢? 从我们对自身的刻画中,可以看出,超验作为走向自身的行为,其所要超越的显然不是别的,而只能是非自身的东西,也即经验中的一切"什么",一切现成东西。所以,海德格尔说:"在超越中,任何什么最后都被超越了。"③在这里,超验或超越实质上执行着现象学的还原功能,因此,我们有理由把此在的超验活动看作人的空无

————————————

① 海德格尔:《论根据的本质》,第 19 页。
② 同上书,第 18 页。
③ 同上。

化,也就是把人的经验存在掏空。从传统的人(主体)的角度来说,超验活动的这种空无化就是一种退让(Lassen),而在海德格尔的现象学眼界里,这种空无化恰恰是走向自身,为了自身而生存。①

这样,我们获得了对此在生存的进一步理解:此在的生存向来是为了其自身而生存,而这个"为了"则是一种超验活动。具体说,"为了"一方面是走向自身,同时又是退出经验的自己(Sich)。退出一切经验关联的"空人"即为此在。唯有这种超越(经验的)自己、空出自己的"空人"才能走向自身,才能作为此在而生存。

我们知道,现象学要括出一切经验世界,括去存在者的一切经验属性。海德格尔发现,现象学要达到这一目的的关键是空出人自己,把人倒空。② 唯有把人的经验关联悬置起来,存在者的经验属性才随之被括掉,存在者才作为存在者自身出现。这种括去一切经验关联的空人,也才是自由的人。这是以康德为背景的德国哲学很容易得出的结论。所不同的是,在海德格尔这里,这种"空人"并不是无内容的、纯粹的形式存在,而是有内容的超验存在,这内容就是时间性存在。这一点我们在下一章将进一步展开。

所以,为了自身而生存同时又意味着自由。正是作为这种自由的超验活动,此在的为了其自身的生存才总是一种敞开活动(Öffnen)而总有所敞开。这个"为了"所敞开的整体就是世界的存在论结构,也就是世界性(Weltlichkeit)。从世界的角度说,这意味着,只有在"为了"这种超验(自由)的敞开活动中,世界才作为世界出现,而从此在角度说,则意味着,只是在这种"为了"中,才让世界作为世界(自身)来相遇。不管从哪个角度说,世界都是"为了"(Umwillen)的世界。在这一点上,海德格尔

---

① 所以,此在为了自身而生存这种说法并不包含着为人的盲目自爱设置某种理由。为了自身而生存恰恰要超越这种盲目的自爱。参见海德格尔《论根据的本质》,第38页。

② 海德格尔的基础存在论(Fundamentalontologie)就是要探究空出人的经验关联之后所剩下的内容。

提供了这样的说明:"世界是作为此在之为了整体性而被此在自身带到此在面前的。"①

但"为了"总是为了此在自身。为了自身这是此在生存的超验性和自由所在。因此,世界作为为了的世界:a. 它本质上属于此在的自身性,b. 世界是超验的世界。我们或许可以把这两点看作是本真世界之存在论特征。

就这两点而言,显而易见的是,此在与世界并不是传统观念所认为的那样,是一个存在者与另一个存在者之间的关系,或者是整体与整体中的部分的关系。"不会有一种叫此在的存在者与另一个叫世界的存在者的'并列物'(Nebeneinander)。"②在《论根据的本质》中,海德格尔更明确地指出:"由于世界不是存在者,而且世界应属于此在,(此在与世界的)这种关联显然不能被思考为作为存在者的此在与作为存在者的世界之间的关系。"③把世界当作一个整体的存在者而与此在相对立或相并列,这是以把世界从此在的"为了"这种超验的自由生存活动中抽离出来为前提的。这种世界只是一种抽象世界或概念世界,而本质上则是一种经验世界。它以存在者为前提,因为它以存在者的经验关联为其基础。因为,这种世界与其他存在者的关系同它与此在的关系一样,是这个整体与整体中的分子的关系。当人们把世界看作是存在者的总和,人们所说的世界就是这种抽象世界。当人们致力于搜集各门具体科学提供的边边角角的知识,以便构造出一个完整的、"科学的"世界图景时,人们心目中所理解的也是这种抽象的经验世界。如果人们愿意执迷于独断论,那么他当然也可以把这种世界当作最实在最真实的世界。只是当他做出这样的宣告时,却没有理由去反对另一个独断论者做出同样的宣告,尽管他们所说的经验世界并不完全一样,甚至难以相容。

---

① 海德格尔:《论根据的本质》,第39页。
② 海德格尔:《存在与时间》,第55页。
③ 海德格尔:《论根据的本质》,第五版,法兰克福,1965年,第38页。

作为"为了"的世界,世界与此在一起到时(zeitigen),既不在此在之前,也不在此在之后。此在在其为了自身的生存中,把世界带上前来(Vor-sich-selbst-bringen),就是让世界到时,让世界发生(geschehen lassen)。这并不是说,先有此在存在,才有世界。只要此在存在,它就对这一存在有所作为,或说对这一存在有所筹划(entwerfen),而把世界带到前来就是它对自身的可能性的源始筹划。① 这也就是说,只要此在存在,就有世界。世界是此在存在的根本性标志。

如果没有现象学——它使"为了"成为超验活动——和解释学——它对"为了"作出时间性阐释——作为背景,那么我们就难以对海德格尔的这种"为了"的世界与叔本华的作为意志和表象的世界作出根本性的区分。对海德格尔来说,世界是"为了"的世界,但这并不意味着世界就是纯粹主观的意志世界,这种"为了"作为一种超越活动恰恰要超越这种主观的意志以及种种主观的愿望。因为,"这种为了的超越只有在这样的意志(Willen)中才发生,这一意志本身是按其自身的可能性筹划自己"②。也就是说,"为了"这种超越活动是纯粹意志的活动。所以,它所敞开的世界是一个超验世界。

作为超验的世界,它不是以存在者为前提,相反,存在者必须以世界为前提,因为存在者只有在这种超验的世界中才能作为其自身来相遇照面(Begegnen),或者说,只有在这种以"为了"所固有的意指整体为其存在论结构的世界才能让存在者作为存在者出现。"如果存在者(如最广意义上的自然)没有机缘(Gelegenheit)进入(eingehen)世界,那么它就无以公开出来。"③不进入世界的存在者实际上只是一种理论的设定,它只存在于概念中,而不是事实的(sachlich)存在,作为事实的存在者,它是在机缘中,因而在"为了"所展开的生存世界中公开出其自身性。石头只

---

① 参见海德格尔《论根据的本质》,第 39 页。
② 同上书,第 43 页。
③ 海德格尔:《论根据的本质》,第 39 页。

有在"为了"的生存世界中才显示出其硬其顽。宝玉在"大荒山无稽崖"①
上是不会显示出其"假"来的,只有被"携入"红尘(生存世界),他的愚顽
而又稍通灵性才能一五一十地展示出来。这里特别值得指出的是,能够
携(助)此顽石入世的是一僧一道。而僧道之能担当此任,在于他们具有
"利物济人"之才德。但僧道作为超验性存在的象征,这种才德显然植根
于超验性生存。因此,它利物而不侵物,济人而不制人。僧道携顽石入
世,却并不改其愚顽本性,恰恰是让其本性充分展现于世。

当然,对海德格尔来说,担当携物入世的并不是僧道,而是诗人和思
想家。在海德格尔看来,世界首先是在诗人和思想家的运思中显现出来
的。诗人和思想家首先把世界带上前来,或说,首先让世界来相遇。这
意味着世界内的存在者首先是在诗人和思想家的眼界(Horizont)里才作
为其自身出现。所以,世内的事物最初是由诗人来命名的。②

第三节　常人——此在的日常在世

我们上面所说的是从"在世界中"(In-der-Welt)这一角度去理解在
世,但我们也可以从历来以在世方式存在的存在者这一角度着眼来理解
在世。从这一环节着眼,所需要追问的是:谁在日常状态中,此在为谁?
海德格尔的回答是:常人(Man)。也就是说,在日常状态中,此在是作为
常人在世。那么,此在如何能成为常人? 如何能作为常人在世?

此在在为了自身的生存中给出了世界的存在论结构(Weltlichkeit),
并在忧烦(Besorgen)活动中把世界标志(实现)出来。它在这个世界中
不仅要遇到一般存在者——现成的东西和应手的东西,而且要遇到一种

---

① 《红楼梦》第一回。"大荒山无稽崖"乃是世外的象征。在此荒山之上的世外顽石无以公开其
虽愚却又稍通灵性这一本色,偶遇茫茫大士、渺渺真人则给它带来了展示这一本色的入世
(In-der-Welt-sein)机缘。
② 中国历史上就有据《诗经》取名的传统。这并不能被简单地解释为对古意的追求,而是包含
着对本真存在及其命运的关切与期盼。

特殊的存在者,这种特殊的存在者就特殊在"它也共在此(Es ist auch mit da)"。① 这一"也共在此"的存在者就是也以此在方式存在的他人(Die Anderen)。此在的在世不仅与一般存在者有关联,而且关切到他人。

现在问题是:此在如何关切到他人? 换句话说,他人如何与(我们)此在也共在此? 这里急切需要弄清楚的显然是如何理解这个"也共在此"的"共"(mit)和"也"(auch)。

按海德格尔的解释,"这个'共'是此在式的共,而'也'则指存在(作为环视忧烦的在世的存在)的等同性(Gleichheit)"②。根据这个解释,"他人也共在此"意味着:a. 他人也是作为此在存在,即他人也在此(ist da);b. 他人的存在也是在世的存在,即以在世界中存在的方式存在。其核心意义显然是在世的等同性,因为他人在此所说的就是他人在世。因此,自己的此在与他人共在此等于说,此在在此与他人在此相等同,此在在世总是等同于他人在世。我在此与他人在此为什么会是等同的呢? 我们是在何种意义上说着这种等同? 我在此,是为了(umwillen)自身在此,我在世,是为了自身而在世;而他人作为此在在此,也是为了自身在此,他人在世,也是为了自身而在世。作为此在,我和他人都终有一死,我为自身在此与他人为自身在此都是走向死亡,都是向死亡存在。我与他人为之存在的自身在这个意义上是等同的,即它们都是受死亡规定的纯粹自身。因此,他人也共在此,在根本上说的是,他人为之(umwillen)生存的自身与我(作为此在)为之生存的自身具有等同性。换一个角度说,此在为之生存的自身等同于他人为之生存的自身。正是这种自身的等同性,我为了自身而开展(生存)出来的世界与他人为了其自身而展开出来的世界也才具有等同性,因而我与他人在根本上才能相互理解,即

---

① 参见海德格尔《存在与时间》,第118页。
② 海德格尔:《存在与时间》,第118页。

才共在此,并且也才可能进一步进行各种层面上的相互交流。

这里,可以明确加以澄清的一点是:他人只是在为了自身的存在中,它才能共在此;或者说,此在只是作为自身的此在,即只是在为了其自身的存在中,它才能共他人存在。所以,海德格尔指出:此在"这一存在者'首先'存在于不关联他人的状态(Die Unbezogenheit auf Andere)中,而后才能'共'他人存在"①。此在之为此在就在于它首先是为了自身而在此,只是为了自身而存在。在这种为了自身的存在中,此在与他人毫无关联;只要此在的存在关联到(bezieht auf)他人,从而存在于与他人的关联(Bezug)中,此在的存在就不是本己的自由的存在。但是,不关联到他人,并不意味着不关切他人(Es geht um Anderen),相反,恰恰是在不关联到他人因而只是在为了自身的存在中,才能够真正关切他人的存在:让人人只是为其自身而存在,即让他人也共在此。

就此在能够(kann)只为了自身存在来说,此在能够关切他人,能够让他人也共在此;就自身的等同性而言,此在在为了其自身的存在中,此在总是关切到他人(Es geht dem Dasein in seinem Sein um Anderen),总是让他人作为他人自身存在,即让他人也共在此。只是在此(ist da)的他人才是作为此在自身的他人。如果我们认定,此在只是本质上为了自身而存在,那么,在这里则可以从另一个角度说,此在本质上就是共在(Mitsein):让他人也共在此。② 即使他人眼下不在眼前,即使有个别此在实际上无视他人,无需他人,或者干脆弃绝他人,"此在也以共在的方式存在","共在是每个本质的此在的规定性"。③

我们能够理解的是,他人之所以也能够共在此,就在于我,作为此在,本质上就是共在,即本质上能够让他人作为自身存在——让他人也在此,从而与他人共在此。"只有本质的此在具有共在的本质结构,此在

---

① 海德格尔:《存在与时间》,第 120 页。
② 参见海德格尔《存在与时间》,第 120 页。
③ 参见同上书,第 123、121 页。

才对他人来说是可相遇照面的共此在(Mitdasein)。"①就如一般存在者只有在世内才能来相遇一样,他人则只有在此在的共在中才会来相遇照面,因为只有在这种共在中,他人才能作为自身出现。人与人可以有各种关系,可以以各种角色打交道,但这种种关系,种种交道,都必须以在共在中的相遇照面为基础,尽管这种种交道可能远离甚或掩盖了这一基础。

此在本质上是共在。这一洞见使海德格尔发现,世界并不是一个孤独的世界,我们总可以在其中找到他人的踪迹。如果为了自身存在本质上就是一种共在,那么这种共在就是让他人也为了自身而在此,或者说,这种共在就是让他人也作为此在而展开出来。从这里,显然可以进一步得出一个看法:此在为了自身存在,同时也是为了(umwillen)他人自身的存在。② 与他人共在(Mitsein mit Anderen),即让他人作为自身共在此,属于此在在其存在中所关切的存在。就此而言,"此在作为共在本质上'是'为了他人"③。也就是说,此在在其存在中总是关切着他人。但,此在的世界是在此在为了自身的存在中展开出来的。既然这种"为了"也为了他人,因而此在的存在本质上是共在,而他人也总在这种共在中来相遇,那么他人显然也被带进了此在的世界,他人也参与了意指性的构成(Bedeutsamkeit),即参与了世界性(世界的存在论结构)的构成。因为他人只在共在中来相遇,而共在是"为了"展开出来的,因此,他人总是为了中的他人,是在为了中展开其此在的他人。他人借共在而参与构成此在的世界。因此,"世界向来总是我共(mit)他人分有(teilen)的世界。此在的世界是共有世界(Mitwelt)"④。世界的这种共有性(Mithafte)使他人随着来照面的存在者一道来相遇;或者说,世界的共有性使得我们

① 参见海德格尔《存在与时间》,第 121 页。
② 这里的"为了"与此在为了自身的"为了"具有同等的意义,它不是事事为他人操办代劳,而是指把他人作为他人自身来关切。
③ 海德格尔:《存在与时间》,第 123 页。
④ 同上书,第 118 页。

能够从在世内来照面的存在者那里遇到他人。停泊岸边的小舟便向我们透露了以之代步的行人；从书架上存书的种类，我们可以领会此人爱好哲学，或者说，一个爱好哲学的他人从这一书架的存书种类中来相遇照面。

这里需要特别说明的一点是，由于为了展开出来的共在使世界具有共在性，从而才使从世内来照面的存在者那里去领会（遇见）他人成为可能。而他人就在这种领会中走向了常人，这一点需要做进一步的说明。

此在与他人打交道，关切他人，不是由忧烦活动（Besorgen）来进行，他人不可被忧烦，而只可被忧神（Fürsorgen）。此在在忧神中关切他人，"为了"他人。海德格尔认为，忧神作为此在在世的一种展开方式，它本身具有两种极端样式。一种他认为是代庖—控制（einspringend-beherrschende）的忧神，一种是放手—解放（vorspringend-befreiende）的忧神。[①]

在代庖控制的忧神中，此在试图为他人包办一切，把对他人的忧神或关切视为替他人操办有待忧烦的事务。因而，把这些事物承担过来，从而把他人从其"位置"上挤兑出去。他人不是接受这些事务的既成事实，就是完全卸脱（entlassen）这些事务，与这些事物毫无干系。在这里，他人既不能负起任何责任，也没有任何责任让他人承担。在这种忧神中，他人不是成为依附者，就是成为受控者。而放手解放的忧神不是把他人当作有待忧烦的事物来忧，它并不为他人代庖他人在其"位置"上所要忧烦、所当忧烦和所能忧烦的任何事务，这种忧神恰恰要跳离在这种能在中的他人，[②]而把忧（Sorge）本身真正交还他人。也就是说，让他人自身去忧，让他人为了自身而忧（存在）。因此，这种忧神关涉（betrifft）

---

① 参见海德格尔《存在与时间》，第 122 页。
② 他人有所忧烦的是他人的生存性存在，不管他所忧烦的是他所当忧烦，所要忧烦，还是所能忧烦。

到的是本真之忧,即关涉到了他人自身的生存,而不是关涉他人是"什么"和能是什么(角色)。这种忧神不为他人代劳任何有待忧烦的什么,而只协助(verhelfen)他人为了自身而忧,为了自身而存在,即协助他人成为自由的,从而为自身负起责任。只有在这种忧神中,人们真正的团结才是可能的,人们共同致力于正义事业就必须由这种真正的团结来担保。

在代庖的忧神中,他人似乎得到了"全面的"关切,巴不得把他人的忧全都取走(abnehmen)。然而,这种取走他人之忧实际上恰恰是夺走了他人自身,在根本上取消了他人自身的自由与责任。而在放手的忧神中,看似对他人的忧烦不闻不问,但恰在这种不闻不问中,真正关切的才是他人自身。这是忧神的两种极端样式,而日常生活中,人们实际上只是处于这两个极端之间,处于平均状态。人们一半为他人自身而忧神,一半为他人所是所忧的东西而忧神,即把他人当作他所忧烦的东西,他人所是的东西来忧神或领会。这种日常忧神以这样一些具体方式展现出来:互相反对,互不相关,互相错过(Aneinandervorbeigehen)、互不关照等。在这些日常的忧神中,与他人的共在不再是直接无间的,而是有距离的(Abstand)。这种有距离的共在被海氏称为相互共在(Miteinandersein)。这种相互共在就是常人的存在。当我们从世内来相遇的东西那里去领会(关切)他人,或者说,当我们把他人当作他人所忧烦所从事(betreiben)的东西来忧神时,他人就不再是作为他人自身来相遇,而是作为他人所忧烦的东西来照面;而进行这种忧神的"我们"也不再是此在自身,因为我们在把他人当作世内存在者来领会时,我们也从这种存在者来领会自己。当我们从停泊岸边的小舟领会到以之代步的他人之际,我们也把自己领会为能够或不能够(是或不是)以之代步者。在这里,是作为以小舟代步者或不是以小舟代步者来与他人相遇照面。因此,共在不是自身的直接共在此,而是借所忧烦的东西共在此。所以我们把这种日常的共在看作是有距离的相互共在。

我们可以看到,在这种相互共在中,他人并不是确定的他人,任何他人都可以代替这种相互共在中的他人。从停泊岸边的小舟来照面的他人,可以是任何一个他人。这种可以是任何一个他人,又不是任何一个确定的人,就是常人。不仅如此,此在在这种相互共在中,也不再是此在自身,而是作为常人在此。因为当此在从他人所忧烦的东西去领会他人,与他人相遇时,它相应也从这些东西去领会自己。在这种情况下,他人的爱好(所忧烦的东西)实际上夺走了此在自身的存在而支配着此在的种种日常可能性,此在处在他人的统治下。[①] 他人(常人)喜欢(忧烦)什么(从而借这个"什么"来照面),此在也就领会着什么而领会自己。此在与他人在日常的忧神中一道沦为常人。这等于说,在日常状态中,此在是作为常人在此,即作为常人在世。它在世的方式就是相互共在。常人作为此在的一种在世方式,并不是此在偶然碰上或偶尔有之的方式,按海德格尔的看法,此在首先和通常就是作为常人在世。因为此在在展开出世界之际,它就不得不与世内来相遇照面的东西打交道,不得不为他人所忧烦的东西而忧神。而此在就在这种交道与忧神中沦失(verlieren)为常人。

作为常人,此在所关切的不是自身而是一种平均状态(Die Durch-schnittlichkeit)——自身与自身所忧神所忧烦的东西的平均状态。这种平均状态就是常人自身(Man-selbst)。常人为自身而在此,但常人自身却是一种平均状态,而不是本真的、自己掌握自己的此在自身。因此,常人看似自由——为自身而在此,实际上却不自由,因为常人的自身不是纯粹的自身。相应地,常人看似可以负起任何责任,而实际上却无任何责任可言,因为它处于平均状态。此在一旦沦失为常人,常人也就夺去了此在的自身,从而卸去了它的责任。

① 这里,他人是指从所忧烦的东西那里来相遇的他人。参见海德格尔《存在与时间》,第126页。

第四节 在世的展开方式:现身、领会和沉沦

不管是超验的世界还是日常状态中的常人,都是此在在世(存在)的展开状态(Erschlossenheit)。如果说在世就是"人"的生命存在,那么对在世的这些展开状态的现象学描述,也就是对生命存在的展示,更确切地说,是让生命存在展示自身。现象学描述之别于一切理论描述或经验记录,就在于现象学描述本身是一种"让······显示"的方法。因此,如果在世的展开状态的确就是在现象学眼界中展开出来的,那么生命就是如此这般的存在。

但是,此在又是如何展开出这种展开状态的呢? 此在的存在作为在世,它又如何展开其在世的? 我们有必要从"在世是如何展开的?"这一角度来进一步理解此在的在世。此在是在居住着生存着而存在之际展开世界的,即在 In-sein 中展开世界。因此,上述问题的进一步提法是:此在如何居住着而存在? 或:此在如何生存着而存在? 海德格尔发现,此在有三种展开其在世的方式,这就是:现身(Sichbefinden)、领会(Verstehen)和沉沦(Verfallen)。它们分别对应于过去(Gewesen)、将来(Zukunft)和当前(Gegenwart)三种时间样式,因此,这里必须逐一把它们及其之间的关系交代清楚。

在海德格尔看来,这三种展开方式都同等地源始,也就是说,此在在本源上就以这三种方式展开其存在。其中,现身指的是有所觉悟有所发现的情绪活动(Stimmung)。情绪活动(现身)作为此在的一种源始的存在方式,意味着此在本源上是一种情绪存在(Das Gestimmtsein)。此在不管有什么情绪,是意气冲天,还是心如死灰,抑或持守淡泊的平常心,都只是表明,此在总是有情绪的,是情绪的存在。即使是最纯粹的理论活动,也不曾摆脱了情绪。理论只有在特定的情绪(如闲暇和愉悦)中,

才能让现成的东西进入理论的眼界。①

在西方传统中,情绪亦曾一再进入哲学家的视野,在《修辞学》中,亚里士多德就对激情作过专门的考察。而帕斯卡尔在其《沉思录》中对诸如闲适、无聊、害怕等情绪现象作过精细的分析。但把情绪作为此在(人)的一种基本存在方式,则是海德格尔和 M. 舍勒的事。

我们曾指出,此在向来对自己的存在有所觉悟有所作为,也就是说,此在的存在是有所觉悟有所觉知的存在。而在海德格尔看来,此在首先就是在情绪中对自己有所觉悟有所发现(befindensein)。或干脆可以说,情绪本身就是对自己的觉悟发现。此在首先就作为这种有所觉知的情绪而存在。此在的存在总是此之存在,这个此首先就是由情绪来展开的。"情绪公开出了'某人觉得如何'这一情态。在这种情态中,情绪把存在带入了它的此。"②"某人觉得如何"也就是某人觉悟到存在如何。就在这种"某人觉悟到存在如何"之际,此被展开了,是为此之存在。

此在在本源上是作为情绪存在,这同时也就是说,此在最初是在情绪中展开其存在和世界。因此,我们这里需要进一步做的工作显然是,把此在在情绪中展开出来的存在与世界刻画出来,以便能进一步理解海德格尔所说的情绪这一在世的展开方式。

作为此在展开其存在(去世)的一种基本方式的情绪,海德格尔认定有两种基本样式,即本真样式的畏(Angst)和非本真样式的怕(Fürcht)。畏并不是畏具体的什么,也不因具体的什么而畏,这并非说,畏乃无所畏惧。相反,畏总要有所畏,总有因由而畏,这就是此在自身。也就是说,畏之所畏(Wovor)和因何而畏(Warum)都是此在自身的存在——向死亡存在。在这里需要预先提示一点的是,死亡并不是一件遥远的生理事件,而是作为此在最本己的可能性存在而显现或现身于畏这一情绪中。

---

① 参见海德格尔《存在与时间》,第 138 页。
② 同上书,第 134 页。

作为非本真的现象（情绪）样式，怕之所怕则来自世内来相遇照面的东西。"怕是害怕有威胁的东西（Bedrohliches），这种对此在的实际能在有损害的东西在所忧烦的应手东西和现成东西范围内临近此在。"①怕是怕具体的东西，因具体的、有威胁性质的东西而慌乱（Verwirren）害怕。这绝不是说，先有了可怕的东西，此在才现身于怕，才存在于怕这种情绪中。可怕的东西必须具备威胁性质（Bedrohlichkeit）才可怕，而这种威胁性质则只有在怕这一情绪中才公开出来，可怕的东西才作为可怕的东西显现于此在面前。②

在畏这种本真的情绪中，此在发现（befindet），它不知从何而来，去往何处，它在此，且不得不在此。海德格尔把此在在情绪中发现或展开的这种存在状态称为被抛状态（Geworfenheit）。也就是说，此在在情绪中发现或展开的存在是一种被抛的存在。此在首先在畏这种情绪中觉悟到自己存在——在此（ist da），但自己从何而来，去往何方，则一无所知。当我们说此在在情绪中展开出它的此时，也就等于说，此在在畏中被带到此，被抛掷于此。畏展开出了此在的被抛状态。在畏中，此在作为向死亡存在这种可能性且不得不作为这种可能性而存在；或者说，在畏中，此在作为向死亡存在这种可能性而现身于此，且不得不作为这种可能性在此。在畏中，这一点无可更改无可回避，找不到可以躲避的安居之所。所以在畏中展开出来的被抛状态也就是无家可归状态（Unheimlichkeit）。在海德格尔看来，此在本无家园可言。畏，作为此在的本真存在样式，把此在带到了它最本真的可能性存在，或者说，展开出了此在最本真的可能性存在，然而，畏就在这种展开之际揭示出了此在日常熟知的世界亦并非长安久居之所，它原也是一种无家可归状态。③

---

① 海德格尔《存在与时间》，第 341 页。
② 海德格尔在这里显然是利用了解释学的循环来解释畏和怕。怕由怕之所怕来解释，而所怕又只有在怕中才能得到理解。
③ 参见海德格尔《存在与时间》，第 342 页。

此在在畏中公开了它之被抛弃状态或无家可归状态。此在被委托(überantwortet)给它的这种最本真的存在。但畏之为畏又意味着它通常并不趋就(kehren)这种被抛状态,恰恰是逃避(Fliehen)和背离(Abkehr)这种被抛状态。在日常状态中,此在就是在怕这种情绪中逃避和背离这种被抛状态。怕躲开了死而怕具体的东西。但怕的这种逃避本身恰恰以对死这一最本真的存在有所觉悟有所发现为前提。所以,怕既背离被抛状态,同时又揭示着这种被抛状态。怕是以逃避或背离的方式展开此在的被抛状态。在日常状态中,此在通常就在怕这种情绪中以有所逃避有所背离的方式被展开。

随着展开出此在的被抛状态,世界也在情绪中展开出来。此在的存在总是在世的存在,只要它在,就有世界展开出来。此在存在着(生存着)展开着世界。现在我们要知道,在畏中,或说此在作为畏而存在,它到底展开出了什么样的世界。

此在在畏中,意味着此在作为向死亡存在这种可能性而在世。而当(此在)在世(在畏中存在)作为纯粹的向死亡存在时,"我生存于其中的世界也就向无意义(Unbedeutsamkeit)沉降"①。也就是说,在畏这种现身情绪中,世界公开为无意义的世界。而世界向无意义沉降或公开出其无意义,就是世界空无化(Nichts der Welt)为空无状态(Nichtigkeit)。此在向死亡存在着而展开着空无世界。对此在来说,死并非一桩在外等待寻机逼近的事件,而是作为此在最本真的可能性存在而为此在以本真或非本真的方式展开着。因此,对此在来说,它无须等待死亡作为一件外在事实降临之际,就能领会到万境归空;只要此在以本真的方式展开其最本真的存在,它也就能领会(展开)到世界的空无性。

世界作为空无的世界被展开出来,这并不是说,在畏中没有世内存在者,或说没有存在者来相遇照面。相反,在畏中,虽然没有应手东西,

---

① 海德格尔:《存在与时间》,第 343 页。

但现成东西则必定在场。只是由于世界的空无化,无意义化,世界"只能在无因缘关联(Unbewandtnis)的性质中开放出存在者"①。换一种说法,这意味着,存在者只能在空无的(leer)冷漠无情(Erbarungslosigkeit)中显现出来。因为因缘关联的了断意味着存在者来相遇,却与我毫不相干。世界的空无化,因缘关联的了断,使存在者失去了一切品性,如果还有什么品性的话,那就是它的无用性(Undienlichkeit)。在这里,存在者就其无用性而言与此在毫不相干,但,存在者的这种无用性却是在此在的畏这种情绪中公开出来的。因此,存在者的无用性本身恰恰又表明了与此在的一种特殊的关联。而且只是以这种特殊的关联为前提,其他关联才是可能的。

从海德格尔对现身情态的解释,我们已经可以知道,现身作为一种情绪存在总是伴随着领会(Verstehen)。情绪总是有所领会有所觉知的情绪。② 而领会也总是有情绪的领会。所以,海德格尔把它们看作是同样源始的展开方式。所不同的是,现身(情绪)所展开的是此在的被抛状态——它存在且不得不存在(于此)。但此在在此且不得不在此总已陷入(hineingeraten)了某些可能性。这些可能性就是由领会来展开的。也就是说,领会展开的是此在的种种可能性。

我们平常也说,某人领会了,他理解了。在这种一般的说法中,领会(理解)标明的是能够(können)做某事的能力。作为在世的展开方式,领会则不是标明此在的一种能力,而是此在的一种存在方式。它所能够的(Gekonnte)也不是具体的什么,"而是作为生存活动(existieren)的存在"。也就是说,领会所能够的是能去存在。

在前面的解释中,我们还记得,海德格尔曾认定:此在的本质就在于生存。在原文中,"本质"(Wesen)一词是被放在单引号里来使用的。据

---

① 海德格尔:《存在与时间》,第 343 页。
② 参见同上书,第 142 页。

伽达默尔的理解,海德格尔在这里所要强调的是 Wesen 一词的动词性质,从而带入此在存在或出场(Anwesen)的时间性这一向度。[1] 因此,Wesen 显然不能被理解为传统意义的 Essentia。在传统意义中的 Essentia 标明的是一种非时间性存在或现成性存在。[2] 而在现象学眼光里,根本不容这种本质的存在。当海德格尔说"此在的本质在于生存"时,他所要表明的绝不是把生存当作某种获得本质的前提,似乎此在通过生存活动才获得某种本质性的品格。海德格尔在根本上所要说的只是,此在是在生存活动中显现出来,在生存活动中出场(an-wesen)。因此,此在的存在问题,也就集中为此在的生存问题。在前面对生存概念的分析中,我们曾指出,此在生存着,但它不是"什么"。此在作为生存活动而存在意味着此在的存在是一种可能性的存在。这种可能性不同于逻辑上的可能性和现成东西的可能性。后一种可能性是与现实东西(Wirkliches)相对而言的可能性,它所意味的是非现实的东西。而生存意义上的可能性则是与现成东西相对而言的一种存在方式,而不是与现实的东西相对——这种可能性恰恰是最现实的。作为这种可能性的存在只能被展开(erschließen),而不可能被把握(erfassen)或被获取。而展开这种可能性存在的方式就是带有情绪的领会活动。

这也就是说,领会展开着此在的生存。但此在的生存向来是为了自身的生存。因此,领会所领会或所展开的是为了自身的生存活动。在畏这种情绪中,为了自身的生存展示为有所领会地向死亡的存在。在畏中,此在由领会把自己筹划向死亡这种最本己的可能性存在,也就是说,此在借领会活动先行跳入死亡这种可能性,经受这种可能性而理解自己

---

[1] 参见伽达默尔《黑格尔的辩证法》,图宾根,1980 年,第二版(增订版),第 110 页。

[2] 让-保罗·萨特恰恰是在这种 Essentia 意义上去理解海德格尔关于此在的本质(Wesen)定义。但是,如果在 Essentia 意义上理解本质,那么,"人的本质就在于生存"这一命题就绝不是海德格尔的,而只是萨特的。并且也只是在这个意义上理解的本质,才有"存在先于本质(Essentia)"这一更进一步的存在主义命题。这里我们可以更为具体地理解海德格尔拒绝存在主义解稽的理由。

的生存。但畏之为畏，一方面揭示（entdecken）了死亡这种可能性，一方面又不情愿趋就这种可能性，而恰恰是要背离和逃避这种可能性，这意味着逃避此在自身最本己的可能性。① 因此，畏这种情绪虽然总是有所领会的畏，但它也总是抑制（Niederhalt）着"直面死亡"的领会。但畏的这种背离和逃避又背向何处，逃往何方呢？逃往世界。此在在畏中领会着死亡而又逃避着死亡。当我们说，世界在畏这种情绪中向无意义沉降而为空无的世界时，我们所说的世界完全是在领会着死而展开着死亡这种本真情绪中展开的，而不是在逃避着死亡而封闭（Verschließen）了死亡的情绪（怕）中展开的。此在所逃往的世界才是在怕这种非本真的情绪中展开的。畏能够是本真的畏——领会着死亡而展开死亡，也能够是非本真的畏——逃避着死亡而封闭着死亡，是为怕。

但这并非意味着在怕这种情绪中，没有领会活动。领会作为此在存在的一种展开方式，同样能够是本真的领会——把自己筹划到自身，也能够是非本真的领会——把自己筹划向世界。怕就是借把自己筹划向世界（从世界领会自己）这种领会活动而展开世界，忘我于世界。怕作为畏——非本真样式，它有所逃避有所背离，因而它总有所逃向有所面向，这种所逃所面之向在理解活动中展开为意指性（Bedeutsamkeit）。怕这种情绪以逃避自身的方式为了自身。换另一种说法，怕是以抗争死亡的方式走向死亡。所以，我们说，在怕这种有所领会的情绪中展开的世界是为了自身的世界，是在为了自身的生存活动中展开（领会）的世界。在怕这种情绪中，此在为了自身的生存活动展示为有所领会地解释（Auslegung）着世界而展开世界。怕就借这种领会和解释活动而得以逃进展开了的世界，或说，怕借领会解释出一个有意义的世界而得以抗击死亡，遮蔽死亡。而领会活动之所以能解释出一个有意义的世界，完全

---

① 畏的这种回避和背离显示为日常中的怕这种情绪。畏使怕成为可能的。参见海德格尔《存在与时间》，第 186 页。

在于它据以解释世界的是由为了自身之为了这种意志给出的意指性,在这里也就是由怕给出的有所逃向有所面向这种意指性——这是一种以逃避自身的方式为了自身的为了给出的意指性。借用伽达默尔的语言来说,这种意指性就是领会(理解)活动的前领会(Vorverstehen)。而世界就在奠基于这种前领会的领会活动中展现出来。

因此,正如畏与怕是同样源始的一样,"在对为了之所为(Worumwillen)的领会中,植根于这种为了的意指性也一道展开了"①。也就是说,在领会自身的最本己可能性之际,世界也一道展开了。

为了说明领会的这种展开性质,我们必须把领会的筹划(Entwurf)性刻画出来。领会的筹划活动并不是拟定计划,借以调整和安排自己这回事,此在在领会活动中筹划自己的种种可能性绝不是在建功立业或消磨人生意义上的自我设计。领会的筹划活动在根本上是此在的生存方式。"此在之为此在向来就有所筹划,只要此在存在着,它就筹划着。"②此在向来以有所领会地筹划着自己而存在。所谓筹划着自己,也就是把自己投入(werfen)某种可能性,经受某种可能性或承担某种可能。而实质上则是把自己理解为某种可能性,或说,以某种可能性去理解自己,把某种可能性作为自己的可能性承担起来。这种种可能性是由为了自身而生存的"为了"(意志)规定的。由于为了自身的意志活动有本真的方式和非本真的方式,因而这些可能性有本真的可能性和非本真的可能性。领会的筹划性质使此在不是撞入(dringt)这种可能性,就是投身(sich werfen)于那种可能性。当我们说,领会把自己筹划向为了之所为,即筹划向自身时,也就意味着领会把此在投入其本真的可能性,让此在作为其自身而存在,即投身于自身最本己的可能性。而随着畏对这种最本己的可能性的逃避,领会则把此在筹划向世界。这意味着领会把此

---

① 海德格尔:《存在与时间》,第143页。
② 同上书,第145页。

在引入以逃避自身的方式为了自身的意志活动所规定的意指性而展开的世界，并迷恋于其中。

筹划活动的这种投身性质，使此在在领会中投身于某种可能性，而错过另一些可能性。而在日常状态中，此在通常错过的是其自身最本己的可能性。

从我们对于现身、领会的阐释和清理中，可以进一步领会到，在海德格尔哲学中，世界是此在的世界，是此在所领会的世界，因此，它又是一个生死间的世界。世界通常是在"逃生"中展开出来的世界，而"逃生"之所逃不是别的，就是死亡本身。因为在畏中觉悟到死亡而（在怕这种情绪中）逃生，是为在世，所以，作为在世的世界，作为领会的世界，①世界本身有生死两面。只是由于世界通常是在背离死亡（"逃生"）的情绪中展开的，因而，死亡似乎被遮盖在世界的背面。这使世界变得似乎是一个不死的永恒世界，从而为把世界从在世中，从生死间抽离出来准备了理由。世界的意义，世内存在者的品性好像是永恒的，永远值得人们留恋和追求。然而，世界之所以有意义，世内存在者之所以有这样那样值得留恋的品性，完全在于人终有一死。因为有死，人才有畏惧和害怕，才有喜怒哀乐，才有"人"的生活（Leben），因而才有生活中展开出来的世界。相反，若人不会死，那么也就不会有惧怕之情，爱憎之心，也不会有哭泣和等待。不死之人对于周围的一切都无动于衷，他决不会体验到会死亡之人对高山、对大河所怀有的那种深邃的情感。② 不死之人无处可退，所以，他无法展开出一个世界：不管是一个欢乐的世界还是一个悲伤的世界。因他无处可退，他无法让出世界，而只能混同于世界。

在西方传统中，世界一直被看作是摆在眼前的一个现成领域，它有时干脆被当作由诸如石头、树木等等具体事物相加的总体。在这种情况

---

① 在世是由领会活动展开的。

② 西蒙娜·德·波伏瓦对此做过深刻的刻画。参见前面提到过的小说：《人都是要死的》。

下,它直接被等同于自然界,有时则在这种自然界之侧附加上大量的历史现象,因而世界是一个由不同性质的部分的组合。不管是属于哪种情况,世界在根本上被视为一个等待着人去居住的现成世界。这种情形只是在康德对认识论问题的独特提法中才发生了一定程度上的变化。康德认为,自然界的存在问题也就是自然界如何可能的问题。我们弄清自然界如何可能的问题也就理解了自然界的存在问题。因此,在康德这里,自然界是一个人(主体)的自然界。在这个意义上说,康德的自然界具有强烈的人世意味。不过在海德格尔看来,康德并没有真正说明自然界的存在问题可以归结为自然界如何可能的问题的理由,所以,康德也跳过了"世界"现象。

人们之所以一再错过世界现象,在海德格尔看来,就在于人们通常沉沦(verfallen)于其世界中,而遗忘(vergessen)了世界是在为了自身的生存中展开的世界。在海德格尔这里,沉沦并不具有表示任何消极的评价,更不具有任何道德上的意义。它与现身、领会一道表示此在在世的一种展开方式。沉沦意味着"此在首先和通常是寓身于(bei)所忧烦的'世界'。这种沉迷于(Aufgehen bei)……中通常具有沦失于(Verlorensein)公众状态中存在的性质"①。所谓寓身或沉迷于"世界",也就是把自己筹划向所忧烦的世界;或说,从所忧烦的世界领会自己。

当我们说,怕这种情绪背离此在自身(死亡)而逃进世界时,也就意味着此在是在怕这种情绪中把自己筹划向(投身于)世界而走向沉沦。如果说,在畏这种本真情绪中,世界展开为无的世界,那么沉沦则意味着从无的世界沦落(abfallen)为有的世界,或说,从无意义的世界沦落为有意义的世界。这里马上有一个问题:如何由无到有?如果说无是走向死亡为了死亡的意志(Umwillen)的展开,那么有则是背离死亡逃避死亡的意志的展开。这并非说有两个可以分离的意志,而是表明意志有不同的

---

① 海德格尔:《存在与时间》,第 175 页。

可能性,并以不同方式展开。在根本意义上说,意志总是生死的意志。①
"人"之所以求生恋生,全在于他终有一死,在于他总在走向死亡;同时他
又是在生命中走向死亡,在生命中才能觉悟或领会其死亡,用海氏自己
的语言说,正是在生命中,此在才能先行到死亡中去,把死亡作为自身的
可能性来承担。世界之所以具有生死两面,其根本理由就在于意志本身
是生死的意志。只有抽象的意志才是纯粹生的意志(如尼采的权力意
志),或是纯粹死的意志(如佛教所说的寂灭意志)。

　　意志的这种两面性集中展现为它借以展开的现身情态——畏和怕
这种情绪存在。畏觉悟到了死,此在就在畏这种情绪中先行到死之中,
同时畏又逃避着死,背离了死,是为怕。怕逃避着死亡而慌乱地环视
(umsicht)着忧烦于这个那个事物,就在这种慌乱中环视着忧烦于这个
那个东西之际,此在展开了它的日常世界。这并不是说,先有这个那个
东西,才有此在的日常世界;这个那个东西之所以能来相遇照面,之所以
能被环视忧烦,是以它们已进入"为了"(意志)在怕这种情绪中展开出来
的意指性(Bedeutsamkeit),也就是以进入世界之为世界的存在论结构
(Weltlichkeit)为前提的。正因为进入了这种意指性结构,据之展开的世
界才是有(意义)的世界,世内存在者也才是有用的东西——哪怕是有威
胁的东西。

　　这种有(意义)的世界是在逃避自身最本己的可能性(死亡)的情态
中展开的世界,是此在借领会活动把自己筹划(投身)到其中的世界。此
在通常就把这个世界当作自身来存在而投身于其中。这就是此在的沉
沦存在,也就是我们上面所说的沉迷(Aufgehen)于世界而存在。

　　从世界的角度而言,沉沦意味着从无的世界沦落到有的世界。

　　但从此在本身来说,沉沦显然意味着此在从其自身,即从其本真的

---

① 如果作一个比喻,那么生死就像是一张纸的两面,意志则是这张纸本身。

自身能在那里沦落到日常的相互共在。根据前面的解释，①如果说共在是以本真方式为了自身的共在，那么相互共在则是以逃避自身的方式为了自身的共在。也就是说，这种相互共在是从所遇到的世界及世内的存在者去理解他人，与他人相遇。因此，沉沦于相互共在，也就意味着沉沦于常人。因为前面已经解释过，他人就在这种相互共在中沦为常人。因而海德格尔才说，沉沦于世界指的就是沦落于相互共在，这种沉沦通常也就具有沦失在常人中的特点。② 此在以常人身份在世，等于说此在沉沦于其所忧烦的世界。

沉沦，这是此在在世的一种非本真的展开方式；沉沦于世界则是此在的非本真状态。根据上面的解释，我们可以更确切地指明，所谓沉沦于世界就是把自己投身于由"逃生意志"展开出来的世界而与他人相互共在；或说是从世界方面领会自己，且领会他人而与他人共在。在这种沉沦状态中，"世界"是一个声色货利的世界，也就是一个有（意义）的世界，而人则是熙来攘往的乌合之众（Mengel），即常人。此在把自己筹划到这种"世界"，不是获得自身，恰恰是失去（verloren）了自身。因此，在沉沦状态中，此在不是作为它自身而存在。而此在通常就以这种"不是它自身（Nicht-es-selbst-sein）"的方式存在着。③

第五节 在世的整体存在——忧（Sorge）

在世界中存在（In-der-Welt-sein）作为此在存在的基本情态，也就是生命的存在。在世的展开或展示曾被我们理解为生命存在的展示。而生命之所以是生命，就在于生命是一个整体的存在。在上面的分析和解释中，只是就在世的展开状态和展开方式做现象学的描述，而并未告诉

---

① 参见第二章"常人——此在的日常在世"一节。
② 参见海德格尔《存在与时间》，第175页。
③ 同上书，第176、317页。

我们贯穿于这些展开状态和展开方式的本质结构是什么。显然,正是这种贯穿于此在的本真和非本真存在的本质结构才是此在在世的整体存在。这个整体存在不是"什么"——一切"什么"意义上的整体都可以由部分组合而成,而作为生命存在的整体则不能由任何部分组合而成——这就是忧(Sorge)。

那么,忧又为什么是此在的整体存在? 我们如何理解这个忧?

这是我们面对海德格尔必须提出的问题。在回答这类问题之前,我们需要先澄清一下此在的整体存在的根本特征。

我们曾经说明过,此在是在其存在中不得不关切自身的存在者。这种关切就是忧。关切自身从根本上说,意味着从最本己的能在领会自己,或说,向最本己的能在筹划自己的存在。

因此,此在在其存在中关切自身也就等于说,此在在其存在中领会着其最本己的可能性存在,或者说,此在向来是领会着其最本己的可能性存在而存在着。此在总是比它当下的存在要多,而不管这种存在是本真状态还是非本真状态。在非本真存在中,此在也关切着其本真存在(向死亡存在),虽然这种关切受到压制。而在本真存在中,此在同样也关切着其非本真存在(向世界存在),虽然是以逃避本真自身的方式关切着。这两种存在状态都是此在自身的可能性存在。不管此在作为哪一种可能性而存在,"此在总已经'超出自己'(über sich hinaus),这个'超出自己'并不是对此在所不是的其他存在者的作为(Verhalten),而是向它自身所是的能在存在"①。超出自己,超出哪儿去呢? 海德格尔说不是超到此在外面去。超出自己,但并不超出自身(Selbst),恰恰是要超到自身所是的某种可能性存在中。因此,关切自身而存在可以更具体地被理解为超出自己而存在。海德格尔把关切的这种存在结构称为"先行于自己而存在"(Sich-vorweg-sein)。如果关切是此在存在的根本特征,那么

① 海德格尔:《存在与时间》,第 192 页。

"先行于自己而存在"就是此在的整体存在的根本特征。

我们可以从两个方面更具体地把握"先行于自己而存在"这种存在特征。当我们说，此在的存在是先行于自己而存在，那么我们是指：a. 此在总是走在自己的前面，它总超出了自己。b. 但这个被超过的自己本身并非一个点，它有一个冷漠的世界，或是一个多彩的世界，这个自己总是展开着一个世界而存在。不论此在是作为本真的存在还是非本真的存在，此在都是在世界中存在，即在世。因此，先行所要离弃或背离（Abkehren）的"自己"不是孤零零的无世界的主体，而是作为在世界中存在的自己。那么，"先行于自己而存在"也就可以更充分地理解为"已经在一个世界中存在而先行于自己"①。简单地说，先行于自己而存在也就是先行于已在世的自己而存在。

此在的在世通常是沉沦在世，也就是沉迷（Aufgehen）于世。

沉迷于世，不仅是背离死亡与空无而投身于世界，而且是显身于世界，即从世界见出自己，领会自己。② 背离死亡的生命意志经由生命官能（如视觉）而沉迷于世界，从而展开出一个可听可见可欲的世界，也就是一个"有"的世界，一个此在可以安居乐业的世界。③ 这个世界与此在是如此的体贴亲近，以至于此在把这个如此这般的世界当作自己的存在，或者说，此在从这个世界的种种意义（用处）去领会和确认自己的生存。用一般的语言说，就是从声色货利的世界去理解自己的生活。这就是沉沦在世。在这种沉沦的在世中，此在作为常人而为他人忧神，同时忧烦于世内存在者而沉迷于世界。此在是在忧烦于存在者、沉迷于存在者之际而沉迷于世界。同时，沉沦在世的存在作为沉迷于世的存在，本质上

---

① 原文是：sich-vorweg-im-Schon-sein-in-einer-Welt，参见海德格尔《存在与时间》，第 192 页。

② 这并非说，先有一个世界等待着此在去投身（werfen），世界恰恰就在这种投身中展开出来，因而此在才能从中见出自己。

③ 作为生命的展示，此在的任何生命官能都不允许在生物学或生理学意义上去理解。比如人的"看"（Sehen）就绝不是单纯肉眼的看。因此，人才能看出花，听出韵，而花之妍、音之韵也只在人的看和听中展现出来。故古人诗云"花影不离身左右，鸟声只在耳东西。"

也就是居身于世内存在者的存在（Sein bei innerweltlichem Seienden）。① 而这等于说，如果此在在世通常是沉沦在世，那么也就意味着此在通常是居身于世内存在者而存在。因此，此在的整体存在的根本特征"先行于自己而存在"通常也就展现为"已经居身于世内存在者而先行于自己"。而海德格尔又认为，只有忧才具有这种整体存在特征：已经在世而又先行于自己。

那么忧又如何具有这种整体特征？ 如果忧具有这种整体特征，那么忧就是此在的整体存在。忧总有所忧（Wovor），但不忧天不忧地，而忧"人生几何？"从根本上说，忧不忧"什么"，就忧"死"。"忧就是向死亡存在"②。此在什么都可以放手（括出），什么都可以不闻不问，但它并不因此就活得无牵无挂，无忧无虑。相反，它根基处总有一牵挂，它"心灵"处总有一忧惧，那就是死亡。死亡是此在无法悬搁起来而不加关切的剩余者。此在就在忧这种情绪中关切着死亡，领会着死亡。但这种关切和领会并不是一种认识（erkennen）或把握（ergreifen），而是一种生存活动（existieren）。也就是说，此在在忧这种情绪中投身于死亡，先行（vorlaufen）到死亡这种可能性中，而持身于这种可能性，即把死亡作为可能性承担起来。死亡作为此在存在的终结也只是在忧中才作为此在最本己的可能性而展开出来，死亡才是死亡，死亡才在。正如花之妍、音之韵只是在此在的"看"和"听"中才展开出来一样。死亡之在向来是作为忧中的死亡而在，即作为此在领会着——持守着的死亡而在；而忧在根本上说，也是忧死的忧，即作为领会着死亡、持守着死亡的忧。在这个意义上说，忧就是忧死，就是向死亡存在，或说就是领会着死亡，持守着死亡的存在。

如果忧就是向死亡存在，那么忧就是此在的整体存在。因为此在正

---

① 参见海德格尔《存在与时间》，第 192 页。
② 海德格尔：《存在与时间》，第 329 页。

是由于它的存在是向死亡的存在，它才是整体的存在，因而才是生命存在。此在的存在之所以是不可分割的整体存在，就在于它的存在总是生死的存在，任何时候都是由死亡参与规定的存在。这只是就一般而言，忧是此在的整体存在。那么忧又如何具体地展开出这一整体存在呢？上面我们曾指出，此在的整体存在通常展现为：已经在世而先行于自己。因此，问题的更明确的提法就是：忧如何展开出已经在世而先行于自己？

畏作为忧的一种本真样式（Modus），已为理解忧如何展开出在世而先行于自己提供了样本。畏不仅有所畏（Wovor），而且因有所畏而有所畏向（Worum）。畏之所畏是死亡与空无，而畏之所畏向则是能在世界中存在，因畏死而逃向世界去畏。畏之所畏向实质上也就是逃之所往，退之所趋。据此理解，忧也因有所忧而有所忧向（Worum）。用一般话语说，也许可以这样理解，忧总有所忧，因而也总要求解忧。就结构而言，忧本身不仅包含着所忧，且也包含着去忧或解忧。这才是整体之忧，而解忧在整体上也就是避开所忧，逃出所忧。那么何以解忧？何以逃避所忧？沉沦在世可以解忧。[1] 当我们说，忧包含着解忧于自身时，也就意味着忧能够沉沦在世。而忧通常就沉沦于世。忧避开所忧而面向（um）世界，从而展开世界，是为沉沦在世。面向（um）世界之忧展现为为他人的忧神和遇见存在者的忧烦。忧在这种忧神和忧烦之中展开世界而逃避所忧。然而这种逃避恰恰表明了此在已先行于所忧（死亡）。也就是说，此在超出了忧的这种沉沦在世的存在。换句话说，忧在这里展现为沉沦在世而先行于自己这种整体存在。

---

[1] 曹操有诗云："对酒当歌，人生几何？……何以解忧？唯有杜康。"曹操是少数对"生死进退"有深刻领会的伟大政治家之一，此诗即可为证。对于一般常人来说，醉心于纷纷攘攘的事务便可以解忧，忘却所忧（死亡—有限性）。但对于曹操这个伟大的常人，即使是盖世功业的荣耀，南征北伐的倥偬，也难消他心头之忧——人生几何？

第三章　整体存在的时间性

上面我们循着海德格尔的思路,澄清了此在存在的基本情态:

此在的存在总是在世界中存在。而在世这种基本存在情态具有本真在世与非本真在世两种可能性样式。但不管作为哪一种可能性存在,此在都是一个整体存在(Ganzsein),这就是忧。此在的本真存在与非本真存在只不过是忧这一整体存在的不同展开状态。

从我们对忧的解释中,可以看出忧之所以是此在整体存在,或说,此在的整体存在之所以是可能的,显然与死亡有密切的关系。因此,为了更深入地理解此在的整体存在,即生命存在,我们有必要清理出现象学意义上的死亡。我们将发现,正是死亡组建着此在的整体存在,而这将进一步意味着,正是时间性的三种样式——将来(Zukunft)、已在(Gewesen)和当前(Gegenwärt)的统一到时才使此在的整体存在成为可能。时间不再只是"人"的局部存在(如现象存在)的可能性条件,而是其整体存在的可能性条件。

第一节　死亡与整体存在

人终有一死。人在其存在中可以对世上的一切不加关切,但对死亡却不能不牵肠挂肚。这意味着死亡对人的生存具有根本性的意义。如果此在的生存是一种整体性的存在,那么死亡对这种整体存在从而对生命存在就具有组建性意义。现在我们需要进一步澄清的是,在海德格尔哲学中,死亡到底是什么? 它具有什么样的根本(存在论)特征?

此在的存在之所以是生命存在,是活的存在,就在于它存在于可能性中,它还有可能性,也就是说,它还有它能够是和将是的东西尚未到来(ausstehen)。取尽此在的可能性,或说此在不再作为可能性而存在,此在也就不再存在。"只要此在存在,在此在身上就有某种它能是和将是的东西尚未到来。'终结'(Ende)本身就属于这种尚未到来(Ausstand)。在世的'终结'就是死亡。这一终结是一种能在,也即是属于生存,它界定和规定着此在向来可能的整体性。"①此在能够是一个农民或工人,也能够是一个学者、商人或公务员。但这些可能性都不能规定此在的整体性存在,即使此在同时是农民、工人、学者以及其他种种可能性角色,这些可能性角色的存在也不能给出一个整体存在;此在的整体存在总比这些可能性要多。换一个角度说,此在可以只是一个学者而不失其存在的整体性。此在的种种日常可能性角色显然带有很强的偶然性:你完全可能只因一次考试成功而走上了学者的生涯,也完全可能因高考落榜而终生务农。因此,我们不能从此在的日常存在中去寻找组建此在之整体性存在的可能性。这种可能性显然必定为此在与生俱有,同时又贯穿于此在的日常存在中。只有这种可能性才能规定和组建着此在的整体存在。这种可能性就是死亡。此在的存在之所以是一种整体存在——此在的存在向来就是一种整体存在——并不在于它是一种纯粹活的生命存在,而在于它是包含着死亡的生命存在。真正的生命存在活着,同时也死着;没有死亡的生命本质上不是生命。

较之此在的其他可能性存在,死亡这种可能性是不可代替(vertreten)

————————

① 海德格尔:《存在与时间》,第 233—234 页。

的。在日常在世中——此在通常就存在于日常在世——此在习惯于从他所从事的事情方面去领会自己的存在,他从事什么,他就是"什么"。显而易见的是,此在能够从事无限多的事情,也就是说,他在日常在世中有无限多的可能性供其选择和展开。他可以(kann)是学者、农民、士兵、教徒、异教徒……就这种日常在世的种种可能性存在而言,任何一种可能性都是可替代的。你弃学从商,他回归净土,你解甲归田,我投笔从戎,江山代有"人才"出。否则这个日常在世(生活世界)就不能维持下去,不能有变化。对于日常在世来说,各种可能性角色不仅是可以代替的,而且这种代替也是必要的。就可代替性(Vertretbarkeit)而言,此在作为日常在世的任何一种可能性角色都不能标明出他的独一无二的存在价值。也就是说,单从此在的日常可能性角色来看,此在并不具有绝对的存在价值。

相反,死亡这种可能性则是不可替代的。在这里,不可替代有两方面的意思:a. 我们不能从对他人死亡的领会或经受(erfahrt)中获得自己的整体存在,即别人的死亡代替不了自己的死亡;b. 我们不能以自己的死亡来取走他人的死亡。就第一种意思而言,我们虽然能从他人的死亡那里经受到他人存在的丧失(Verlust),但他人之死却总比我们经受的那种丧失要多。不管我们对他人之死有多么深的切肤之痛,我们所经受到的只是与死者共在(mitsein)的历史和世界的丧失,而死者所遭受的则是整个世界和历史的彻底完结。所以,"我们不能在本然意义上经受他人之死(sterben),我们至多只是'在(死)之傍'"①。也即是说,我们不能在与他人的共在中把他人之死当作自己的死来经受,从而达到自己的整体存在。② 同样,我们自己的死亡也代替不了他人之死。我们固然可以为

---

① 海德格尔:《存在与时间》,第 239 页。
② 因此,对海德格尔的基础存在论来说,也就不能把从他人那里经受到的死亡当作课题来研究,用以代替对此在的整体性存在的分析。基础存在论必须让此在的这种整体存在(向死亡存在)自己显现出来。

他人赴汤蹈火，以身相殉，但这绝不意味着分担或卸走（abnehmen）了他人的死亡。为他人赴死，实际上说的只是：在某种确定的事情上为他人牺牲自己。这里所赴的不是别人的死，而是自己的死，而所为所替的则是某种确定的事情——这里的他人就是从这种特定事情所领会到的他人。当我们笼统地说，替他人去死或为他人而死时，我们真正说出的意思不是取走了他人的死，而是替他人做某事或替他人承受某事而死。因此，这种为他人赴死绝不意味着可以把他人之死取走分毫。

死亡的这种不可代替性表明，死亡总是自己的死亡。我不能分担他人的死亡，他人也不能卸去我的死亡。"每个此在向来都必须亲自承担其死亡。只要死亡'存在'，它在本质上就是我的死亡。"①在此在的众多可能性存在中，如果说有哪一种可能性是绝对不可代替的，那就是死亡。就此而言，我们有理由说，死亡是此在最本己的可能性。唯有死亡这种可能性地地道道、彻头彻尾是我自身的可能性存在。更明确地说，死亡这种可能性就是我的自我性（Ichheit）的全部根基所在。我之为我，此在之为此在（Dasein）就全在于这个死亡。每个此在具有独一无二的绝对价值也就在于死亡的不可替代性。用一般的话来说，就是每个人都只有一次生命，因而，每个人的生命才具有独一无二的价值。②

正因为死亡是此在最本己的可能性，它才组建着此在的整体性存在。现在我们需要进一步明确的是：死亡如何组建着此在的这种整体性存在？它如何使此在的整体性存在成为可能的？

就死亡作为此在的一种可能性存在而言，死亡尚未到来（aussteht），是此在的一种尚未（Noch-Nicht）。但这种尚未到来绝不意味着是在此在之外某个遥远的地方等着此在，这种尚未到来恰恰是要此在经受和持守着的一种尚未。死亡尚未到来，它是一种可能性，但它不在此在身外

---

① 海德格尔：《存在与时间》，第 240 页。
② 死亡的不可代替性已隐含着生命存在的不可重复性。

而远离此在。也就是说,死亡作为此在的一种可能性尚未到来,并不是说此在有欠缺,需要等最后那一天来临才能补上,才能填充完满。如果把死亡的尚未到来理解为此在在存在上的欠缺,那么也就等于把死亡理解为在此在之外的东西。这样所理解的尚未到来实际上是欠额(Ausstand)意义上的尚未到来。这个欠额虽为主人所有,是主人全部财产的一部分,但它现在尚在他人那里,即在主人之外,要把这个欠额收齐了,主人的财产才得完全。然而,谁也不欠此在的死亡——死亡不可代替,因而也不能借贷赊欠。因此,我们不能在欠额意义上去理解死亡的尚未到来。这是我们必须特别加以强调的一点。因为人们通常就把死亡理解为一种在此在身外等待着此在而有待于收齐的欠额,好像此在把死亡除出在外,以致此在的存在还欠缺死亡似的。当我们说死亡尚未到来时,我们只是说它是一种可能性存在。这种可能性不仅不在此在之外,而且是此在最本己最"内在"的可能性。此在始生就始死,只要此在存在,它就死着,就拥有死这种可能性。海德格尔称此在对死亡的这种拥有为先行具有(Vorhaben)。对于此在这种特殊存在者来说,死亡并不是一件倒霉的事件(Begebenheit),而是与生俱来的、别人无法代理的最本己的可能性。我们说,此在的存在是一种生存性的存在,也即是说,此在存在于可能性中,这在根本上指的就是,此在存在于死亡这种可能性中。从根本意义上说,此在的存在就是走向死亡的存在(向死亡存在)。此在的一切可能性存在都毫无例外是向死亡存在。而且这一切可能性存在也只有在向死亡这种可能性存在中才展开出来的。因为一切可能性都是在忧中展开的,而忧之所忧正是死亡,忧本身就是向死亡存在。因此,此在的存在不仅不欠缺死亡,而且此在的存在本身就是向死亡存在。所以,此在的存在才是整体的存在。

我们可以进一步从死亡的在场性(Anwesendheit)这个角度来理解死亡的不可悬欠性,从而进一步理解此在存在的整体性。

死亡作为此在的可能性存在,它不是作为一件可能性事件存在于物理学时间中的未来而悬欠在此在的存在之外。如果死亡存在于物理学时间中的未来，那么死亡就没有现在，或说死亡不存在于现在，它现在不在场（anwesen）。作为这种不在场的可能事件，它要么只是知性思维或表象思维的虚构，要么就是经验归纳的结果。而这些都是现象学所要括出去的东西。在海德格尔的现象学看来，这样理解的死亡绝不是本源意义上的死亡；本源的死亡只能是自己显现出来的死亡。这种死亡就在畏这种情绪中显现出来。畏这种情绪存在表明，此在的死亡是在场的死亡，它就在此在的存在中出场。只要此在存在，死亡就出场（存在）。因此，我们才说，此在有死，此在的存在是死着的存在，是向死亡的存在。此在的存在向来就是向死亡存在，死亡就存在于此在的这种向死亡的存在之中。正是死亡存在于其中的存在，也即向死亡的存在，才是此在的整体性存在。

第二节　整体存在的本真样式与非本真样式

与存在方式相应，向死亡存在作为此在的整体存在具有本真样式和非本真样式。

向死亡存在也就是向最本己的可能性存在。这里我们必须预先明确：向可能性存在究竟是什么意思？在日常生活中，这种说法通常有这样一种意思，即向往和追求某种可能的事物（比如时髦）。这种向往和追求总是诉诸忧烦活动，借以实现这种可能性的事物，也就是通过使可能事物成为有用的现实事物而消除可能事物的可能性。但向死亡这种可能性存在显然不能在这种意义上去理解。向死亡存在绝不是要实现这种可能性，而恰恰是要把这种可能性作为可能性来展开和持守。我们在第二章曾指出，此在是以有所现身有所觉悟的领会这种方式来展开自己的存在。因此，向死亡存在说的是，以有情绪的领会让死亡作为可能性展开出来。此在向死亡存在就是领会着死亡而存在。

但是,有情绪的领会这种展开方式有本真方式和非本真方式。非本真的方式不是先行(Vorlaufen)到死亡中,把死亡作为死亡本身展开出来,而是逃避死亡,从其所逃往而沉沦其中的世界方面领会自己的存在和死亡。因而,正如此在从事什么就被理解为是什么,此在将从事什么就被理解为将是什么一样,死亡则被理解为人生在世有待于碰上的一桩不幸事件。这是以逃避死亡的方式向死亡存在,因而在海德格尔这里被看作是非本真的向死亡存在。如果说此在首先和通常是沉沦在世,那么也就是说,此在的整体存在通常也就是非本真的整体存在。在这种非本真的整体存在(向死亡存在)中,此在(常人)总是这样理解死亡:人都有一死,但我有幸还没碰上,我与死亡没有关系,它离我还远着呢! 常人此在不仅通过掩盖死亡来安慰自己,使自己安宁于(Beruhigung)日常状态,而且还常常劝说临终者要相信自己能逃脱死亡,将重返他所忧烦而安宁于其中的日常世界。这种劝说(忧神)实质上是帮助临终者更充分更有信心地掩藏他最本己的可能性——死亡。而当临终者彻底了结之后,常人在表示一番痛苦或同情的同时,则庆幸是别人死了,而自己还活着。①

在这里,死亡实际上被当作不断出现的不幸事件。谁不幸,谁就碰上了。"有人死了"(Man stirbt)这种日常说法就意味着又发生"死亡事件"(Todesfall)了,又有人碰上死亡了。在这种说法中,"死亡被降格为一种从眼前冒出的事件,它虽然碰上了此在,却并不本己地归属于任何人"②。因此,谁还活着,谁似乎就与死亡没关系,他的存在就远离死亡。在沉沦在世中,此在就总是把死亡领会为在自身存在之外飘荡的可能事件,人人都有一天要碰上它,但它并不归属于任何人,它只是我们预期或

---

① 列夫·托尔斯泰在其中篇小说《伊凡·伊里奇之死》中,对常人掩藏死亡有非常深刻而形象的描写。伊凡的亲属一再安慰实际上已患不治之症的伊凡一定会好起来,而且也相信他会好起来。而伊凡的幕僚们在他死了之后,一边纷纷扰扰地吊唁,一边则暗暗庆幸这倒霉的事件不是撞在自己头上,而恰恰是落在了占着重要位置的伊凡身上。

② 海德格尔:《存在与时间》,第 253 页。

期望(gewärtigen)中的可能事件。非本真的向死亡存在就是预期着死亡而存在。这种预期活动是领会活动的非本真方式。领会就以这种预期活动来逃避死亡。

领会的本真方式则是先行活动(Vorlaufen)。本真地领会死亡或说本真地向死亡存在,就是先行到死亡中,或说提前进入死亡,把死亡承担起来。此在向来对其存在有所作为。死亡作为此在最本己的可能性存在,此在对它作为的本真方式就是先行到死亡中。那么何谓先行到死亡中?

先行到死亡中,并不是实现(verwirklichen)这种可能性。"作为可能性,死亡不给此在以任何可'实现的东西'(Das Verwirklichendes)"①。对此在来说,死亡是不可实现的。我们并不能像投身于一项功业而实现这项功业那样,把死亡实现出来。此在在世的终结并不是实现死亡,而倒是取消了死亡的存在。死亡是此在最本己的可能性,而且是一种无可能性(Unmöglichkeit)的可能性,也就是此在的生存不可越过(überholen)的最极端的可能性。此在可以在实现其他种种可能性之际而越过这些可能性,但此在却不可能实现死亡而越过死亡。先行到死亡中只是意味着:把死亡作为可能性无遮蔽地展开出来,持守(Aushalten)这种可能性。也就是说,此在借先行的领会活动而向自己揭示出这样一种本真的存在状态(可能性存在):在这种(可能的)本真存在状态中,此在不可能实现这种存在状态,因而他不能越过这种存在状态;他只能持守着这种存在状态,即把这种存在状态作为可能性来承担和承受。而且在这种存在状态中,除了死亡这种可能性外,没有任何其他可能性——一切其他可能性都是在与他人他物的关联(Bezüge)中才展开出来的可能性,而在先行地领会着死亡这种本真的向死亡存在中,一切关联都被消解(lösen)了。在死亡觉悟(先行地领会着死亡)中,一切关联,一切意

---

① 海德格尔:《存在与时间》,第 262 页。

义都归于空无。在先行活动中,死亡这种可能性只是一种无所关联的(unbezügliche)可能性。

因此,简单地说,先行到死亡中,也就是把此在抛入或带入一种没有任何关联因而没有任何可能性的可能性存在中,让此在领会着这种可能性而持守于这种可能性,即让此在存在于这种可能性中。这意味着,此在本真的整体存在作为先行到死亡中也就是有所领会地持守着一种无所关联的可能性而存在。

在日常状态(沉沦)中,此在却总是存在于各种关联中,它不仅在忧烦中与世内的存在者有种种关联,而且在忧神中与他人处于关联中。在忧烦与忧神的种种关联中,死亡作为此在最本己的可能性一再被遮蔽掩藏,以致死亡被抹平为一种人人相继都要碰上的事件,被降格为只是在怕这种情绪中预期的"将来"事件。先行到死亡中则意味着消解忧烦与忧神的种种关联,把死亡作为死亡本身展示出来,也即把死亡作为最本己的、无所关联的可能性揭示出来。先行活动越无遮蔽地揭示死亡,它也就越纯粹地深入这种可能性,此在据此也越无关联地持守于这种可能性。换句话说,死亡这种可能性也就变得越大。"随着先行到(死亡)这种可能性中,这种可能性变得'越来越大',也即是说,它显示为这样的可能性:它根本无度(Maß),不更多,也不更少,而只是生存的一种无度的(maßlosen)无可能性(Unmöghlichkeit)的可能性。"①此在借先行这种本真的领会方式能够存在于这样一种可能性中(或说能够展开出这样一种可能性存在):这种可能性根本没有尺度,没有限度,我们不能说它更多了或更少了;当我们说它"更大了",也并不是指它量上更大了(它无度,是不可度量的),而是指它更无遮蔽更真切地展示出来了。这种可能性就是没有任何可能性的无。此在借先行方式能够存在于无这种可能性中。更通俗地说,此在能够先行到死亡中而领悟无,能够有无的"情

---

① 海德格尔:《存在与时间》,第262页。

怀"，能够存在于无的觉悟（情怀）中。

如果说在非本真的整体存在（沉沦在世）中，此在的存在是一种相互共在的话，那么在本真的整体存在中，即在先行到死亡中，此在则完全是自身的、独立的、毫不旁涉的存在。"在先行活动中领会到的死亡的无关联性（Unbezüglichkeit）把此在个别化（vereinzeln）为它自身（Selbst）。这种个别化就是为生存展开的'此（Da）'的一种方式。"①此在之为此在，从根本上或本真上说，就在于这个"此"完全是没有任何关联的、独一无二的、个别的此。这个"此"就是自身（Selbst）。此在（Da ist）只是纯粹的自身在（Selbst ist），即没有任何关联的自身在。从本真意义上说，此在（Dasein）就是自身在（Selbstsein）。就此而言，先行这种本真的领会活动可以被看作是一种个别化方式，也就是展开本真之此的方式。先行活动作为此在个别化为自身的一种方式是我们把握本真整体存在的根本内涵的一个关键性环节，甚至是整个海德格尔哲学的一个关节点。

领会是此在展开其存在的方式，因此，此在总存在于领会当中，或说此在的存在总是有所领会的存在。但领会有本真的领会和非本真的领会两种可能样式。先行作为领会的本真样式，此在既能够存在于这种本真的领会，也可能关闭这种领会而存在于非本真的领会。这意味着此在并不总是存在于本真状态中，此在倒是常常存在于非本真状态中。但此在一旦以先行方式存在着，那么也就意味着此在是作为本真此在存在着，也就是作为自身存在着。从上面的分析中我们可以认为，这个自身不是别的，就是无所关联的、不可越过的死亡这种最本己的可能性。自身之为自身就在于它没有任何关联，只是自身。而在此在的一切可能性存在中，唯有先行领会所揭示所展开的死亡这种可能性才是毫无关联的可能性。因此，依我们的理解，此在作为自身存在等于说此在作为死亡而存在。而这在根本上说的则是：此在自身承当（übernehmen）起死亡。

---

① 海德格尔：《存在与时间》，第 263 页。

同时,此在能够作为自身存在意味着此在能够自由地存在。自由总是自身的自由。唯有无所关联的自身才有自由;而自身只要能够(kann)是纯粹的、无关联的自身,它也就总是自由的自身。此在退守自身,作为自身而存在,意味着它在其存在中消解了一切关联,因而它能够无碍无缚地存在,能够听之任之地存在。但是,此在能够退守自身说的只是此在能够自身承当起死亡。因此,如果说此在只有作为自身存在才是自由的,那么我们也就可以进一步说,此在只是能够自身承担起死亡,它才是自由的。在海德格尔哲学中,自由问题需要有专门的篇幅来作具体的探讨。现在我们仍然要从这里出发继续澄清本真的整体存在的其他内涵。

此在在先行的领会中消除了一切关联,因此它能够作为纯粹的自身而存在。但作为自身而存在首先意味着自由,而自由的一个应有含义就是能够由自身作出决断。海德格尔把这种能作出决断的存在状态称为决断状态(Entschlossenheit)。从这里我们显然可以认为,此在作为自身存在就是一种决断状态的存在。此在退守自身,并不是退回浑浑噩噩、茫然无断的生存状态,恰恰是要退回能自我决断的存在状态。这种自我(Selbst)决断的存在状态也就是我们通常所说的独立自主状态(Selbstständigkeit)。在德文中,"独立自主性"具有自身持存,自身立定脚跟的意思。海德格尔就从德文中进一步听出这样一种思想:此在就在先行领会所展开的死亡这种可能性中获得自身的立足点。也就是说,此在一退再退,最终在死亡这种最本己、无关联的可能性中立定脚跟。有立足点(Stand),自身才能作出决断。因此,自身立定脚跟也就是独立自主性,"在生存论上也就意味着先行的决断"[1]。

这里需要指出的是,自身的立足点(Stand)绝不在自身之外,它就在自身之中,更准确地说,它就是自身本身。自身获得立足点或自身立定脚跟也就是自身作为自身持存着(stehen),自身作为自身生存着。而作

---

[1] 海德格尔:《存在与时间》,第 322 页。

为这种自身持存性(Selbstständigkeit)的决断状态,也不是在一般的决心或决定意义上的拍板。一般意义上的拍板都是以一定的经验关联和经验认识为前提的。拍板总是决定要去做某件确定的事情,总是与"什么"有关。而决断状态作为自身的持存不仅有所"决",而且有所"断"——切断(Ent)与"什么"的一切关联。切断了一切关联,此在才能自决,即此在自身才作为自身而能真正有所决。在这种意义上的决断并不决定去做"什么",但它又有所决,这就是自身承担起死亡。

如果决断状态意味着自身承担起死亡,那么决断也总是先行的决断(Die vorlaufende Entschlossenheit)。因为只是在先行的领会中,此在才自身承担起死亡。在海德格尔这里,这种决断状态显然是针对沉沦在世的无决断状态(Unentschlossenheit)而言的。因此,如果说此在的本真整体存在就是先行到死亡中,那么非本真的整体存在也就意味着一种不独立自主(Unselbstständigkeit)的、无决断的存在。

第三节　本真整体存在的见证——良知

海德格尔认为,此在的存在向来是我的存在,因此此在的存在具有向来属我性(Jemeinigkeit)。[1] 同时此在这种属我性的存在又总是可能性存在,换句话说,此在向来是它的可能性。正是"由于此在本质上向来是它的可能性,因此,这一存在者在其存在中可能'选择'自身,获得自身,也可能失去自身,或并非获得自身而只是'像似'获得自身"[2]。因而,此在的存在才有本真存在与非本真存在之分。当我们认定,先行到死亡是此在的本真的整体存在,我们显然是在这个意义上说的:此在在先行的领会中获得了自身——作为自身("我")而存在。但此在在其存在中能否给出这种本真(真正)的自身存在的见证或证明? 也就是说,此在在

———

① 参见海德格尔《存在与时间》,第 42 页。
② 海德格尔:《存在与时间》,第 42 页。

其生存中能否提供某种见证来证明本真的整体存在？海德格尔认为这一见证就是良知(Gewissen)。

良知曾被一再利用为某种见证。当把良知理解为人的心理本能时，良知被当作人有善性的见证。而当良知被理解为一种闯入人类心灵的外在力量时，良知则是上帝存在的见证。在第一种情况下，良知实际上被理解为现成的心理元素，你要干伤天害理的事，以某种方式被触动了的这种心理元素就会作出反应：默默谴责你。而在第二种情况下，良知则是一个无形的却又是现成的监督者，一个第三者。① 你不要以为天不知地不知就可以为所欲为，总有一个第三者对你的一切行为明察秋毫。你的行为一旦超出了它容许的范围，它就会追逼你到天涯海角，让你不得安生。

但是，在海德格尔看来，良知并不是现成的东西。"良知作为此在的现象不是摆在眼前的、偶或现成在手的事实。"②"人"有良知，这是确切无疑的，但这里的"有"并不是在"人有双手"意义上的有。显然"人有双手"也是一个不容置疑的事实，但这里的"有"完全是在拥有、占有(besitzen)意义上的有，这种有所有的是一种现成的东西——摆在眼前的双手。而在"人有良知"这种说法中，"有"并不是拥有或占有，而是存在论意义上的存在。对此在这种存在者来说，存在也就意味着生存。在存在或生存意义上的有，所有的不是现成的东西，而是可能性存在。此在有某种可能性，这说的是：此在存在于某种可能性中。如果说此在有良知是确切无疑的，那么也就意味着此在能够(可能)存在于良知之中是确切无疑的。

---

① 陀思妥耶夫斯基在其绝唱之作《卡拉玛佐夫兄弟》中对作为这种第三者的良知作了非常真切的刻画。老卡拉玛佐夫被杀之后，卡拉玛佐夫兄弟都受到了第三者的追踪和逼视。这个第三者最后不仅"杀死"了弑父"元凶"斯米尔佳科夫，而且直逼得给斯米尔佳科夫灌输无神论思想的伊凡惶惶不可终日，终致精神崩溃。这里的良知实际上被当作神的化身。作者借此表达了与康德相反的伦理思想：没有神的道德(良知)是可怕的。
② 海德格尔:《存在与时间》，第 269 页。

那么此在如何存在于良知这种可能性中？此在展开出什么样的可能性，它就存在于此种可能性中。而此在向来是以现身、领会和言谈（Rede）这些方式来展开自己的可能性。良知就借呼唤（Ruf）和对这种呼唤的一种可能的倾听（Hören）展开出来。也就是说，此在是以倾听呼唤的方式置身于良知之中。在海德格尔看来这种呼唤是言谈的本源样式，而对此呼唤的倾听则是对召唤的领会。从展开的方式而言，良知就是一种呼唤，一种无声呼唤。那么谁在呼唤呢？呼向何处？或说所呼者为何？

有罪责（Schuldig）才有良知；而有良知也就意味着有罪责。在没有罪责的地方，也就不会传来良知的呼唤，只要有良知呼唤的地方，也就有罪责存在。良知可以不是别的见证，但一定是有罪责存在的见证。那么良知的呼唤难道就发自罪责存在（Schuldsein）？甚至良知竟要把此在呼向罪责存在？在回答这些问题之前，我们需要先澄清"罪责存在"或"有罪责"到底是什么意思。

在德文中，Schuldig（有罪责）通常具有这两种意思：a. 欠（Schulden）他人某物或负债（verschulden）于他人而引起他人缺失（Fehlen）或匮乏（Mangel），他负有偿还这种缺失的债责。b. 违反法则而成为某事的原因或肇始者，因而有责于（Schulden an）某事。在这里，有罪责或罪责存在都关联到现成存在的东西。因为之所以有罪责，是欠了他人某物引起的，或者是触犯了"应当"以及相应的法则而酿成的。而所欠的东西是忧烦活动中的东西，所犯的法则则是日常解释的法则。因此，这里的有罪责这种存在状态（罪责存在）显然是沉沦在世的罪责存在。常人就习惯于根据日常的法则或公众解释的法规去评判他人的过错与罪责。但是，这种评判的前提却是：他人能够不（nicht）触犯这些法则。也就是说，日常的罪责存在以否定某种可能性为前提。这意味着罪责存在包含着否定或空无（Nicht）于自身，是有所否定的存在。

但是，日常的罪责存在有所否定也有所肯定，它所否定的是日常的可能性,所肯定(选择)的也是日常的可能性。因而,日常罪责不仅仅以否定某种日常关联为前提,且以肯定、执迷于某种日常关联为前提。有人之所以破坏本已让渡出来的公共法则,就在于他过分执迷于一己之利。这种一己之利就在他与他人他物的日常关联中公开出来。良知也许能证明这种罪责的存在,但良知绝不是由这种罪责存在发出的,否则也就意味着良知是以某种日常关联或日常利益为前提。良知是没有代价的,它并不讲价钱(利益)。良知作为呼唤,绝不是出于某种日常的关联而呼唤,恰恰是因执迷于这种关联而呼唤。在这个意义上说,良知不与任何日常关联有关,它倒是要解除一切日常关联,把此在从日常关联中呼唤出来。良知的呼唤不发自日常的罪责存在,那么又发自何处?

如果日常的罪责存在既否定某种日常关联,也肯定某种日常关联,那么良知的呼唤则表明此在有一种存在可能性:此在在这种可能性中没有任何日常关联,它在这种存在中否定了一切日常关联,关闭了一切日常可能性。用生存论语言说,在这种存在中,此在把空无作为可能性来存在。此在就存在于这种否定一切日常关联,因而否定了一切"什么"的空无状态(Nichtigkeit)中。这种空无的存在被海德格尔称为此在的本真的罪责存在。这种纯粹空无的存在并不肯定"什么",但它又有所肯定,那就是肯定自身,即肯定空无(否定)本身。空无不是什么(Nichts ist nicht Seiende),但它存在(Es ist)——用生存论语言说,即空无生存着(existiert),或说,此在作为空无生存着。正因为此在能够作为空无生存着,此在才可能肯定某种什么,而否定其他什么。也就是说,此在的本真罪责存在是它的日常罪责存在的可能性前提。因此,海德格尔认为,从生存论上可以把有罪责或罪责存在规定为由无或否定(Nicht)规定的存在的根据存在(Grundsein)。[1]

根据上一节的分析,我们可以进一步领会到,此在的本真罪责存在

---

[1] 参见海德格尔《存在与时间》,第 283 页。

就是此在本真的整体存在,也就是此在在先行领会中作为死亡这种可能性而存在。只是作为死亡这种无关联的、最本己的可能性而存在,此在才存在于纯粹的空无中。因为只有在死亡这种可能性存在中,此在才中断了一切关联,才否弃(括出)一切什么(Seiende)而作为纯粹的空无(Nichts)存在。只要此在存在于纯粹的空无中,即存在于本真的罪责存在,此在就已先行到死亡中,就作为死亡而存在着。因此,海德格尔说罪责存在是由无(否定)规定的存在。那么为什么说这种本真罪责存在还是一种根据存在呢?此在作为死亡存在也就是作为其自身存在,而这在根本上说的是:此在自身承担起死亡。此在无法支配死亡,把握(ergreifen)死亡,它是且不得不是向死亡存在,就此而言,此在的存在就是海德格尔所说的被抛的存在。但此在却能够自身承担起死亡,即自身承担起自身。而这意味着自身被当作根据来存在。当我们说,此在作为死亡这种最本己的无关联的可能性存在,因而作为自身存在时,这个自身显然就是它自己存在的根据。自身作为自身,它没有自身之外的根据,否则它就不是自身,但自身作为自身又不得不为自身设置根据,否则自身就承担不起自身,不能作为自身存在,因为一切存在都有其理由或根据。因此,对于此在这种特殊存在者来说,自身为自身设置根据也就意味着在生存中承担起根据存在:把自身作为根据来生存。

实际上,自身把自身作为根据来生存所表明的却是:自身是自身的根据,自身是自身的理由,因而它才是自由,是一切根据(理由)的根据;同时自身因而也是没有根据的(Abgrund),是一个深渊,是无。也就是说,作为一切根据的最后根据(自由因)并不是一个最后的"什么"(存在者),而是无(Nichts)。海德格尔在 1928 年对根据本质的思考以及 50 年代中期对根据律(Der Satz vom Grund)的分析就是以上面这一思想为背景的。① 在这一思想视野(Horizont)的透视下,海德格尔发现,根据律以

----

① 参见海德格尔《根据律》(又译《充足理由律》),奈斯克,1957 年。

及同一律不仅是逻辑学定律,而且首先是传统存在论原理。虽然根据律只是到 17 世纪才由莱布尼兹明确表述出来,但传统存在论(形而上学)却一直奠基在"无物没有根据"这一原理之上。我们在第一章中曾指出,传统形而上学追问的是"为什么"的问题,要寻找的是最后的根据。也就是说,形而上学的追问本身就已预设:一切东西都是有根据的——这是以肯定形式表达的根据律。海德格尔对根据律以及同一律的追究实际上是对形而上学根基的解构(Destruktion),也是他所谓的对形而上学的经受(verwinden)和克服(überwinden)。这方面有待第五章来做专门的解释,现在我们仍需要澄清此在的本真罪责存在问题。

我们可以从筹划活动的生存性质来进一步理解此在自身的根据性质,即本真罪责存在的根据性质。此在存在总是它的可能性的存在,但此在存在于哪种可能性则是由筹划活动规定的。筹划活动把此在筹划向某种可能性,也就意味着它同时关闭(否定)了其他可能性。"此在以能在的方式向来处身于这种可能性或那种可能性中,它总不是另一种可能性,它在生存的筹划活动中放弃那另一种可能性。"①当此在把自己筹划向自身,从而作为自身存在,此在也就放弃了沉沦在世这种可能性,即放弃了一切关联,无化(Nichtigkeit)了一切什么(Seiende)。只要此在作为自身存在,它就否弃(括去)了一切什么。而这复又是说,此在作为(肯定)自身存在,是否弃另一种可能性,即沉沦在世的根据,从而是否弃一切关联、一切什么的根据。简单地说,"此在作为自身存在就是根据的存在。根据总是这样的存在者的根据:它的存在不得不承担起根据存在"②。

如果说本真的罪责存在意味着否弃沉沦在世,因而错过他人他物,那么日常的罪责存在则意味着否弃公众让渡出来的法则,因而在根本上

---

① 海德格尔:《存在与时间》,第 285 页。
② 同上。

也就是错过自身,逃避死亡。因为这些日常法则虽然是由常人解释和让渡出来的,但人之所以能让渡,之所以能退让出来,从根本上说则是因为人终有一死,更确切说,人能先行到死亡中而作为自身存在——尽管常人并不明确领会到这一点。我们可以说,此在因错过他人他物而有本真罪责,因错过自身而有日常罪责。正因为此在错过自身,忘却死亡,它才会执迷于一己之私而过分角逐于功名利禄和声色货利。倘若人人都了悟"古今将相今安在,一堆荒冢草没了",那么历史上的政治争斗也就不会那么充满腥风血雨了。

当然,在海德格尔这里,对死亡的这种"了悟"并不是要人完全撒手无为,这种了悟倒恰恰要把死亡作为可能性来存在,把死亡承担起来。在这个意义上,此在的退让反而是一种抗争:对死的抗争,对无的抗争。先行到死亡绝不是退向寂无,而是承担起自身,承担起责任。唯当人能承担起自身,承担起责任,他才会有良知,否则良知无从传来。因为不能承担起自身,也就意味着是不自由的,无责任可承担——一切都与他人他物相关,只能如此,别无他样。因而无须谴责自己,也无法谴责自己。

因此,只有此在作为自身存在,也就是只有存在于本真的罪责中,才会有良知的呼唤。这意味着良知只能是从自身传来,从作为最本己的可能性的死亡传来,也就是从本真的罪责存在传来。谁在呼唤?自身(先行到死亡而存在)在呼唤,死亡在呼唤。唤向何处?"唤向本己的自身"①。也就是,唤到本真的罪责存在。良知的呼唤打断我们听从常人的种种闲谈议论,而让我们"扪心自问","设身处地"。当一个人的行为有损他人时,我们总说"请你扪心自问一下"或说"你设身处地想一想"。这有两层意思:解除日常关联,跳出利害关系,也即退回无所关联的自身,这是其一;其二,作为自身审视自己的行动。就此而言,所谓扪心自问,也就是倾听良知的呼声而听从自身;而所谓设身处地则意味着让自己作

---

① 海德格尔:《存在与时间》,第273页。

为自身而让他人也作为自身。唯当此在作为自身存在,此在才能扪心自问或设身处地。因此,良知的呼唤让此在扪心自问,也就意味着让此在退回自身。

　　良知的呼唤从自身传来,也只能从自身传来,此在只因能作为自身存在,它才会有良知;而且良知的呼声不呼向他处,就呼向自身。因此,良知的呼唤既不证明上帝的存在,也不证明善的心理因素的存在,而只证明了此在能作为自身存在,也就是能作为本真的整体存在而存在。而这也意味着良知是此在能先行到死亡中的见证,也就是此在能把死亡作为可能性来生存的见证,从而是此在的本真整体存在的见证。

第四节　本真整体存在的时间性

　　此在的存在是有终结的存在,但正如我们一再强调的那样,在海德格尔这里,"此在并没有一个它只是停止(aufhört)于其上的终结,而是有终结地生存着"[1]。换另一种说法,此在的存在总是向死亡的存在。因此,此在的存在总是整体的存在。此在的存在并没有一部分是感性的、有死的存在,因而是有时间性的存在,而另一部分则是理性的、不朽的(unsterblich)存在,因而是没有时间性的存在。此在不管是作为感性存在还是理性存在,不管是以本真方式存在还是非本真方式存在,此在的存在都是向死亡存在,因而都是有时间性的整体存在。向死亡存在在生存活动中就展现为时间性;也就是说,就本源意义上而言,时间性就是向死亡存在开出(Ekstase)的。向死亡存在作为此在的整体存在的前提,意味着正是时间性的统一到时——过去、将来、现在的共同到时,使此在的整体存在成为可能。

　　但向死亡存在有本真方式和非本真方式,因此,时间性也有本真的

―――――――――――
① 海德格尔:《存在与时间》,第 329 页。

到时方式和非本真的到时方式。具体而言,时间性的三种具体样式将来、过去和现在都具有两种不同的到时方式。这里我们将首先阐释以本真方式到时而使此在的本真整体存在成为可能的时间性。

在本章第二节中,我们曾经指出,在海德格尔这里,先行到死亡中也就意味着先行到自身而承担起死亡的决断状态。但此在之所以能够自身承担起死亡,也即能够向死亡这种最本己的可能性存在,只在于"此在总是能够在其最本己的可能性中走向(zukommt auf)自己,总是在这种让自己走向自己(Sich-auf-sich-zukommenlassen)中把可能性作为可能性保持着,也即生存着"①。也就是说,此在之所以能够承担起死亡,之所以能够向死亡存在,就在于此在能够把死亡这种可能性作为可能性持守(aushalten)着,并且就在持守这种可能性之际走向自己,即作为自身而存在。而这种"持守或经受着特殊可能性并在这种可能性中让自己走向自己,就是将来(Zukunft)的本源现象"②。

将来是什么?作为时间性的一种样式,就本源意义上而言,将来不是"什么",如果将来是某种"什么",那么这个"什么"一定是一种现在尚不存在而有朝一日才存在的"什么"。在这个意义上理解的将来实际上是一种概念上的将来,而不是生存性的将来,是空洞的抽象的将来,而不是有内容的实际的将来。作为本源现象的将来不是现在不在而以后才存在的什么,将来现在就存在(ist),是作为可能性而在,而且总是作为可能性而在。只要将来存在,或说,只要有将来,将来就是作为可能性而在。用生存论语言说,将来就是此在持守着某种可能性,也就是把这种可能性(如死亡)作为可能性来生存。因此,本源的将来是生存着的将来。

就先行活动总是先行到死亡中,从而把死亡作为可能性来持守而

---

① 海德格尔:《存在与时间》,第 325 页。
② 同上。

言,先行活动作为领会的本真方式同时也就是本源将来的到时方式,或者说,是将来的本真到时方式。

但是,将来并不是纯粹的、可与过去、现在分割的将来,不管是我们现在所要分析的本真的将来,还是有待分析的非本真的将来,都是与过去、现在一起到时的。当我们说将来以先行方式到时,也就意味着已在(Gewesen)以重演(Wiederholung)方式到时。因为先行到死亡中同时也就是回到(zurückkommen)自身,即是(ist)曾是(gewesen)。

根据本章第二、第三节的解释,先行到死亡中也就是先行到解除了一切关联的空无状态中,把空无状态作为可能性来生存。这种空无状态被海德格尔视为本真的罪责存在,因为空无状态就是由无或否定规定的存在。此在把空无状态作为可能性来存在意味着此在承担起本真的罪责存在。在这种本真的罪责存在中,此在持身于死亡这种可能性,且不得不持身于这种可能性。因而本真的罪责存在又是一种本真的被抛状态。此在承担起罪责存在也就是承担起被抛状态,"但是承担起被抛状态只有这样才是可能的:将来的此在能够如它向来已经曾是(war)的那样是它最本己的存在,也即能够是它的'已在'(Gewesen)。只有此在总是作为'我已在着'(Ich bin gewesen)而存在(ist),此在才能以将来方式走向自身,即回到自身。此在以本真将来的方式而本真地已在着(ist…gewesen)。先行到最极端和最本己的可能性中这种先行活动就是有所领会地回到最本己的已在。仅当此在是将来的,此在才能本真地已在着。已在状态(Gewesenheit)以某种方式源自将来"①。

这也就是说,就此在以先行活动而把死亡作为最本己、无关联的可能性来持守、生存,从而作为自身存在而言,此在的存在是将来的存在。或者说,将来这种时间性样式在这里本真地显现为持守死亡这种可能性。同时,就此在借先行活动承担起本真的罪责存在或被抛状态而言,

---

① 海德格尔:《存在与时间》,第325—326页。

此在的存在又是"过去"(已在)的存在,或者说,已在("过去")这种时间性样式在这里显现为承担本真的罪责存在。因为此在只有作为已在的存在,此在才能真正承担起自己的罪责。如果此在的存在不能作为已在存在,也就是它的已在已消逝不在(nicht ist),它的已在已不再在场(anwesen),因而与它的已在完全分割开来,那么此在的存在(ist)就不能也无须承担起它的罪责存在。只要此在作为自身存在,因而能够承担起且必须承担起自己的罪责存在,此在的存在就是它的已在。所谓已在(Gewesen)就是曾在(war),且一直在(ist)。用语法形式表达,已在就是"ist…gewesen①"。只要此在作为自身存在(Selbstsein),此在的存在就既不是纯粹的曾在(war)而当前(Gegenwärt)不在,也不是纯粹的现在(ist)而不曾存在。如果此在作为自身存在只是纯粹的曾在而当前不再在,那么此在就不能作为自身存在着(ist)。而假如此在作为自身存在只是纯粹的现在而不曾存在,那么也就意味着此在虽然曾经存在(war),但却不是作为自身存在,而是作为非自身曾在。这样一来,又是什么东西把作为非自身曾在的此在与作为自身现在(ist)的此在统一起来,以致我们能据此都叫它们此在呢?如果说此在干脆就没有曾在,或说根本就不曾在,而只在当前存在着,那么此在也就没有将来,因为将来总是已在的将来(这一点我们下面还要继续说明)。而事实上此在的存在总是将来的存在,或说总是有将来的存在。

因此,此在作为自身存在,因而作为承担起本真罪责的存在,总是已在的存在(ist-gewesen):曾在且一直存在着。就此在作为日常的具体的可能性角色而言,它可以只是曾在(war),如他曾是一个学生(Es war ein Student);或者可以只是现在(ist),如他目前是一个学生(Es ist ein Student)。但就此在作为自身存在即作为整体存在而言,不管是本真的

---

① gewesen 是系动词 sein 的第二分词,在这里,与"ist"构成了现在完成时。在德语中,这种现在完成时表达曾经存在(war)而且现在仍一直存在着(ist)的存在情况。这种存在情况既不是纯粹的曾在(war),也不是纯粹的现在(ist),而是已在着:ist-gewesen。

（自身）整体存在，还是非本真（自身）的整体存在，此在不仅曾在，且一直现在，也即是说，此在作为自身存在总是已在。此在的其他可能性存在可以曾在而当前不再在，如他曾是一个报童而目前不再是——他现在是一个退休人员，但此在的自身这种可能性则不仅曾在，而且现在仍在着，仍在场。如果此在的自身虽曾在而目前不再在，那就意味着此在已不再作为此在存在，即此在不再在此。正是自身曾在且一直存在才使此在的存在具有同一性。

从被抛的角度来理解，此在作为被抛的存在——向死亡存在且不得不向死亡存在，此在并不能只是曾经向死亡存在而目前不是，此在曾是且一直是向死亡存在。用生存论语言说，此在曾作为死亡这种可能性存在，且一直是作为这种可能性存在。因此，此在的存在作为被抛的存在总是已在。

总之，不管从自身存在（本真的罪责存在）的角度还是从被抛状态的角度理解，此在的存在都是已在。或者说，已在（"过去"）这种时间性样式在这里展现为被抛状态或自身存在。但此在是以先行活动承担起自身，从而作为自身存在。如果自身存在总是已在着的存在，那么先行同时又是一种返回或重演（Wiederholung）自身。自身就在这种重演中曾在且一直存在着。重演自身，从而自身曾在且继续在，是已在（"过去"）的本真到时方式。或者说，已在这种时间性样式本真地展现为重演自身。已在（过去）并非现在不在，而只是曾在，已在在重演这种到时方式中继续存在，继续在场。人有过去，人存在着过去，正因为过去还存在着，过去仍在场。否则人就不会有过去。人不可能有根本就不存在（生存）着的无。

但是，此在的存在之所以能够是已在——曾在且一直在，恰是因为此在的存在是将来的存在。换句话说，将来是已在的可能性前提，用海德格尔的话说就是：已在来自将来。仅当此在是将来的存在，此在才能是已在的存在，或者说，仅当此在有将来，它才能有已在。因为正如上面的解释,将来借先行这一本真到时方式而展现为经受和持守死亡这种可能性,也就是以先行方式让自身作为死亡这种无关联最本己的可能性而存在。而唯有当此在经受和持守着死亡这种特殊的不可越过的可能性,此在才能在且一直在,具体说,此在才能作为死亡这种可能性存在,且一直作为这种可能性存在,也就是才能是且一直是其自身。这种是且一直是其自身,就是重演自身,也就是已在的本真到时方式。

如果此在没有将来,此在的存在不再是将来的存在,那么这也就意味着此在不再作为可能性存在,不再持守着某种可能性,也就是说,此在提尽(Behebung)了一切可能性。但是,对于此在这种特殊存在者——它的本质在于生存——来说,提尽了它的可能性意味着它不再是此在。①因为此在虽然可以越过或完成(vollendet)其种种日常可能性,如他能够是共和国的总统,而且现在就是总统,但他马上任期已满,且年事已高,因此他在越过当总统这种可能性角色之后也就完成了这种可能性;但是此在却不能越过死亡这种最本己无关联的可能性。此在一旦"越过"这种可能性,绝不是完成这种可能性,恰恰是取消了包括这种可能性在内的一切可能性,从而取消了生存,取消了此在本身。②只要此在存在,此在就持守着死亡这种可能性。此在可以完成其他种种可能性,而不再持守这些可能性,但它永远是且不得不是持守着死亡这种可能性。因此,只要此在存在,它就有将来,它就是将来的存在。

---

① 参见海德格尔《存在与时间》,第242页。
② 提尽或取消此在的一切可能性,也就取消了此在作为特殊存在者的特殊之处——此在的存在总是生存性的存在。如果说取消了一切可能性之后,此在还"存在"的话,那么这一"存在"就绝不是生存意义上的存在,而只是一种现成存在。这种现成存在者既没有将来——它已完成,没有任何还有待完成的可能性;它的任何变化都是向非自身转化,是另一个存在者的将来或过去——也没有过去,因为它既然已完成了,也就意味着它不是作为尚待完成的可能性自身存在,而是作为完成了的自身存在。因此,它现在是的自身并非曾是的自身,也即是说,它现在不能是其曾是。对于一切现成存在者来说,它没有过去,过去对它来说已不存在。换句话说,没有将来的存在者(现成存在者)也就没有过去。在这个意义上,海德格尔认为现成东西没有时间。

从这里我们可以领会到，不仅只有作为将来的存在——持守死亡这种可能性，此在才有已在：是且一直是其自身；而且只要作为将来存在，此在就是已在的存在：是其曾是——重演自身。因为在本真意义上说，作为将来存在，也就是持守着死亡这种可能性，而此在就在持守死亡这种最本己的可能性中作为自身而存在，且一直作为自身存在，也就是说，就在这种持守中是其自身且重演自身。因此，将来总是已在的将来，而已在也总是将来的已在。从这里，我们首先看到了过去（已在）与将来的统一性。从上面的分析中，我们还可以进一步看到，正是死亡这种特殊的可能性使此在有将来同时有已在。因为死亡作为最本己的无关联的可能性，使此在恰恰是在持守这种可能性的存在中作为自身而存在；而死亡作为不可越过的可能性，使此在只要存在就是且不得不是持守着这种可能性，而这也就是重演自身。因此，人有死亡，因而才有"过去"和将来。通过下面对当前的分析，我们甚至将看到，正是死亡使此在有时间性。

此在的存在不仅是被抛的存在——是且不得不一直是向死亡存在，因而是已在的存在，不仅是作为自身存在——持守着死亡这种可能性，并在这种持守中走向自己，即作为自身存在，因而是将来的存在；而且此在的存在总是在世界中存在（In-der-Welt-sein）。在世是此在存在的基本情态，我们在第二章第一节中已阐释过这一点。因此，此在的存在同时也是当前（Gegenwärt）的存在。因为只有借当前化（Gegenwärtigen）这种时间样式，此在才能在世，才能让存在者来相遇。

所谓当前化，就本源意义而言，①就是让存在（Sein-lassen）。此在作为自身存在能让……存在，且总是让……存在。此在作为自身存在首先意味着它退守无关联的死亡这种可能性而存在，因而是自由的存在。此在的这种自由存在使此在从其所沉迷所忧烦的存在者中取回自身，而让

---

① 在海德格尔这里，Gegenwärtigen 作狭义用时就指与 Augenblick（当下）相对的非本真的当前，而在本源意义上使用时就指当下。

存在者作为其自身存在。用现象学语言说,此在的自身存在,也就是此在的自由存在具有还原功能,它在括去了此在的一切经验关联(即从这种经验关联取回自身)的同时,也括去了存在者的一切经验性质,从而让存在者不是作为经验的东西或作为可用或有用的东西出现,而是作为其自身出现。这是让存在者存在(Das Seiende ist),而不是让存在者作为某种东西(Das Seiende ist etwas)。只要此在作为自身存在,此在就能只让存在者存在,而不让存在者作为某种"什么"。其次,此在作为自身存在同时意味着它持身于独立自主的决断状态。此在的这种决断状态不仅决断自身承担起死亡,也就是决断为了(umwillen)自身而存在,而且总对存在者有所决断。因为此在总是在世界中存在而展开自己;此在不能作为无世界的自身而展开其存在。只要此在展开其自身,它就展开世界,从而也就对世内存在者有所揭示,有所决断。但对世界的世内存在者的这种决断并不是决断它为什么——这是经验认识的问题,而是决断它为自身,即决断它存在(Es ist)。①

因此,只要此在作为自身存在,它就不仅能够让世界存在而且让存在者存在,因为此在的自身存在没有任何经验关联,它不会也不可能给存在者加上任何经验属性;而且总是让世界存在而让存在者存在,因为此在总存在于世界中。此在作为自身存在,绝非说此在退回没有世界的存在。此在向来就被委托、被抛给它的世界。只要此在存在,它就居住出一个世界,且不得不居住出一个世界。正如此在是且不得不是向死亡存在一样,此在是且不得不是在世界中存在。此在作为自身存在就以让世界存在这种方式存在于世界中。

具体地说,一方面,此在正是以这种让……存在的方式把自身当前

---

① 当我们说:Der Baum ist sein Selbst,我们说的只是:Der Baum ist。胡塞尔现象学所要回到的事物自身,也就是与自身同一的事物的存在,即同一中的存在。就现象学意义上而言,存在总是自身的存在。在胡塞尔那里,事物的这种自身是在本身具有还原功能的直观中达到的,而在海德格尔这里,则是借当下(Augenblick)的到时而出现的。

化为当前的存在，即让自己居身于（bei）来相遇照面的存在者中存在而存在于世界中。而这同时也就意味着，此在就是以这种让……存在的方式展开出世界而让世内存在者作为自身来相遇。世界及世内的存在者就在此在的这种让……存在中显现出来，显现为其自身存在，即显现为无——不是什么（Nichts）。当且仅当在此在的这种让……存在的存在状态中，世界才出现，存在者才存在。

因此，只要此在在世界中存在，只要此在有世界，也就表明，此在的存在同时是让……存在。如果当前化就本源意义而言就是让……存在，那么这也就意味着：只要此在在世，它就是当前的存在，它就有当前。而此在的存在的确就总是在世界中存在，因而此在总是当前的存在。

作为让……存在的当前，也就是作为本源意义上的当前化的当前，就是本真的当前，海德格尔称为当下（Augenblick）。[①] 换句话说，当前这种时间样式的本真到时方式就是当下。当前以当下到时而本真地展现为让世界存在而让存在者存在；或者说，当前本真地展现为让此在在世界中存在，即让此在居身于来相遇的存在者中存在。

此在因让……存在而是当前的存在，因而有当前；或者说，此在因让世界存在，时间性才以当前的样式到时。但是此在之所以能够让世界存在，正如上面的分析，在于此在能够作为自身存在。而此在正是在持守着死亡，且一直持守着死亡这种最本己无关联的可能性当中才作为自身存在。这意味着，只有当此在作为本真的已在的将来存在，它才能作为本真的当前存在，才有本真的当前，即当下。因此海德格尔说，这种当下"被保持在将来和已在中"[②]。也即是说，本真的当前，即当下并不是转瞬即逝的时间点，它恰恰是一种持存：已在和将来与当下一起到时，一起存在。当下绝不是没有已在和将来的瞬间，或说不是已在和将来不存在的

---

① 海德格尔强调要在动态意义上去理解这个术语。参见海德格尔《存在与时间》，第 338 页。
② 海德格尔：《存在与时间》，第 338 页。

瞬间；相反，只有将来在因而已在也在，当下才存在，才有当下。如果此在不作为自身存在，也就是不持守死亡这种可能性，且一直不持守这种可能性，因而没有已在的将来，那么此在也就不能让……存在，因而也就没有当下。因此，只要当下在，已在和将来就一起在。当下不能离开已在和将来而独立存在。已在和将来与当下一同在场。

海德格尔是这样描述已在、将来与当下的这种统一性："决断状态以将来方式回到自己，把自己有所当前化地带入境况。已在状态这样来自将来：已在（更确切说是已在着〈bessergewesende〉）的将来从自己放出（entläßt）当前。我们把'已在着而当前化的（gewesend-gegen-wärti-gende）将来'①这种统一现象称为时间性。"

所谓决断状态也就是先行到死亡而持守着死亡且一直持守着死亡，因而它是以将来的方式存在，或说是将来的存在。同时此在正是在这种持守死亡之中作为自身存在，因而决断状态也就是以将来的方式回到自身或重演自身。也就是说，决断包含着已在的将来或将来的已在。但不仅如此，已在作为已在（ist…gewesen），曾在且一直在（ist），或说曾是且不得不一直是。这个"在"或"是（ist）"总要有所是，用我们上面的说法就是有所决断。也就是说，这个曾是且一直是的"是"不是纯粹的、无内容的是，而是有所是。这种有所是的是就是生存。② 当我们说世界是生存的世界，是生存出来的世界时，③也就意味着世界是由"曾是且一直是"所是出来的，世界就在这种所是中来相遇。已在"是（生存）出"世界，也就是让世界存在。因此，已在"是出"世界也就是我们上面所说的当前化为当前。所以，海德格尔把已在"是出"世界称为已在着的将来从自己放出当前。

概括地说，将来就是已在的将来，因为生存性的将来总包含重演自

---

① 海德格尔：《存在与时间》，第 326 页。
② 参见第二章对生存的分析。
③ 参见第二章对世界的分析。

身。而已在总要当前化为当前,因为已在作为"曾是且一直是"总是不得不有所是。将来、已在和当前的这种不可分割的统一性,就是我们所常说的时间性(Zeitlichkeit)。而本源的时间则是这种完整的时间性的到其时机或到时(Zeitigung)。所谓到时也就是显现(zeigen)或展现。虽然将来、已在和当前不可分割,但时间性却可以分别展现为这三种时间样式,也即是说,时间性可以以某一时间样式到时而显现为某种时间。当时间性以将来这种样式到时,便显现为将来这种时间,在这种情况下,时间就意味着持守着死亡这种可能性,时间就是领会着死亡;当时间性以已在样式到时,它便显现为已在("过去"),时间在这里则意味着持守且一直持守死亡这种可能性,也就是重演自身或不断退回自身;而当时间性以当前样式到时而显现为当前时,时间则是让世界存在而让存在者存在,这种让……存在也就是让……作为自身来相遇见面,因此,作为当前(当下)的时间,时间总是遇见(Begegnen)……的时间。时间性通常就是以当下这种本真的当前样式到时。这种当下——遇见……的时间——在第一章里曾被我们称为机缘或时机。

这里必须马上指出的是,时间性以任何一种样式到时,其他样式也一道到时,绝没有独立单一的时间样式。时间性显现为任何一种时间样式,这种时间样式同时也是其他时间样式的显现。比如,当时间性显现为持守死亡这种可能性(将来)时,这种持守同时也显现为重演这种可能性(已在),而且显现为能够让……存在(当前)。因此,这种时间绝不是可以分割为过去、现在、将来的时间。时间性的统一性保证了作为时间性到时的任何时间都是一个整体的时间。

在海德格尔这里,时间性与时间这两个概念之间并非如有的人臆想的那样,有难以"过渡"的鸿沟。就本源意义上的时间而言,时间与时间性并无什么鸿沟要"过渡",时间直接就是时间性的到时或显现。时间性是一个统一的整体现象,正是时间性的这种统一的整体性保证了此在存在的整体性。但是此在的存在又有三种展开方式：现身、领会和沉沦，①因此，时间性的到时也展现为三种样式：已在、将来和当前。而且正是作为时间性到时的时间——不管是哪一种样式的时间——的整体性使此在的任何一种展开方式都不是孤立的，而总是包含着其他展开方式于自身，比如，领会总是有情绪且能沉沦的领会。在这种意义上理解的时间无非就是时间性的具体展现方式。那种以为在海德格尔那里时间与时间性有鸿沟的臆想，其根源完全在于把时间仍理解为可分割的物理学时间。当然，物理学时间怎么从本源时间衍生出来，这的确是一个有待说明的问题，这当中的确有"过渡"。我们在后面的篇幅中将作出解释。

如果说，此在的本真的整体存在就是先行到死亡，也就是把死亡作为可能性来存在，那么此在的这种本真整体存在就是由时间性的到时来展现的：持守死亡且一直不得不持守死亡因而（作为自由存在）能够让……存在。就此在只有能够持守死亡才能把死亡作为可能性来生存而言，时间性的统一性保证了此在存在的整体性，使此在的整体存在成为可能。

时间性与此在的整体存在的这种关系，我们可以进一步从忧这一整体结构来理解。我们曾把忧理解为此在在世的整体结构：已经居身在世而先行于自己。②海德格尔认为，正是时间性使忧的这一结构成为整体。因为"先行于自己（Sich-vorweg）植根于将来；已经在……中（Schon-sein-in）公开为已在；居身在（Das Sein bei）……中则在当前化中成为可能"③。将来、已在和当前的统一性使先行于自己、已经在……中和居身在……这些环节能够统一为一个整体，这就是忧。忧的各个环节并不是忧的片段，似乎忧可以由这些片段堆积拼凑而成；忧的任何环节都包含着其他

---

① 参见第二章对展开方式的分析。现身、领会和沉沦在时间上分别对应于已在、将来和当前。也就是说，比如，现身是已在的现身，借已在成为可能。

② 参见第二章第五节对忧的分析。

③ 海德格尔：《存在与时间》，第327页。

环节于自身而与其他环节统一于不可分割的整体中。正如时间性本身是将来、已在和当前的统一性整体一样。为了充分说明时间性与此在的整体存在的存在论关系，我们有必要专门解释此在非本真的整体存在的时间性。

第五节　非本真整体存在的时间性

此在的存在向来都是整体存在，但这种整体存在却具有本真样式和非本真样式（状态）。在上一节中，我们实际上澄清了本真整体存在的可能性条件——将来、已在和当前的本真的统一性。时间性的源始统一性保证了此在本真存在的整体性，而时间性到时的整体性——以任何一种样式到时，其他样式也一起到时——则使此在不管以何种本真方式展开其存在，①它都是一种整体存在。下面我们要澄清非本真的整体存在的可能性条件，也就是澄清此在在非本真的存在状态中，时间性是如何到时的，以致使此在的这种存在是一个整体存在。

我们曾把此在的非本真存在描述为逃避死亡而沉沦在世；也就是以逃避死亡的方式而走向死亡。所谓沉沦在世，不是持守死亡这种最本己无关联的可能性，而恰恰是持身于与忧烦之物的种种可能性关联（Bezug）中。所谓持身于关联中，也就是从与来相遇的存在者的关联中领会自己的可能性存在。而此在首先是在环视的忧烦（umsichte-Besorgen）活动中确立起与存在者的关联。在这种环视的忧烦活动中，存在者不是作为自身（Das Seiende ist）来相遇，而是作为某种什么（etwas）出现，它们是，一定是什么。因为环视这种忧烦活动就是一种不明言的关联活动（Beziehen），一种解释性的安置活动（Vorstellen），因此，存在者是关联中的存在者，是如此这般被安置的存在者。在环视中，树

---

① 此在有三种展开方式：现身、领会和沉沦。每一种方式又有本真样式和非本真样式，分别对应于时间性到时的本真方式和非本真方式。

是一棵大树（较环视中的其他小树而言），是一棵能挡住烈日的树（借环视而在与太阳、日影的关联中显出），是一棵能避风遮雨的树（在与狂风暴雨的关联中显出）；因此，树总是"什么"树。这种总是某种什么的存在者被海德格尔视为环视中的忧烦之物，或所忧烦的东西。此在从关联中领会自己，也就是从环视中的忧烦之物去领会自己的可能性存在。更具体地说，也就是：此在是根据对环视中所忧烦之物是什么的领会去领会自己能够做什么，领会自己能够怎样去存在，也就是领会自己的可能性存在。对忧烦之物（它是什么）的领会是此在领会其可能性存在的前提。只有领会了忧烦之物或关联中的存在者是什么，此在才能领会自己能够做什么，能够怎样去存在。仅当此在借环视的忧烦活动而领会了树是一棵能遮烈日、避风雨的树，此在才领会自己能够栖居于树下。相对于借先行活动而持守死亡、从而把自己筹划向自身的领会，①这种根据环视关联中的存在者筹划自己的领会是一种非本真的领会。如果说本真的领会把自己筹划向自身，那么，"这种非本真的领会把自己筹划到日常繁忙事务中能忧烦的东西（Besorgbare）、能做的东西（Tunliche）、紧迫的东西（Dringliche）、不可或缺的东西（Unumgängliche）"②。这种能忧烦或能做的东西也就是环视中的东西，因而也就是关联中的东西。把自己筹划向这些东西，意味着根据这些东西去设计、安排、展开自己的生存（可能性存在）。海德格尔把此在的这种存在视为居身于世内存在者中的存在（Sein bei innerweltlichem Seienden），这也就是此在沉沦在世的存在。

但是，此在之所以能够把来相遇的存在者领会为关联中的存在者，也就是把它领会为是某种什么，从而居身于其中而存在，则在于此在对在当下（Augenblick）作为自身来相遇的存在者有所欲求，有所期望

---

① 先行到死亡而持守着死亡，这本身就是领会，而且此在这样领会着也就是作为其自身而存在着。因而这种领会是一种本真的领会，也就是本真的存在。在海德格尔这里，Dasein versteht＝Dasein existiert。
② 海德格尔：《存在与时间》，第 337 页。

（Gewärtigen）。此在是在逃避死亡之际走向沉沦的。如果说走向死亡、经受或持守死亡是一种把一切存在者无化为不是什么而只是其自身的"死亡意志"，那么逃避死亡、遗忘（vergessen）死亡则是一种对存在者有所欲求、有所期待的"生命意志"。这种逃避死亡而有所欲求有所期望的生命意志借环视的忧烦活动把存在者安置于关联中，使存在者成为关联中的存在者，即成为某种"什么"。存在者在环视中成为关联中的存在者，成为"什么"，而环视则奠基于生命意志的期望活动（Gewärtiegen）中，没有期望没有欲求，也就不会有环视活动。因此，从根本上说，正是此在逃避死亡而有所期望，此在才能环视而忧烦于存在者，从而走向沉沦。而这种期望活动就是海德格尔所谓的非本真将来的到时方式，"非本真的将来拥有期望的性质"①。或者说，将来在这里以期望这种非本真的方式到时而展现为有所期望。

我们必须在现象学意义上来理解海德格尔所谓的期望活动。期望作为逃避死亡的"生命意志"的期望包含有所期望或有所意向。但期望的这种有所期望或意向并不是康德意义上的先验结构，而是作为可能性被持守的意向性存在。期望的这种意向性存在并不是"什么"，但它却是一切成为"什么"的"什么"的可能性条件：环视因期望的意向性而能够有所解释地安置来相遇的存在者，即把它们作为关联中的存在者，从而作为某种什么出现。由于期望的意向性存在只是可能性存在，因而环视据此确定的关联也只是一种可能性关联，而不是唯一的关联；存在者在这种关联中作为某种什么出现，也只是作为一种可能性的什么，它完全可能是其他的什么。树既能够是遮风避雨的大树，也能够是点火取暖的燃料，就看你有什么样的意向性期望。在这里，期望的意向性规定着关联是什么样的一种可能性关联，关联则规定着其中的存在者能够是什么存在者，而此在则据此筹划自己的可能性存在。也即是说，此在把自己筹

---

① 海德格尔：《存在与时间》，第 337 页。

划到从关联中的存在者那里提取出来或领会到的可能性。此在是借先行活动而持守无关联最本己的可能性,也就是把自己筹划向无关联的可能性,从而作为有决断的自身而本真地存在着;而它据以持身于关联中的可能性,因而作为无决断的非本真状态存在,则是期望活动。

于是,期望也就不是此在的一种可有可无的存在方式或存在状态。此在的存在向来是可能性存在。这至少有两层意思:此在的任何一种存在状态本身都是一种可能性存在,而绝不是现成存在;此在在任何一种存在状态中都意味着它还有其他可能性。不管在哪一层意义上说,此在的存在作为可能性存在,或者是持守于无关联、最本己的可能性中而作为本真的自身存在,或者是持身于关联中的可能性而作为实际上并非纯粹的自身存在,也就是无决断的沉沦存在。如果说此在不是借先行活动而持守于无关联最本己的可能性中,那么它则是借期望活动而持身于关联中的可能性。也即是说,此在不是借先行活动而是本真的将来存在,就是借期望活动而是非本真的将来存在。将来或者以先行方式到时而展现为持守死亡这种可能性,或者以期望方式到时而展现为持身于关联中的种种可能性。

但此在的将来以期望方式到时却必须以遗忘(vergessen)自身为前提。此在的存在以期望方式到时,或说以期望方式(作为领会的非本真方式)展开,意味着把自己的存在筹划到关联中的可能性,也就是根据环视的忧烦活动中的存在者是什么去展开自己的可能性存在。"但仅当此在遗忘了自身,它才能把自己非本真地筹划到从有所当前化的忧烦之物中提取(geschöpfte)出来的诸可能性。"[①]如果此在不逃避死亡而遗忘自身,那么此在就是且不得不是持守着死亡,也就是把自己筹划到无关联最本己的可能性而作为自身存在,且重演着自身而存在。只要此在持守着死亡而作为自身存在,此在就不可能持身于关联中。只有当此在逃避

---

① 海德格尔:《存在与时间》,第 339 页。

死亡而不再持守死亡，因而不再重演死亡这种可能性而重演自身，而是遗忘了这种最本己无关联的可能性而遗忘了自身，此在才能够持身于关联中，才能根据关联中的存在者去筹划、安排、展开自己的种种可能性。

海德格尔把这种逃避死亡而遗忘自身看作是已在的另一种到时方式，相对于重演自身，遗忘自身是已在的非本真的到时方式。已在（Gewesen）——曾是且一直是以重演的方式到时而展现为持守无关联的可能性且不得不一直持守这种可能性，以遗忘的方式到时则展现为持身于关联中的可能性且不得不一直持身于关联中的可能性。

这里需要解释的是，在形式上，已在不管以何种方式到时，都展现为"曾是且一直是"（ist-gewesen）。但当且仅当以重演方式到时，已在才展现为持守且不得不一直持守无关联的可能性。因为只有无关联的可能性，只有作为纯粹自身的可能性才能重演，而一切关联中的可能性则只可回忆（Erinnerung），不可重演。因为关联中的可能性存在具有随缘（Bewandtnis）性质。一切关联都奠基于期望。作为现象学意义上的期望活动总是开展出一个视界（Horizont）和环域（Umkreis），也就是环视之域。① 只有进入这一视界中的存在者才置身于关联中，才作为某种什么存在。基于期望活动的环视把存在者安置于关联中，也就是让存在者进入视界，海德格尔称之为让结缘（Bewandenlassen）。② 但作为生命意志的展开，期望活动的视界并不是既定不变的，恰恰是不断融合拓展的：视界的这种融合拓展于个体显现为生命的展开，于人类则显现为历史的"发展"。存在者随视界而结缘，也就是随视界而置身于因缘关联，从而作为某种什么存在；同时也随视界的改变（生命意志的展开）而重新结缘。因此，此在在关联中领会到的可能性存在也具有随缘性质。对于这种关联中的可能性，现象学只能从"自身"的角度标明其为遗忘了自身的

---

① 在胡塞尔现象学看来，任何纯粹意识活动都有一个"辐射区"或"晕圈"，也就是视界。
② 参见海德格尔《存在与时间》，第 353 页。

可能性。所以,此在持身于且不得不一直持身于关联中的可能性并不是在重演意义上说的,而只是在遗忘自身意义上说的。

因此,期望又总是有所遗忘的期望。当将来以期望方式到时,已在则一起以遗忘方式到时。如果说,此在的将来存在展现为持身于关联中的可能性,那么这种将来存在就其是遗忘自身、失去自身的存在而言,它同时是一种已在的存在:持身且一直持身于关联中的可能性,或者说,不是且一直不是持身于无关联的可能性。如果说此在是在持身于无关联的可能性中获得自身,那么它则是在持身于关联中的可能性之际失去自身而沉沦。关联中的可能性具有随缘性质,但对此在来说,只要它持身于关联中的可能性,它就失去自身而走向沉沦,且一直失去自身而走向沉沦。因而只要此在持身于关联中的可能性,它的存在就是已在。而只要此在的将来以期望方式到时,此在就持身于关联可能性中,因而它同时也是已在。

必须特别说明的是,在海德格尔这里作为已在的到时方式,我们同样不能在心理学意义上去理解遗忘,而只能在现象学意义上理解。遗忘总有所遗忘,有所忘却。但所忘却的不是"什么"而是自身。遗忘是一种特殊的意识现象,现象学不能从它展开的"方向"描述它,而只能从它关闭(verschließen)的"方向"描述它。就一般的纯粹意识而言,思总有所思,也就是说,思总展开着所思。但遗忘恰恰关闭了"所思",即关闭所遗忘的自身,从根本上说,也就是关闭死亡这种可能性。遗忘自身也就是遗忘这种情况:持守于死亡这种可能性且不得不一直持守这种可能性。正因为此在遗忘了这一点,它才不再无化一切,而是有所期望而"有化"一切,即才能从无到有(从 Sein 到 Seiende)。因此,海德格尔说,遗忘作为已在的到时具有这样的特点,即关闭自身而滑过(Ausrücken)自身。①

就此而言,遗忘显然并不是记忆(Erinnerung)的缺失(Fehlen)。记

---

① 参见海德格尔《存在与时间》,第 339 页。

忆总是关联中的记忆，因为它总是对某种"什么"的记忆。记忆的缺失意味着想不起那个"什么"。而这并不是现象学意义上的遗忘。在记忆缺乏意义上的遗忘以有所记忆为前提，相反，现象学的遗忘恰恰是记忆的前提。因为只有当此在遗忘了自身而关闭了无关联的可能性，此在才能有所期望而展开出一个将存在者有化为"什么"的视界。只有在这个视界中，记忆才有可记忆的"什么"。

其实，正因为此在的已在既能够以重演方式到时，也能够以遗忘方式到时，从而能够以回忆（记忆）方式到时，此在才有历史（Geschichte），而不仅仅有故事（Historie）。因能重演自身，即持守且一直持守无关联的可能性，我们才能越过千年世事而通古今：感古人之所感，悟古人之所悟。"人事有代谢，往来成古今。江山留胜迹，我辈复登临。"[1]即此之谓。虽然人事沧桑，先人已逝，但胜迹于古人于我辈却是一样的，是以有复登临之说。同时也因能遗忘自身而有所记忆，我们才能讲故事，才能阅尽人间世事而明古今之变。这里实际上已涉及此在的时间性与历史性的关系问题，需要另有篇幅来解释，现在我们只能仍限制在时间性问题上。

从对遗忘这种到时方式的分析中，我们已领会到，只要此在的存在以期望到时，它同时也就以遗忘方式存在，也就是它同时是一种非本真的已在的存在。期望总包含着遗忘自身，期望总是有所遗忘的期望。不仅如此，期望也总是包含着当前化（Gegenwärtiegen）。只要此在的存在以期望到时，从而把自己筹划到关联中的可能性，即从环视中所忧烦之物方面领会自己的存在，那么此在同时也是以当前化方式到时。[2]　因为此在以期望样式到时意味着此在是根据作为"什么"的存在者去筹划和展开自己的存在。而只有在当前化中，存在者才作为"什么"出现。

我们可以从当前化同样也包含着期望这一角度来进一步理解有所

---

① 孟浩然：《与诸子登岘山》。
② 参见海德格尔《存在与时间》，第 338 页。

遗忘的期望与当前化的统一。我们曾经指出,此在的存在是且不得不是在世界中存在。只要此在存在,不管它是本真地存在着,还是非本真地存在着,它都展开出一个世界。"只要此在到时,就有一个世界存在。"①而世界则首先只在当前这一时间样式中到时,即只有在当前中才首先显现出来。从此在的角度说,此在只有借当前样式才展开出一个世界。因为只有借当前这种到时样式,才能让存在者或作为其自身或作为某种什么来相遇照面。如果说此在向来就被委托给一个世界,即此在总是不得不在世界中存在,那么这也就意味着此在不得不以当前样式到时,不得不以当前样式存在。只要此在存在,它就在世界中存在,因而它就以当前样式到时。即使此在以将来或已在的样式到时,它也不得不同时以当前样式到时。在上一节我们已经指出,此在的本真存在是以本真的当前样式即当下展开世界的,也就是以让……存在的方式让世界来相遇而让存在者作为其自身来相遇。但此在之所以能够以当下方式到时,即以当下让世界存在而让存在者存在,则以此在持守着且不得不一直持守着无关联的可能性为前提,也就是以本真的已在的将来为前提。因此,本真的当前(当下)总包含着已在和将来,已在和将来与当前一起到时。那么此在的非本真存在以什么样式展开世界呢?以当前化样式展开世界而让存在者作为某种什么来相遇。作为非本真当前意义上的当前化,不是让存在者在无关联的可能性中作为自身来相遇,而是让存在者在关联中作为某种什么出现。简单地说,这里的当前化就是让存在者作为什么来相遇照面。

但是,当前化之所以能让存在者作为某种(可忧烦的、可做的、紧迫的、不可或缺的)什么出现,却必须以对存在者有所欲求、有所期望为前提。如果此在无所欲求、无所期望地存在着,也就是持守着死亡这种无关联而无化一切的可能性存在,那么此在也就不会让存在者进入某种关

① 海德格尔:《存在与时间》,第 365 页。

联中而作为什么出现,而是让存在者作为什么也不是的自身来相遇。唯当此在有所期望、有所欲求而有所留心,视(Sichte)才为环视,因而才有关联,存在者也才作为关联中的什么出现。因此,当前化总包括着有所遗忘的期望。当此在的存在以当前化到时,也就是展现为让存在者作为某种什么出现,并据此筹划、展开自己的存在,那么这同时也就意味着它遗忘了自身而对存在者有所期望有所欲求。也即是说,只要此在的存在以当前化样式到时,它也就以有所遗忘的期望样式到时。这表明,时间性即使以非本真的样式到时,时间也是一个整体。非本真样式的已在、当前和将来同样是不可分割地统一为一个整体。

如果此在的非本真的整体存在就是逃避死亡而居身于存在者中而存在,那么,从上面的分析中显然已经表明,正是时间性以非本真样式到时的统一性才使此在的这种非本真的整体存在成为可能的。正是在这种以非本真样式到时的时间中,此在才不把死亡作为可能性来持守,而是把死亡作为可能性事件来预期或期望,从而才能心安理得地忧烦于有声有色的世界。

因此,不管此在的存在是本真存在还是非本真存在,此在都是时间性存在。换句话说,此在的存在就是时间性的到时或展开,同样也可以反过来说,时间性的到时就是此在的存在。对于海德格尔来说,此在并没有一部分存在是时间性的、因而是不自由的存在,另一部分是非时间性的自由存在。在海德格尔这里,此在的自由存在(本真存在)与非自由存在(非本真存在)都是时间性的到时或展现。正是时间性以本真方式到时使此在的存在是本真的自由存在,而其非自由的沉沦存在则是以时间性的非本真到时为前提。此在因有时间而是自由的,也因有时间而是不自由的。

最后必须指出的是,从上面两节的分析中,我们可以看出,此在的存在有本真状态与沉沦状态,因为时间性能够以两种方式到时。此在虽然首先和通常存在于沉沦状态,因而海德格尔认为,对此在存在情态的分析工作要从日常的沉沦状态着手。但是这种分析工作却发现,日常的沉沦存在是以本真存在为前提的。因为仅当此在以本真方式到时,即能够退守死亡而持守无关联的可能性存在,才能让存在者作为自身来相遇,即才能让存在者存在。而唯当存在者首先存在(Das Seiende ist),存在者才有可能是"什么"(Das Seiende ist etwas),因而此在也才可能对它有所期望而把它当前化,即才可能让它作为"什么"出现,而此在不就正是在这种有所期望的当前化中走向沉沦的吗?

此在是以当下(本真当前)样式到时而让存在者作为自身来相遇的,而当下之所以能够让存在者作为自身出现,在于当下以本真的已在和将来为前提,即以持守且一直持守死亡这种可能性为前提。但我们不是曾说过,沉沦以遗忘自身为前提吗?而所谓遗忘自身就是关闭自身,从根本上说,也就是关闭持守死亡这种可能性存在,从而关闭了此在的本真存在。这也就意味着,沉沦以关闭此在的当下存在即本真存在为前提。这是否表明,此在的沉沦存在不以本真存在为前提?不!此在能够关闭其本真存在而不以本真的时间样式到时,但正如此在不能逃脱(虽然可以逃避)死亡一样,此在并不能脱开或丧失本真存在这种可能性。只要此在存在,它就能够本真地到时,即本真地存在。此在关闭了本真存在这种可能性,绝不意味着此在脱开了这种可能性或丧失了这种可能性,而只意味着这种可能性不被展开,这种可能性以被关闭的方式被沉沦存在所掩盖。当沉沦此在以当前化样式到时而让存在者作为"什么"出现时,"存在者存在"被掩盖在"存在者是某种什么"之中。但恰是这个被掩盖的"存在"(是)构成了"是什么"的可能性前提。

第四章　时间的时间性解释

　　上面我们通过说明此在整体存在的时间性，解释了时间性是如何统一而整体地到时。时间性的这种到时就是时间。现在我们需要根据时间性的统一整体性把本源时间的基本特征进一步刻画出来，并且在这个基础上对流俗的（vulgäre）或传统意义上的时间，也就是物理学时间作出解释：作为时间性到时的时间，"过去""现在""将来"不可分割地统一在一起，却又如何衍生为可分割的物理学时间？也就是说，需要对物理学时间作出时间性解释。与此同时，另一个问题也凸现出来了：如何从时间性去解释此在的空间性（Räumlichkeit）存在。如果说，在把时间理解为物理学时间的情况下，人们实际上是以空间去解释时间，因而时间有"长短"，那么，当我们把时间理解为时间性的统一到时，我们也就面临着以时间性存在去解释空间存在的任务。

　　我们将看到，对传统时间的这种时间性解释将意味着取消了时空存在的现成性与自在性。这种解释将表明，传统意义上的时空只不过是一种抽象的时空，它们的存在只不过是时间性的一种特殊到时样式，即时间性的一种特殊存在方式；换句话说，它们只是时间性的一种特殊的可能性存在状态，而绝不是唯一的存在状态。然而，更深刻的意味则是，对永恒(Ewigkeit)的理解也将发生根本性变化,因为传统意义上的永恒总是相对于物理学时间所理解的永恒。对永恒的时间性解释,无疑将从一个特定的角度消解了传统形而上学一再探求的那个永恒的"存在"或最后的根据。

第一节　时间是时间性的到时

海德格尔为了从生存论解释时间,他区分了 Zeit(时间)与Zeitlichkeit(时间性)。这种区分恰恰是为了从生存论即存在论澄清时间问题,而不是在时间与时间性之间设置鸿沟。我们已经指出,在海德格尔这里,时间与时间性之间并无难过渡的鸿沟。海氏在 Zeit 和 Welt、Raum 这些词的后面加上词尾"lichkeit",其根本意思在于强调它们的存在都是可能性存在,即都是生存性存在。时间性不管以何种方式到时,不管展现为何种样式,它都是一种可能性存在。时间性在任何一种存在状态下总还有其他可能存在状态,因而不是现成的存在。从根本上说,时间性存在就是持守着可能性且总是持守着可能性的存在。就此而言,时间性是生存意义上的时间性:它生存着(existiert),但不是什么。因此,海德格尔说:"时间性根本不'是'存在者。时间性不存在(ist),时间性只到时。"①

根据我们对 Existenz 的分析,②作为生存着的时间性不是存在者,不是某种"什么",这好理解。但又怎么理解 Die Zeitlichkeit ist nicht(时间性不存在)呢? 这里的关键在于如何理解这个"ist"。在这里,ist 是按西语的语法习惯来使用的,表达的是纯粹的现在。但时间性却是过去、现在和将来的统一现象。也就是说,ist 无法表达出时间的统一性。我们可以说:Die Zeitlichkeit ist gewesen,却不能说:Die Zeitlichkeit ist,如果

---

① 海德格尔:《存在与时间》,第 328 页。
② 参见第二章第一节。

我们是在上面意义上理解"ist"的话。在这个意义上理解 ist，那么"时间性是（Die Zeitlichkeit ist）"就总是某种什么（Seiende）。因此海德格尔说，时间性不存在（ist），而只到时。到时的时间性或时间性的到时就是时间。

我们曾经解释过，所谓到时也就是到其时机，是……时候。时间性的到时，也就是时间性的展现或显现：展现为是……时机。比如，时间性以当下样式到时，那么它就展现为让……存在的时机，或说，展现为让……作为自身来相遇见面的时机。时间作为时间性的到时也就意味着，时间就是时间性的展现。更确切说，时间就是时间性所展现的时机，而这种时机也就是 Horizont（视界或界域）。时间性总要到时，总要展现为时间，也就是总要展现为某种时机或界域。而任何样式（如将来）的时间则都只是时间性的一种可能的存在状态，或说都是时间性展示出来的一种可能的存在状态，或说都是时间性展示出来的一种可能的视界。因此，时间性到时也可以理解为：时间性展示出某种视界。我们将看到，时间性有三种到时样式，能展示出三种格式（Schema）的视界。

时间性是此在的整体存在的可能性条件，比如，我们已说明，正是"此在持守着死亡这种无关联的可能性"这一本真的时间性才使此在能够作为有决断的自身存在，即才能本真地向死亡存在而是其本真的整体存在。但此在的存在总是被抛的存在：它是且不得不一直是向死亡存在，而且它是且不得不一直是在世界中存在。此在不仅是有死的存在，且是有世界的存在；它向来已被抛向死亡而被抛到一个世界。这是命定的事实（Sache）。因此，作为此在存在的可能性条件，时间性不仅以将来样式到时而展现为持守某种可能性，而且不得不同时以已在（"过去"）和当前（"现在"）样式一起到时，从而同时展现为"一直持守着某种可能性而让……来相遇见面"。因为仅当时间性能够同时以已在和当前样式到时，存在的被抛在世才是可能的。比如，作为本真整体存在的可能性条件，本真的时间性就不仅以本真的将来样式到时而展现为持守着死亡这种无关联的可能性,而且同时一道以本真的已在和本真的当前样式到时,从而展现为"不得不一直持守着死亡这种可能性而让……存在"。只有这样,本真的在世才是可能的。

也就是说,此在有死,即此在能觉悟或领会到死亡而把死亡作为可能性来生存,因而此在才有时间性。而死是命定的,因而此在存在有时间性也是命定的。换句话说,时间性的到时("存在")是命定的。而由于另一命定事实,即此在的存在命定是在世界中存在,使得时间性不得不同时以三种样式到时。这有两层意思:时间性能够且不得不以将来、已在和当前这三种样式到时,也就是说,时间性能够分别展现为"持守着可能性","一直持守着某种可能性","让……来相遇照面",这是其一。其二,时间性以任何一种样式到时,其他样式也一起到时;只要此在存在而持守着某种可能性,那么此在就一直持守着这种(无关联的或关联中的)可能性,而且能够且不得不让……来相遇照面。这也就是说,只要时间性以将来(或其他)样式到时,已在和当前也同样到时。

既然时间性同时以已在和当前样式到时,却又如何说时间性以将来样式到时?或者说,既然将来、已在和当前一起到时,那么时间性又如何以其中的某种样式到时?将来、已在和当前虽然总是一起到时,但是它们却可以以不同的"方向"(Wohin)到时。它们以什么方向到时,就取决于时间性以什么时间样式到时。海德格尔认为,三种时间样式具有三种"方向"。他把时间性的到时视为时间性的站出或放出(Ekstase),①但时间性的这种站出并不是简单地耽滞于某物,站出总包含着放出的放往"何方"(Wohin)。② 在这里,我们可以更明确地体会到,时间性的到时实质上就是一种本源性的觉悟,③一种有所觉悟的迷醉状态(Entrü-

---

① Ekstase 来自希腊文 εχστατιχογ,原意就指极度兴奋,心迷神醉状态,或失神状态,灵魂出窍,在德文中与 Entrückung 同义。
② 参见海德格尔《存在与时间》,第 365 页。
③ 参见叶秀山《思·史·诗》,人民出版社 1988 年版,第五部分"Dasein 与本源的时间性"。

ckung）。因有所觉悟，才能真正迷醉，也因有所觉悟，迷醉才不是简单地耽滞于某物而混同于某物，而总是有方向性的，也就是说，作为时间性到时的迷醉状态或觉悟状态具有意向性结构，因而它能有所让出而不耽滞于某物与混同于某物。仅当时间性的到时具有先验的意向性结构，这种到时才能作为某种视界或界域而让……来相遇。时间性以不同的意向性结构到时，就展现为不同的时间样式。这意味着每一种时间样式都包含着各自的意向性结构，用比喻性的语言说，就是各有各自的"方向"。

　　具体地说，将来的"方向"显示为 Auf-sich-zu（走向自己），也就是为了自身（Umwillen seiner）而走向自己或来到自己。已在的"方向"显示为 zurück auf（返回自己），而当前的意向性结构则显示为 Begegnenlassen von（让……来相遇）。① 时间性以哪一种样式到时，它就以这种样式时间的意向性结构展示出一个视界。时间性以不同时间样式到时，因而根据不同的意向性结构而展开的视界也不一样。海德格尔把时间的这种意向结构或"方向"规定为视界的格式（Schema）。② 因此，视界有三种格式。第一种是作为将来这种时间样式开出的视界，其格式是：本真或非本真地走向自己。在这里，可以更明确地说，作为将来视界的格式，走向自己也就是持守无关联的可能性或持守关联中的可能性。作为已在开出或展开的视界，其格式是：本真或非本真地返回自己。换言之，已在视界以"持守曾持守的可能性"这种意向性结构为其格式。而当前视界的格式则是：让……来相遇照面。从另一个角度说，这种"让"的意向性结构也可以被理解为"为此（um-zu）而居身于……中的存在（Sein bei. . . ）"。

　　这是说，当时间性以当前样式到时，因而以"让……来相遇照面"的格式展示出一个视界，那么这也就意味着，唯有能被"让……来相遇"或

① 参见海德格尔《存在与时间》，第 328 页。
② 参见同上书，第 365 页。

"为此而居身于……中存在"这一意向性结构"关切"到的东西才能首先在这一视界中呈现(存在)。而当时间性以已在样式到时,从而以"持守曾持守的可能性"的格式展开出已在视界,这也就意味着,唯有能被"返回自己"这一意向性结构所关切的东西才能首先在这一视界中呈现(存在)。同样,当时间性以将来样式到时,也就是以"持守着某种可能性"这种格式展开出将来视界,这也就意味着,唯有能被"走向自己"这种意向性结构关切到的东西才能首先呈现在这一视界中。正是在这个意义上说,时间是存在的视界或界域。唯有能够在某种视界中呈现出来的东西,即唯有在时间中出现的东西,才真正存在。形而上学一再探求的那个非时间的"存在"实际上并非真正没有时间,而恰恰是在某种特殊视界中才出现的"存在"。就此而言,我们可以更准确地领会到形而上学的虚妄性首先不在于它所探求的那个"存在"不存在,而在于那个"存在"实际上不是非时间的存在。

上面对视界格式的分别说明绝不意味着时间性能够只开出某一种视界而不同时展开其他视界。正如时间性不管以何种样式到时,将来、已在和当前总是一起到时一样,时间性不管以什么格式展开视界,其他格式的视界也一起展开。"正如在时间性到时的统一中,当前源自将来和已在一样,当前的视界也与将来的视界和已在的视界同样源始地到时。"①当时间性以某种视界到时或说展开某一格式的视界,其他视界(的格式或意向性结构)则作为可能性而融合在这一视界中,因而说这些其他视界也一起到时。就如当时间性以当前这一样式到时,也就是从"让……来相遇照面"这一"方向"到时,将来和已在则作为可能条件而一起到时。只不过在这种情况下,此在首先关注的就是来相遇的东西,即当前遇到的东西。我们之所以强调"首先",是因为时间性以当前到时而展开的视界绝不是纯粹的当前视界,这种当前视界的展开必然以将来视

---

① 海德格尔:《存在与时间》,第 365 页。

界和已在视界作为可能性条件融合在当前视界中为前提,因此,能够进入当前视界的就不仅仅是当前遇到的东西,而且有已在的和将来的东西。就此而言,我们是在"更容易"意义上而言"首先"。

至此,我们所解释和强调的是,在海德格尔这里,时间性是一个整体的统一现象,作为时间性的到时或展现,时间是整体的时间,视界也是整体的视界。也就是说,没有纯粹过去的时间或纯粹将来(或现在)的时间,时间总是包含着将来、过去和现在的时间。只要时间性到时,将来、已在和当前就一起到时。不管是以本真方式还是非本真方式到时,这种整体到时的时间就是海德格尔所谓的本源时间。

但是,必须同时指出的是,在海德格尔看来,虽然将来、已在和当前总是一起到时的,但在这三种时间样式中,将来具有优先地位(Vorrang)。"源始而本真的时间性从将来到时:时间性首先以将来方式而已在地唤醒(Wecken)当前。源始而本真的时间性的首要现象就是将来。"①这里的"源始而本真的时间性"指的就是以本真方式到时的时间性。只要时间性以本真方式到时,那么它就首先以将来到时,首先展开将来的视界。因为只有当时间性首先能够以将来到时而展现为"持守着无关联的可能性",时间性(Da 的存在)才能够同时以已在到时而展现为"总持守且一直持守无关联的可能性",而且也才能够有所让而以当前到时。在这里,本真的将来同时也是本真的已在,而这种本真的将来的已在则是本真当前的可能性前提。这是将来具有优先性的根本意义所在。海德格尔认为,即使是在非本真时间性的到时中,将来样式同样也具有优先性。其理由同上,这里不再作分析。

如果较之传统的物理学时间——这种时间总是从过去经由现在而流向将来,那么本源时间性的到时则是一种"倒流"。它首先从将来到时,从而作为已在到时,并因而才能以当前到时。当然,我们只是用物理

---

① 海德格尔:《存在与时间》,第 329、118 页。

学时间观去看待本源时间性的到时,这种到时才被想象或理解为一种"流",并且是一种倒流。就其本身而言,时间性并不以线性维度到时,而是以展开视界或界域的方式到时。因此,时间性的到时并不意味着一个流程的结束,另一个流程的开始,而是意味着视界的展开与融合。因而人生才不是一个由生到死的衰老过程,而是生命的展开与丰富。历史也不是人类可有可无的东西,而是每个此在能够且必须从中获取存在力量的源泉。因为历史作为此在存在(时间性)的展现,并不是事件的堆积,也不是故事的汇编,而是一个视界。历史并不过时(去),历史是一个包含着将来、已在和当前的大视界。所以,我们需要解释和阅读历史,我们就在这种解释的阅读中参与了历史:与历史的视界融合,从而展开和丰富自己的"生活"。

当海德格尔认定时间性首先从将来到时,这不仅意味着时间是一种"倒流",而且意味着时间是有终的时间。说时间性首先从将来到时,这绝非说,当时间性以将来到时,已在和当前并不到时。此在的存在作为被抛的存在使得此在只要存在,它就不得不同时以已在和当前到时。但是,此在之所以能够以已在和当前到时却必须以此在能够是将来的存在为前提,即以能够持守着某种可能性为前提,而从根本上说,则以能够持守着无关联的可能性为前提。在这个意义上说,已在和当前源自将来。当时间性以将来样式到时,已在和当前则作为可能性包含(融合)在将来中。因而,如果将来是有终的(endlich),那么时间就不是无限的。而我们将看到,将来的确就是有终的。就本真意义上而言,将来曾被揭示为本真地走向自己,即持守着无关联的、不可逾越的可能性。所谓无关联的不可逾越的可能性,也就是指这种可能性是一种极端的可能性,除了它自身这种可能性没有任何其他可能性,就是说它是一种无可能性的可能性;而且这种可能性是不可越过的,此在不能像实现或完成其他可能性而越过这些可能性那样,越过这种特殊可能性;只要此在越过了这种可能性,此在就不再存在。这种可能性也就是死亡,就是终结。因此,持守无关联的、不可逾越的可能性也就是持守着死亡。在这个意义上说，将来是有终结的。

　　因为持守着死亡这种可能性也就是经受和领会着终结，经受和领会着无，或者说，是对终结的觉悟（Befinden），是无的显现（存在）。如果没有终结，也即终结不在（ist nicht），那么也就无所谓对终结的觉悟或领会，因而也就没有将来。所谓将来有终结，有两层意思：从根本上说，这是指将来就是终结（作为不可能的可能性）的显现（存在），是对终结的觉悟或领会。而终结的显现（对死亡的觉悟）本身恰恰表明终结的存在，也即表明能够不再存在。因而从另一层意思上说，将来有终结指的就是将来能够不再存在。也就是说，将来作为持守死亡这种可能性，作为终结的显现（觉悟），将来是有终结的，是能够不再存在的。将来一旦不再持守死亡这种可能性，即不再作为终结的显现，将来也就不再存在。"因此，本真的将来——时间性首先到时的就是将来——显示自身为有终结的将来"①。将来终结了，不再存在了，因而时间性也就不再以将来样式到时，从而也不能以已在和当前到时，而这也就意味着时间性不再到时，因而不再有时间。

　　此在有死有终结，因而有时间性的到时而有时间；此在一旦不再有死，一旦丧失了死这种最本己的可能性，即一旦不再觉悟死亡而显现之，时间性就不再到时，时间就此终结。这不就意味着此在不再存在也就没有时间吗？因为此在丧失了死亡这种最本己的可能性也就意味着此在不再存在。如果此在不再存在就没有时间，那么这也意味着我自己不再在此，时间也就此终结。然而这不是一种与常识格格不入的结论吗？我自己的确是有限的，终归是要不再存在的，但是，时间难道就此不再继续前行了吗？不是有无限多的东西还处在将来并从将来到来吗？

――――――――――

① 海德格尔：《存在与时间》，第 329—330 页。

　　回答是肯定的。但海德格尔认为,这并不包含着对本源时间性的有终结性的任何责难,因为这种追问根本已不再涉及本源的时间性。[1] 为什么说这种追问已不再涉及本源的时间性呢? 因为在"我自己虽不再存在,但时间仍在继续行进(weiter geht)"这种说法中,"时间"已不是作为时间性的统一到时的本源时间,而完全是概念中或表象中的时间,也就是物理学时间。只有根据这种物理学时间去思考和想象(vorstellen),才会认定,即使我自己不在了,仍有无限多的东西还处在时间中尚未到来。因为只有在无终的时间中才会有无限多的东西不断到来;而这种无终的时间恰恰来源于本源的时间,也就是来源于有终的时间。"只因为本源的时间是有终的(endlich),'派生的时间'才能作为无终的时间到时。"[2]那么,这种无终的时间又如何来源于本源的时间呢? 这一问题也就是:如何对物理学时间作出时间性解释?

第二节　物理学时间的时间性解释

　　在第一章的分析中,我们曾把物理学时间揭示为测量(Messung)意义上的计算的时间。就其本质而言,物理学时间就是计算(rechnen)的时间,是计算活动给出的时间。亚里士多德的时间定义已从根本上揭示了这一点。

　　那么这种计算性时间是如何产生的呢? 它如何来源于本源的时间,以本源的时间性为前提? 我们可以把这一问题化解为两个问题,通过澄清这两个问题来回答物理学时间的产生问题。这两个问题是:一、此在为什么计算时间? 二、计算时间是如何可能的?

　　所谓计算时间,简单地说,也就是根据某种运动事物领会和确定时间。而其根本目的就是调整此在自身的生存活动。但此在之所以要通

---

[1] 参见海德格尔《存在与时间》,第 330 页。
[2] 海德格尔:《存在与时间》,第 331 页。

过确定时间来调整自己的生存,完全在于此在自己的生存是有时间性的,是有死的存在,因而此在在其存在中总关切着自己的存在。此在觉悟着死亡而存在,因而它不得不关切着这一存在,不得不对这一存在忧心忡忡、牵肠挂肚,从而做出种种可能的筹划。此在就在筹划自己的存在之际调整自己的存在,因而要计算时间。海德格尔在解释此在为什么计算时间时这样写道:"作为关切着其存在的存在者,此在首先明确或未明确地为了它自身而启用(verwenden)它自己。忧首先和通常是环视的忧烦。为了(umwillen)它自身而启用自己,此在也就'耗损'(verbraucht)自己。由于耗损自己,此在也就需要自身。因而需要它的时间。需要时间,此在也就计算时间。"[①]此在关切着其存在,也就是有所忧地存在着。但此在通常是逃避着所忧(死亡)而存在,因此,它的这种关切或忧思(Sorge)通常也就转而为忧烦,即不持守着所忧而忧思(生存)着,而是借环视而置身于与来相遇的存在者打交道。此在在这种忧烦中,在与存在者的交往中筹划自己的存在,也就是根据环视关联中的存在者是"什么"去领会和筹划自己的可能性存在,从而运行自己,启用自己。此在领会和筹划自己的存在也总是运行着自己而耗损自己,因而耗损着时间。因为此在的"自己"不是别的,而只是时间的存在。而耗损着时间也就意味着需要时间。[②] 因此,此在计算时间的全部根由就在于此在自己是时间性存在,时间性(存在)是计算时间的全部理由或最后根据。

我们不妨这样来理解这一结论:如果此在是非时间性的、不死的存在,因而是无限的存在,那它也就不存在耗损的问题。因此,它也就无须去计较时间的流逝。我们常有"浪费时间"这种说法。时间怎么会被浪费呢?我们说"浪费粮食",这好理解。因为粮食是有限的,而且需要付

---

① 海德格尔:《存在与时间》,第 333 页。
② 在德文中,需要(brauchen)与耗损(verbrauchen)是同根词,海德格尔这里显然有意利用这种关系。

出劳动才能生产出来,但是有人却不加爱惜,不仅任意取用,还随意丢弃。可是,如果我们自己是非时间性的不死的无限存在,那么我们何来浪费时间?在这种情况下,即使的确存在着自在而不息地流逝着的物理学时间,也不存在浪费时间的问题。既然我们自己是不死的,时间也是无限的,可以任凭我们随意取用,那么取用多少,怎么取用,何时取用何时不取用,也就无关紧要,并不错过自己,也不错过时间。所以,谈不上浪费时间。无限的东西是不会被浪费的。

因此,在"浪费时间"这种说法中,显然隐含着对有限性的某种领会。其实,唯有当此在的存在是时间性存在,是有死的存在,而时间的到来也只是此在存在的展开,生命的运行,此在才会浪费时间,才会虚掷光阴。如果你沉溺于某事之娱,或者偏执于一物之得,而错过了自己的种种可能性存在的展开,那么你才真正浪费了时间,虚掷了光阴。① 本该筹划的,却没有筹划,本该做的,却没有做,可是并不能重来一次——人生只有一次机会。错过的,便永远错过了。正因为如此,此在总关切着自身的存在,因而它不能无所谓于时间,相反,它不得不总是"抓紧"时间,从而计算时间,以便不浪费时间。

从上面的分析中,我们有理由认定,此在计算时间奠基于此在自身存在的时间性,或说,以此在的时间性存在为前提。具体地说,此在之所以要计算时间,对时间作出估算,从而产生出物理学时间,其根据就在于此在的时间性存在。这等于说,物理学时间以此在的时间性存在为根据。而此在的存在是时间性存在,这有两方面的含义:一方面意味着此在是有终结的存在,即觉悟着死亡而存在;另一方面意味着时间就是时间性——此在的存在——的到时或展开。我们通过回答此在为什么计算时间这一问题而明确了物理学时间以此在的时间性存在为前提。至

---

① 人们平常所谓"消磨时光",在根本上说也就是借沉溺或偏执于某种事物而逃避自身的种种可能性的展开,从而逃避自身的责任。消磨时光与虚掷光阴在这一点上相一致。

于物理学时间如何从时间性的到时或展现衍生出来,也就是如何从本源时间派生出来,则仍没有丝毫触及。

我们在第一章中曾经认为,古希腊人一开始就是从运动事物那里领会时间的,从而才有物理学时间及其基本特征。这意味着运动事物具有某种时间规定性(Zeitbestimmtheit)。否则,人们怎么会从运动事物那里领会到时间呢? 但是,事物的这种时间规定性又是如何可能的呢? 这一问题当然很容易让我们联想起康德的提问:现象界的时空秩序与规律性(如因果性)是如何可能的呢? 正是康德的这种独特提问使得他发现,现象界的存在者之所以能够作为某种什么出现,是以时间形式为前提的。对于康德来说,任何一个存在者,只要它是某种什么,它就一定以时间为前提,它一定在时间中。正是这一思想——存在者与时间的关系——最为海德格尔所看重。在海德格尔看来,康德的这一思想实际上在哲学上否定了这样的存在者的存在:它是某种什么,但它却是非时间的;而形而上学的追问方式表明,它所要追寻的恰恰是这样的存在者:这一存在者是某种最后的根据,因而它是某种什么,但它却是非时间的。因此,在海德格尔看来,康德的这一思想在克服形而上学的道路上迈出了重要的一步。

当然,海德格尔并不认为康德完成了克服形而上学的任务。康德虽然不承认能够作为某种什么出现却又是非时间性的存在者存在,但是他同时却承认这样一种非时间性的存在者存在:这种存在者什么也不是,它不能够作为某种什么出现,比如自在之物,神和灵魂,它们都不能作为某种什么出现(显现),也都是没有时间的。它们作为特殊的存在者,实质上只不过是理论的悬设,因而是一种概念的存在。对于海德格尔的现象学来说,并不容许这种特殊存在者的存在,而必须括去和消解(Destruktion)这种存在者。

在第三章的分析中,我们已经指出,任何存在者之所以能够作为自身存在,必须以时间性以当下(Augenblick)样式到时为前提。因为只有在"让……存在"中,存在者才能作为其自身显现出来,即作为自身来相遇。因此,在海德格尔看来,的确存在着什么也不是的存在者,也就是说,这种存在者什么也不是,但它存在着,它就是它,它只是它自身。然而,这种只是自身而什么也不是的存在者并不像康德所认为的那样,是非时间性的存在,相反,任何存在者只有在时间中,更准确地说,只有在当下这一本真时间中,才能作为什么也不是的自身存在(显现)。只要存在者存在,它就在时间中。

通过分析海德格尔对康德的批评,现在我们可以更明确地来理解和回答"事物的时间规定性是如何可能的?"这一问题。被希腊人据以领会和确定时间的运动事物不仅是作为自身的存在者,而且更重要的是作为某种什么的存在者。因为只有在关联中作为某种什么出现(来相遇)的存在者,才能显示出其运动和变化的意义,并因而才能发挥定时或计时的作用。比如太阳只有在与光明、黑暗、山脉或地平线处于关联中,太阳的升落及其运行位置才具有计时和定时的功能。但是,存在者之所以能够作为某种什么出现,我们在第三章已经指出,必须以有所期望有所遗忘的当前化这种时间为前提。存在者必须首先存在(是),它才能是什么。在这个意义上说,存在者作为自身存在是它作为某种什么存在的前提。存在者是在本真的时间——持守着无关联的死亡这种可能性且一直持守着这种可能性而让……存在——中作为什么也不是的自身存在。只要存在者作为自身存在,它就存在于本真的时间中,换句话也可说,如果时间性只以本真方式到时,那么存在者就只能作为什么也不是的自身存在。但是,此在并不总是先行到死亡而持守着死亡,相反,此在通常总是逃避着死亡而遗忘死亡。因而时间性通常也总是以非本真方式到时而展现为有所遗忘有所期望地让……在关联中来相遇。存在者就在这种非本真的时间中作为某种什么来相遇,也只有在这种时间中才能作为什么来相遇。这也就是说,存在者当且仅当在以当前化样式到时的非本真的时间中才成为可通达(zugänglich)的某种什么。

具体地说,时间性(此之存在)是借环视活动而当前化的,环视之为环视(Um-sicht)指的就是它把存在者置入关联中,或者说,让存在者进入关联中而来相遇照面。但视(Sicht)之所以能够是环视,正如我们已经指出,乃是因为它植根于逃避(遗忘)死亡而有所期望有所欲求,即奠基于有所遗忘的期望这种非本真的时间中。因此,说环视让存在者进入关联中作为某种什么出现,也就是让存在者进入非本真的时间中相遇照面,更明确地说,即让存在者作为所期望的某种什么来照面。存在者在环视的这种"让……在关联中出现"的揭示活动中,进入时间而获得了时间规定性。存在者只有在环视的关联中才能作为某种什么出现,也就是意味着只有进入非本真的时间中从而获得时间规定性,才能作为什么来相遇照面。海德格尔把存在者的这种时间规定性称为时间内状态(Innerzeitigkeit)。正是存在者的这种时间规定性或时间内状态使得我们能够从作为某种什么的存在者那里领悟到时间。这种根据时间内状态而从存在者那里领悟到(gefundene)的时间就是传统时间概念的基础。①

上面我们通过解释存在者如何获得时间规定性,来说明我们为什么能够根据某种存在者去领会和确定时间。但是,我们只是在逻辑上作出这种似乎有"先后"的解释和说明,而实际上,存在者获得时间规定性与此在借存在者领会和确定时间这"两件事"并没有先后,而是同一"过程"。此在(作为时间性存在)的环视活动在让存在者进入当前化的视界中,从而使存在者获得了时间规定性的同时,也就是借存在者领会和确定时间。存在者获得时间规定性,本质上说,也就是存在者作为所期望的东西(etwas)出现。在这个意义上说,环视实际上就是一种计时活动:让某种存在者进入时间中而作为某种"什么"来相遇照面,实质上意味着以这种(些)存在者来确定时间——作为时间性存在,此在此时

---

① 参见海德格尔《存在与时间》,第 333 页。

遗忘了死亡而期望什么？对此,我们必须根据时间性的非本真到时作进一步说明。

我们曾指出,有所遗忘的期望乃是时间性的非本真到时或放出(Ekstase)。但此在的(时间性)存在总是被抛的在世,因此,时间性以遗忘和期望样式到时,同时也不得不以当前化样式放出。有所遗忘的期望总是当前化的期望,而当前化也总是有所遗忘有所期望的当前化。海德格尔认为,这种"有所期望有所执持的当前化解释着自己"①。也就是说,非本真的时间总是解释着(auslegt)自己,在这种解释活动中统一到时。而解释是由"作为(als)"组建起来的,具有"把······作为某种什么"的结构。② 这种把······作为什么的解释活动是借当前化的环视进行的。因为只有在当前化这种时间样式中,才能让······作为某种什么出现。也就是说,只有当前化这一时间样式才具有"作为什么"这种解释结构。因此,非本真时间(时间性的非本真到时)解释自己,也就有两方面的意思:一方面意味着借环视活动而让存在者作为某种什么出现,另一方面则意味着根据周围作为某种什么出现的存在者来确定和筹划自己的存在。更明确地说,当时间性——此在的存在以非本真方式到时,也就是借"让存在者作为某种什么来相遇"这种解释活动到时,那么这同时也就意味着此在是根据周围来相遇的存在者是什么来领会、筹划和确定自己的存在:所期望所需要的是什么,能够期望什么;什么做了,什么错过了没做,什么正在做,什么将要做或将能做,等等。

非本真时间这么解释着自己,实际上也就是通过"让存在者作为某种什么出现"来排定时间(Datieren):而后(Dann),这事要发生,或而后,要做某事或能做某事;当时(Damals),这事已了结或应了结;先前错过的事,现在(Jetzt)应补做,或为了而后某事,现在需做某事。此在

---

① 海德格尔:《存在与时间》,第408页。
② 参见海德格尔《存在与时间》,第149页。

作为时间性存在以有所遗忘有所期望的当前化这种非本真时间到时之际,也就借作为某种什么出现的存在者来领会时间和排定时间。只要让存在者作为某种什么出现,或者说,只要有存在者作为某种什么出现,时间就这样解释自己或这样排定:而后是⋯⋯时候,当时是⋯⋯之际,现在是⋯⋯之时。比如,如果太阳不是作为无关联的自身存在,而是作为与光明、黑暗、地平线、山脉、星空、阴影等等现象处于环视关联中的东西出现,那么作为有所遗忘有所期望的此在同时就会据此解释自己的存在,也即进行定期:太阳升起之时,就是天明之际,而后就是启程之时,现在该作准备,整理行装,当时(太阳升起之前)没准备好,现在要赶快补做。

为了更清晰地把问题讨论下去,我们现在需要暂且作一个回顾和总结。我们在第三章曾说明,时间性有本真到时方式和非本真到时方式。当时间性以非本真方式到时,便展现为:遗忘了自身而有所期望的当前化。当前化就是让存在者作为某种什么出现。当前化是借环视活动让存在者进入关联中才让存在者作为某种什么出现的。而环视之所以能够让存在者进入关联中,从而让存在者作为某种什么出现,则是以此在遗忘了自身而有所期望有所欲求为前提的,也就是说,环视奠基于遗忘自身而有所期望之中。因此,当前化总是也只能是遗忘了自身而有所期望的当前化。当前化的到时,也就是非本真的时间的整体到时。而这在根本上意味着:当时间性以非本真方式到时,时间就显示为"让存在者作为某种什么出现"。更具体地说,这意味着,只有当时间性以非本真方式到时,存在者才作为某种什么出现;同时,只要时间性以非本真样式到时,时间就显示为让存在者作为某种什么出现。因此,海德格尔才说,非本真的时间解释着自己,在解释中到时,而时间在解释活动中到时,即显示为"让存在者作为某种什么出现",时间也就公开为自我解释的时间,即把自己解释为是某种什么出现的时候,或是某种什么将要出现或将能出现的时候,因而同时也就是:是做⋯⋯的时候。具体地说,非本真时间借环视的解释活动而公开为：而后是……时候，当时是……时候，现在是……时候。只要时间性以非本真方式到时，因而时间显示为"让存在者作为某种什么出现"，那么，时间就公开为：而后是……时候，当时是……时候，现在是……时候。因为存在者是在环视活动中作为"什么"出现的，而环视奠基于遗忘自身的期望之中，因此，作为"什么"出现的存在者总是作为所期望的"什么"出现。而存在者作为所期望的"什么"出现则意味着此在（时间性存在）将根据作为某种什么的存在者去领会和筹划自己的可能性存在。也就是说，此在是根据来相遇的存在者是"什么"来领会自己的可能性存在而持身于关联中的某种可能性。因而相对于这个（些）作为"什么"来相遇的存在者来说，也便总有"而后"将是或将能够……，同样也总有一个"当时"该或不该……，抑或错过或没错过……，而"现在"需要或不需要。比如，一旦我们把树木当作燃料，那么我们同时也就领会和持身于这样一种可能性，即我们能够利用树木取暖，因而，"而后"不用怕冷，"先前"错过了，不知道树木可以燃烧，"现在"要把树木砍倒，让它晾干。

更进一步说，非本真时间这样解释自己和排定（Datieren）自己，实质上是通过"让存在者作为某种什么出现"来计算时间。换句话说，时间的自我解释，也就是时间的自我计算。显而易见的是，时间的这种自我解释或自我计算需要有一个"参照系"，这就是作为某种什么来相遇照面的存在者。就存在者只有在当前化的到时中才作为某种什么来相遇照面而言，这种"参照系"是由时间本身给出的。时间就在给出"参照系"——作为某种什么的存在者——的同时计算着自己。正因为这个"参照系"是由时间本身给出的，具有时间规定性，才能据以计算时间。这一点我们前面已经讨论过。

现在我们需进一步说明的是，这种"参照系"并不是一个抽象的、绝对的、自在的参照系，而是生存世界的具体的"参照系"，是关联中的"参照系"。因此，根据这种"参照系"进行解释和计算的时间，是有"世界的意指结构",因而海德格尔称之为"世界时间"。① 那么我们如何来理解"参照系"是生存世界中即关联中的"参照系"？ 这里的"参照系"也就是作为某种"什么"来相遇照面的存在者。而存在者之所以能够作为"什么"出现,我们已经指出过,是以遗忘自身而有所期望的当前化为前提的。此在是在持守着无关联的可能性(死亡)之际作为自身存在,因此,此在遗忘自身也就意味着逃避或掩盖无关联的可能性。正是此在能够掩盖死亡,逃避死亡而遗忘空无,此在才能有所期望有所欲求,因而才能借环视的忧烦活动而确立起某种关联。存在者就在这种关联中作为某种什么出现。

至此,我们并未说明"参照系"的世界性,但已向这个目标逼近。我们在第三章第五节已说明,遗忘自身而有所期望的当前化乃是非本真的整体存在的可能性条件。换一种说法,是非本真的时间使沉沦在世(In-der-Welt-sein)成为可能的。而世界总是在世中展开出来的世界。在这个意义上说,正是遗忘自身而有所期望的当前化这种非本真时间的到时使沉沦在世的世界成为可能的,因而是世界之为世界的存在论结构,也就是海氏所谓的意指性整体(Bedeutsamkeitganze)。具体地说,所谓沉沦在世,也就是居身于(bei)世内存在者中而存在,即从作为某种什么的存在者那里领会自己的存在。而这显然必须以存在者能够作为"什么"出现为前提,因而必须以能够确立起某种关联的非本真时间为前提。因此,我们说,非本真时间是沉沦在世的存在论结构,正是它使沉沦在世的关联世界成为可能的。不是说,世界是"为了"(Umwillen)的世界,"为了"构成了世界之为世界的存在论结构吗?② 的确如此。只不过,这种"为了"在这里展现为"遗忘自身而有所期望的当前化",或说"为了"在这里作为非本真的时间到时。

---

① 参见海德格尔《存在与时间》,第 414 页。
② 参见第二章第二节有关世界的解释。

当我们确认非本真时间是世界之为世界的存在论结构,那么当存在者在当前化中获得时间规定性而作为某种什么出现时,也就意味着这种存在者是世界中的存在者,即受世界之为世界的存在论结构——意指性整体的规定,因而具有世界性(Weltlichkeit)。简单地说,作为什么出现的存在者总是所期望的什么,总是生存活动给出的关联中的什么。就此而言,"参照系"也总是生存关联中的"参照系"。正因为如此,根据任何"参照系",即根据任何作为某种什么出现的存在者进行领会和计算的时间,不管是"而后","当时",还是"现在",都是"是某种什么出现的时候",因而同时也都是"做……的时候"或"能做或该做……的时候。"也就是我们在第一章所说的"是其时(Die Zeit zu)"或"非其时(Die Unzeit zu)"。也就是说,根据有世界性的"参照系"领会到和计算出的时间总是有生存内容或世界关联的时间。在这里,时间还是有"内容"的时间,还是生存世界的时间,而不是抽象的时间流。

同时,必须指出的是,在这种生存性的"参照系"中,时间的整体性已开始显露出分化的倾向:时间性借"参照系"把自己解释为"而后"是……时候,"当时"是……时候,"现在"是……时候。只不过"参照系"在这里尚未从生存世界抽象出来,而仍是生存性的"参照系",也就是仍奠基在整体的时间(遗忘自身而有所期望的当前化)中,因此,从根本上说,而后(或当时及现在)仍是整体时间的而后。更确切说,这里的"而后"是整体时间中的期望样式的自我解释,而"当时"和"现在"则分别是整体时间中的遗忘样式和当前化样式的自我解释。在这种意义上说,"而后"、"当时"和"现在"在根基上仍是统一的,这种统一就体现在它们的"内容"是不可分割地联系在一起的。比如,"现在"是做……或不做……之时,总是与"而后"将是做……或能做……之时相关联,而且也与"当时"做了……或错过了……相联系。而后、当时和现在彻底分裂为将来、过去和现在,是发生在"参照系"被抽掉了生存内容或世界关联之际。在这同时,时间的世界内容也被抽掉、抹平(nivellieren),成了纯粹的只有量的规定性的时间。因此,时间的整体性关联也告中断而彻底分裂。现在我们需要具体来讨论这种抽象和抹平是如何发生的。

上面我们只是笼统地说明"参照系"的关联性与生存性,所强调的是,任何作为"什么"出现的存在者都是计算时间的"参照系";只要此在把存在者作为"什么",它就有意无意地以这一(些)存在者计算时间。但是,在众多的存在者中,此在通常和首先是借太阳这一存在者作为计算时间的"参照系"。

我们知道,此在向来就被抛进世界而沉沦在世,因而不得不与世内的存在者,即现成的东西和应手的东西打交道。也就是说,此在向来不得不让存在者作为某种什么来相遇照面。但我们同时知道,此在是借环视的忧烦活动让存在者作为某种什么出现的。此在只有借环视的忧烦活动才能让存在者作为"什么"来相遇而与之打交道。而这种环视显然要求一种可视见性(Sichtmöglichkeit),即光明(Die Helle)。① 也就是说,环视首先要求能够视见一种东西,即光明。只有视见了光明,环视才能视见其他东西并与这些东西打交道。因此,光明对于沉沦在世就有着特别的意义。

但是,这绝不意味着光明是先于环视活动而存在的一种无关联的存在者,相反,光明只有在环视中作为关联中的存在者,光明才是此在意义上的光明,才是使其他存在者成为可被视见的东西的光明。环视作为时间(生命意志)借以展示(到时)的官能活动,它总包含着有所视见的期望,即包含着视见的意向性结构;用海德格尔的术语说,环视总包含着意指性(Bedeutsamkeit)。只是相对于视见的这种意指(向)性,光明才显示出了对于此在的沉沦在世,即此在的日常存在有特殊意义。而且作为日常在世——时间性的非本真到时——此在首先发现,光明与日出总是处

① 参见海德格尔《存在与时间》,第 412 页。

于因缘关联中。① 也即是说,光明对于日常在世有着首要的意义,因此,此在总是特别"关注"光明这一现象,总是首先视见这一现象。更确切地说,在环视活动中,光明首先被"环"进关联中:不仅被置入与其他被视见的存在者的关联,而且最为明确地与日出处于关联中。从时间性到时的角度说,这也就意味着,当时间作为遗忘自身而有所期望的当前化到时,那么这种当前化首先就让光作为关联中的"什么"来相遇照面,而通常首先就让光与日出现象相关联。在这种当前化中,或说在时间性的非本真到时中,光通常首先被当前化,也就是首先被作为关联中的"什么"来相遇照面,而且通常是被作为与太阳的关联中的"什么"来照面。也就是说,在当前化中,首先作为关联中的"什么"来见面的是光,而这种"关联"通常又首先是光与太阳的关联。进一步说,在当前化中,光通常首先就是太阳送来的光,而太阳也总是送来光明的太阳。因此,当我们说,时间性的非本真到时(当前化)通常首先让光明作为关联中的"什么"来照面,也就等于说,当前化通常首先让太阳作为关联中的"什么"出现。而这也就意味着,时间性的非本真到时通常首先是以太阳作为"参照系"进行计算时间或排定时间。

如果对上面所述作一个整体的回顾,那么我们可以认为,时间性(此在的存在)的非本真到时虽然能够以任何一个(作为"什么"的)存在者为"参照系",但它通常是以作为放送光明的太阳为"参照系"。时间性借太阳这一"参照系"这样到时或说这样解释自己:现在日头当空,是休息的时候;而刚刚还是旭日东升,是工作的时候;而后太阳西沉,该回家了。时间性借太阳这一参照系解释自己,也就是时间性以非本真样式到时,即作为非本真的时间(遗忘自身有所期待的当前化)到时。在这种解释中,时间性把自己确定或计算为:是做……时候和不是做……时候。时间性借助于太阳及其运动位置的这种自我解释或自我计算对于相互共

---

① 参见海德格尔《存在与时间》,第 412 页。

在于同一天空下的每个人来说,都是可行的。因此,海德格尔认为,在时间性的这种自我解释中,时间被公共化(Veröffentlichung)了。① 由于时间的这种公共化是借助于特定的"参照系"才发生的,因此,这种在自我解释自我计算中公共化的时间也就显示出了对"参照系"这种既成存在者的依赖性而具有既成性质。这是时间走向物理学时间,即走向作为自在之流的时间的关键一步。随着"参照系"的人工化(抽象化),以之进行自我解释自我计算的时间也就越显示出其现成性和自在性。

在时间性以太阳作为"参照系"进行自我定期(Datieren)——自我解释自我计算——中,"生成出了'最自然的'时间尺度,即日"②。也就是说,在这种情况下,时间性是以日——太阳的东升西落来计算自己解释自己的。在这里,作为太阳东升西落的整体,日并不是时间本身,而只是时间尺度,即只是时间性借以非本真地到时或非本真地解释自己的尺度。最简单地说,时间性借日这一尺度这样解释自己:白天是干事的时候,而不是睡大觉的时候。显而易见的是,这里的"白天"并非时间,而只是天体(地球与太阳)运行的一段空间位移。在这一整段位移中,天一直是"白的",是亮的,因而称为日,仅此而已。只是当时间性(此在的存在)借助太阳的升降解释自己,日才成为时间的尺度。在这个意义上说,日作为时间的尺度,实质上也就是时间的标志:日(白天)标志着是做……的时候或不是做……的时候。在这种情况下,时间尺度与时间的生存内容仍有关联。正因为这种关联,时间尺度与时间本身仍是有别的。

但是,此在并不一直局限于以"自然钟表"计时,也就是说,时间性并不非得以太阳为"参照系"进行自我解释自我计算。海德格尔在谈到非本真时间(忧烦活动的时间)的到时时,认为此在也可以摆脱自然钟表而利用人工钟表,虽然这种人工钟表要能够执行公共计时,也必须依照自

---

① 参见海德格尔《存在与时间》,第 413 页。
② 海德格尔:《存在与时间》,第 413 页。

然钟表进行调整。① 事实上,古人早已摆脱直接根据天体运动解读时间的做法。比如古人利用垂直插在地上的竹竿投下的影子来计算时间:现在是一倍竹竿长的时候,现在是半竹竿长的时候,等等。这种计时法的精致化就是几乎所有民族都使用过的钟表:日晷。它的发展就是我们今天使用的钟表。

钟表的人工化、精致化同时也是时间性(此在的存在)借以自我解释自我计算的"参照系"的抽象化。我们知道,任何存在者之所以能够作为计时的"参照系",是以它获得时间性为前提的,也就是以非本真时间的到时为前提。因为只有在遗忘自身而有所期望的当前化中,存在者才作为"什么"出现,因而才成为计时的"参照系"。但是,钟表的人工化恰恰越来越掩盖了这一点。这种掩盖也可以看作一种抽象:把钟表("参照系")的生存内容或世界关联抽掉抹平,使之成为一种抽象的、绝对的、独立自在的"参照系"。根据这种抽象化"参照系"读到的时间的生存内容同样也因之而被掩盖、被抽掉。比如,在上面的例子中,从竹竿的影子读到的时间首先是现在是一倍竹竿长的时候,而后是一半竹竿长的时候……在"现在是一倍竹竿长的时候"这种解读中,掩盖了现在的生存内容,现在是由空间量度(一倍竹竿长)来标明或解释的。

于是,时间越来越成为依据一定"参照系"而计算到的空间量度。因为"参照系"的生存内容或世界关联结构一旦被抽掉抹平,那么"参照系"也就成了抽象的、纯粹空间的自在存在,因而据之而计算到的时间也只能是用空间量度来标明的时间,时间性的这种空间解释使时间的分割成为可能的。因为"参照系"作为没有生存内容的抽象的空间存在,可以无限分割,在这种"参照系"中,任何一个空间点一旦被解释为现在、过去和将来,它们也就随之被分割开来。

因此,我们可以说,时间由统一的整体走向互不相容的分裂是以"参

---

① 参见海德格尔《存在与时间》,第 415 页。

照系"的抽象化为前提的,即以抹去"参照系"的生存内容为前提的。而
从根本上说,则是以非本真时间的到时为前提。因为正是这种非本真时
间的到时使此在能够沉沦在世,也即使此在能够与作为"什么"出现的存
在者打交道而从这种存在者那里领会自己的存在;而此在正是在如此这
般地领会自己的存在当中,掩盖和遗忘了这种存在者恰恰只有在非本真
时间的到时中才能作为"什么"出现,从而才抽掉和抹去这种存在者的生
存内容或关联结构,使这种存在者成为抽象的、自在的"什么",并因而才
成为抽象化的"参照系"。

　　不仅如此,"参照系"的抽象化一方面使时间性的自我解释变成了时
间性的空间解释,即根据空间量度关系进行定期;另一方面,时间性的空
间解释使这种解释越来越变成一种纯粹的测量意义上的计时活动,而越
来越不在意于时间的生存内容或关联结构。海德格尔在解释时间如何
成为计算活动的所计之数时,这样写道:"给出时间的忧烦活动越'自然
地'计算时间,便越少持留于所道出的时间本身,而迷失于所忧烦的用具
(这种用具向来有其时间)。"①所谓"给出时间的忧烦活动"也就是时间性
借某种"参照系"进行自我解释自我定期的活动。它越"自然地"计时,意
味着它越成为一种纯粹的计算活动,因而越不在意于所计算的时间的生
存内容,时间因而越成为所计之数。由于"参照系"的抽象化,使得时间
性据之进行的自我解释自我定期成了纯粹的自我计算活动,时间就在这
种计算活动到时而成为所计之数。时间性的这种自我解释实际上就是
海氏所说的"迷失于所忧烦的用具",即从被作为"参照系"使用的用具那
里领会时间。在这个意义上说,时间作为所计之数,即作为物理学时间,
本质上就是工具性时间。

　　上面我们讨论了"参照系"的抽象化以及时间性的空间解释等问题。
结果表明,正是由于"参照系"——它可以是任何作为"什么"的存在

---

① 海德格尔:《存在与时间》,第 422 页。

者——的抽象化,使时间性的自我解释成了一种空间解释:借空间量度进行定期。而时间性的这种空间解释使时间性的解释活动成了纯粹的计算活动,时间因而成了纯粹计算的时间,即亚里士多德所说的"所计之数"。这样,我们也就基本上解释了物理学时间发生的存在论基础:物理学时间是以本源时间,更确切说,是以非本真时间为基础的。但是,为了充分显示这种解释的有效性,我们这里仍有必要根据海德格尔的思路来澄清一个问题:作为所计之数,物理学时间如何是无终的? 这也就是我们上面提出过的问题:如何从有终的时间性解释物理学时间的无终性?

我们已经证明,物理学时间是以非本真时间为基础的,是非本真时间的一种特殊(抽象)到时方式。因此,物理学时间的无终性(Unendichkeit)也必须据此来说明。而非本真时间的到时实际上也就是此在的沉沦在世。因此,海德格尔在解释物理学时间的无终性时,这样写道:

> 此在首先和通常是被抛沉沦着而沦失于所忧烦的东西。在这种沦失状态中(Verlorenheit)公开出此在有所掩盖地逃避它的本真生存,这种本真生存曾被标识为先行的决断状态。在这种有所忧烦的逃避中逃避着死亡,也即转头不看(Wegsehen)在世的终结。……沉沦着的日常此在的非本真时间性这样无视有终性,因而它必定从根本上错识本真的将来,从而错识时间性。沉沦着的此在"表象(Vorstellung)"的是公共时间的"无终性",唯当此在的流俗领会受常人的引导,这种遗忘自身的"表象"才得以巩固。①

此在沉沦在世而沦失于所忧烦的"什么"。我们已经知道,这种沉沦是以非本真时间性的到时为前提的,也就是以"遗忘自身而有所期望的当前化"为前提。这里的"遗忘自身"不是指别的,就是指掩盖和逃避死亡。因掩盖了死亡,才能有所期望,因而才能当前化——让……作为"什

---

① 海德格尔:《存在与时间》,第 424 页。

么"出现。就此而言，沉沦在世以掩盖和逃避死亡为前提。因而海氏才说，在沉沦中公开出了对本真生存的掩盖与逃避：这里的本真生存也就是领会着死亡而存在。非本真的时间性如此这般地包含着对死亡的掩盖与逃避，在海德格尔看来就是无视有终性。

由于非本真的时间性掩盖和逃避死亡，因而它的到时并不显示死亡，不显示无，也就是说，对于作为非本真时间性到时的时间来说，并没有终结，不会不在，因而它是无终的。随着"参照系"的抽象化，时间性的自我解释越成为纯粹的自我计算，从而被彻底抹平、抽掉生存内容，时间的无终性也更显示出是一种客观的自在的无终性。

由于非本真的时间性通常和首先是借助于太阳这一"参照系"到时（自我解释或自我定期）的，因而这种无终的时间同时也是一种公共的时间。而且只要时间性是作为非本真的时间性到时，时间性就显示为无终的公共时间，更确切说，显示为可以无限计算下去的公共时间。从此在的角度说，这意味着，只要此在作为常人而沉沦在世，或者如海德格尔所说，此在的存在领会是由常人引导的，此在就只有无终的公共时间，它就只能领会或"表象"到这种无终的时间，并且只要作为常人，它就巩固着这种"表象"。作为日常角色，即作为沉沦在世的常人，我们总是不情愿有生老病死，总期望"到头来总还有时间（Bis zum Ende hat es immer noch Zeit）"。海德格尔认为，这种期望"总还有时间"实际上就是期望"能沦失（Verlierenkönnen）"，即能继续沦失于忧烦之物或忧烦活动，也就是期望能一直与他人他物继续打交道。因此，作为常人的此在总是这样理解和解释自己的存在（在世）："现在才刚这样，而后也还只这般，然而接下去只是……"①总之，总还有时间。死亡、终结只是偶然不幸撞上的事件。就像伊凡·伊里奇在临死之前，还根本不愿相信自己要死了，他愤愤不平地估算着：现在我才刚坐上三品文官的位子，而后也还只是

_____

① 海德格尔：《存在与时间》，第 425 页。

我仕途的一个转折,然后有许多事情要处理:要上班,要批示重要文件,要接见各路有身份的来访者,等等。因此,我怎么会死呢?肯定搞错了,我不能死,也不会死,我还有时间。[1] 日常此在就是如此这般地解释着自己的存在,解释着"总还有时间"。

在这里,不是时间的有终性得到领会,相反,时间被领会为不断到来且可以无限取用的东西。谁死了,只是意味着此人碰上倒霉事件,被摔出了不断前行的时间之流外面,而再也领受不到时间流带来的万事万物。对于这种不断前行而无终的时间来说,个人生死微不足道,简直毫无意义!然而,这只是人类的一种思维(知性)幻想。从上面的解释中可以看出,情况恰恰相反:那种无终的时间恰恰奠基于此在的生死之中,即奠基于此在的本源的时间之中。

第三节 空间存在的时间性解释

从上面对物理学时间所做的时间性解释中可以看出,物理学时间的到时(产生和出现)与空间存在密切相关。正是由于"参照系"被抽象化为纯粹的空间存在,时间性据之进行的自我解释才成了空间解释,从而才成为一种空间量度的计算活动。因此,为了使物理学时间的时间性解释更为彻底,我们有必要对空间存在做出时间性解释,而这必须从此在本身的空间着手。因为正如我们只有在生存论上弄清此在的存在(生存),才能在存在论上理解非此在式存在者是如何存在的一样,我们必须澄清此在本身的空间存在,才能解释其他存在者的空间关系。

那么,此在的空间性(存在)是什么意思呢?海德格尔在谈到此在的空间性时认为,如果空间性是此在的存在性质,那么我们就必须根据此在的存在方式来理解此在的"在空间中存在"这种存在性质。[2] 而此在首

---

[1] 参见列夫·托尔斯泰的中篇小说《伊凡·伊里奇之死》。
[2] 参见海德格尔《存在与时间》,第 104 页。

先和通常以被抛的沉沦在世这种方式存在着。因此,海德格尔说:"此在只是作为实际沉沦着的生存活动这个意义上的忧而存在,此在才能够成为有空间的。从反面而言,这等于说:此在从不,甚而从不首先既成地存在在空间中。"①在海德格尔看来,此在只是在沉沦的生存活动中才存在于空间,才有空间;也就是说,只有在沉沦的生存中,此在的存在才具有空间性,或说空间性才是此在的存在性质。对于此在来说,正如它的所有存在性质都是生存性质一样,它的空间性也是在生存活动中到时(展示出来)的。因此,此在有空间,或说,此在存在于空间中,绝不意味着此在既成地存在于某个空间里。具体而言,此在存在于空间中,并不意味着有一个既成的空间,等着此在进去或退出,似乎此在可以存在于这个空间中,也可以不存在于这个空间中;更不是指此在既成地存在于由身体充满的空间里,既成地存在于一个空间里的东西本身一定是一个既成存在者,它的空间可以这样得到规定:包围着它的空间的界限就是其空间的空间规定性。

此在的空间则不能据此得到规定。严格说来,我们只能说,此在存在着空间或生存着空间。在这一点上,我们对世界作过的说明同样适合于空间。不过,这里我们还是引海德格尔的话来具体说明,"此在占取(einnehmen)着空间。它绝非只是既成地存在于由身体充满的空间里。此在向来就在生存着之际整理(einräumen)出一个活动空间(Spielraum)。它向来这样规定着自己的处所(Ort):它从它所整理出的空间回到它所订据(belegt)的'位置(Platz)'上。"②此在的空间是此在取得的空间,是在其生存活动中整理(einräumen)出来的空间。③ 只有当此在整理出空间,此在才能确定自己所处的位置。一个广延物的空间与此

---

① 海德格尔:《存在与时间》,第 367—368 页。

② 同上书,第 368 页。

③ einräumen 的前缀 ein 具有"进去"的意思,而 räumen 则与 Raum(空间)同根,具有"让出"或"腾出地方"的意思。海氏这里试图借此表达出这双重意思:让出空间同时也就是进入空间。

在的空间之别不在于此在能知道或表象空间,而在于此在的空间是由此在的生存活动整理出来而取得的,至于广延物的空间则是在此在整理出来的空间中得到揭示和确定的。此在能表象空间以它整理出了空间为前提。

上面海德格尔从反正两面解释了此在的空间存在,这一解释给我们留下了这样的印象:此在并不具有既定现成的空间,而只有此在自己整理出来的空间,即只有生存性的空间。如果说此在的沉沦在世是被抛的生存,那么这也就等于说,此在是且不得不是存在于空间的。因为此在不正是在这种被抛的生存中整理出空间而存在于空间中的吗?因此,此在的空间性存在不意味着别的,就意味着此在在其沉沦在世的存在中是且不得不总是整理出自己的活动空间。

现在进一步的问题是,此在如何整理出空间,如何取得空间?

这是我们为了完成对空间存在作时间性解释这一任务而必须提出和回答的问题。我们将看到,此在这种整理空间的活动是以时间性为其可能性前提的。

这里我们必须首先澄清整理活动的组建结构。海德格尔认为,"此在的整理(空间)活动是由定向(Ausrichtung)和去远(Entfernung)组建的。"[1]这就是说,整理空间的活动是经由去远和定向两个环节进行和实现的。需要指出的是,这两个环节并不是分离的,而是不可分割地组建着一个整体——整理活动;它们也不具有时间上的先后,在整理活动中,它们同时发挥作用。就此而言,我们不妨说,这两个环节只是海德格尔用来描述空间现象(显现)的两个着眼点。现在我们必须把它们在海德格尔那里的具体内涵逐一清理出来。

在规定去远时,海德格尔强调:"我们是在积极的和及物的意义上使用去远这个词。它指此在的一种存在情态……去远说的是使远离

---

[1] 海德格尔:《存在与时间》,第 368 页。

(Ferne)消灭,也就是消除某物的远离状态(Entferntheit),而把它带近前来(Näherung)。此在本质上去远着(entfernend)而存在,它作为它向来所是的存在者让存在者的东西到近处来相遇照面。去远揭示着远离状态。"①

概而言之,去远也就是去除、消解远离或相距状态,而把存在者带近前来相遇照面。就此而言,去远等于说"把事物带近前来相遇照面"。但是,显而易见的是,去远之所以能够把某物带近前来相遇照面,必须以能够让……作为某物(某种什么)来相遇照面为前提。如果我们不能够让存在者作为某物来相遇照面,也就谈不上把某物带近前来照面。而我们知道,只有非本真时间性的到时,即遗忘自身而有所期望的当前化到时,才能让……作为某物来相遇照面。这意味着去远以时间性的到时为前提。而这进一步的意味则是,必须根据时间性去解释空间存在与空间关系。这一点很快就会展现出来,现在需要根据上面的解释进一步讨论去远是如何整理出空间的。

去远以非本真时间性的到时为前提,这在根本上等于说,去远作为把某物带近前来相遇照面不是指别的,就指让存在者进入关联整体(意指整体)。因为非本真时间性的到时就意味着让存在者进入关联中从而作为某物来相遇照面,而存在者也只是在非本真时间性的到时中才进入关联整体而作为某物出现。因此,我们可以进一步说,去远之所以能去除某物之远而使之近到前来照面,就在于去远是奠基在关联整体中,是以关联整体为根据(前提)的。

正因为去远是根据关联整体进行的,因此,去远就在如此这般地把某物带近前来相遇照面之际揭示和确定某物的远近和可能的位置。根据关联整体进行的去除某物之远,并不是把某物移到此在的身体跟前,使之与身体只有较小的距离。相反,去远恰恰是要不在意于事物与此在身

---

① 海德格尔:《存在与时间》,第 105 页。

体的相距状态,使这种相距状态消失不见(Verschwindenmachen),而只在意于让事物进入关联中作为某种什么来相遇照面。去远的"把某物带近前来"的"近"并不是指距离(Abstand)意义上的近,而首先指能够进入关联中作为某种什么来相遇照面。"近"就近在能相遇照面,而不在距离的小。能相遇照面者,则天涯若比邻;不能相遇照面者,则咫尺如天涯。在实际生活中,距离上离我们最近的东西,从关联角度说恰恰可能是最远的东西。如鼻梁上的眼镜,它离我们最近,可是在通常情况下,它恰恰被排除在环视之外,因而并不作为环视关联中的"什么"来相遇照面。

因此,海德格尔认为:"通常所谓'最切近的东西(Nächste)',根本不是距离上离我们最近的东西。这'最切近的东西'指的只是在平常的触及、把握和洞见的范围内被去远的东西。"①因而,如果说此在在其忧烦活动中把某种东西带到近处,那么这绝不意味着把这种东西确定在这样一个空间的地点上,这一空间地点离身体的某个点距离最近。在近处说的是"在首先环视到的应手东西的环围(Umkreis)中"②。某物与此在以及其他存在物的距离(相距状态或空间关系)只有当该物"在近处"而被去远,即只有在环视的环围中,才能得到揭示和确定。因为被去远而进入环视的环围中,才意味着进入关联整体。而任何存在者只有在这一关联整体中,才能作为某种什么出现,而且它与包括此在在内的其他存在者的相距状态(空间关系)也才能得到揭示和确定。存在者如果不进入关联中,那么它什么也不是,它的"远近""长短"也无法得到标志和规定。正如不存在无关联而又是某种什么的存在物一样,也不存在无关联的空间属性。任何空间属性都是一种空间关系。拿我们上一节举的例子来说,竹竿影子的长短是在与竹竿的关联中得到揭示和确定的,而竹竿的位置与长短则又是在与其他存在物的关联中显示出来的。竹竿自身无

---

① 海德格尔:《存在与时间》,第106—107页。
② 同上书,第107页。

长短,作为自身,竹竿就是竹竿,仅此而已。

去除某物之远而把它带近前来(Näherung)相遇照面,这同时也是一种定向活动(Ausrichtung)。也就是说,去除某物之远,也是给某物定向,或说让某物定向。所谓定向就是对准……瞄准……。给某物定向指的就是对准某物,瞄准某物。去远要把某物带近前来相遇照面,显然必须对准该物,关注该物。存在物就是在这种对准、关注中来相遇的。在这个意义上说,去远必须具有定向的性质,也就是它必须能够对准或关注某物。而对准或关注必定是从……对准或关注,即是说,对准必须有所根据。对准总是从某种场所(Gegend)出发瞄准某物,或说,总是以某种可能的场所为准而瞄对某物。这个场所不是别的,就是由关联(意指)整体借环视活动先行揭示出来的环围或视界。作为非本真时间性的整体到时,关联整体总是要先行展示出一个视界;在这个视界中,存在者存在于种种具体的可能性关联中,因而它既有可能是这种"什么",也可能是另一种"什么",既可能在"这里",也可能在"那里"。以关联整体为根据的去远活动就从环围或视界中获取具体的"角度"或方向(Richtung)去对准存在物,或说从某种场所出发对准存在物,从而让存在物从这个方向或角度来相遇照面,也即把存在物从这个方向带近前来。存在物只有从某种方面或角度才作为具体的存在物来相遇照面,而奠基在关联整体中的去远活动也总是从关联整体所先行揭示出来的视界(场所)那里获取具体的可能性方向和目标,根据这种方向把存在物带近前来相遇。用我们平常的话说,我们看见某物,总是有意无意地以某种可能的角度关注它;对于我们"所能看见的东西",如果我们不从某种相关的角度去看它,或许它并不进入我们当下的具体关联(意指)中,那么,我们对它常常就熟视无睹,也就是我们并没有把它带近前来照面。在这个意义上说,去远活动总是具有定向性质,它总有所对准,有所瞄向。[①]

———————————————
① 参见海德格尔《存在与时间》,第 105 页。

　　如果说,去远活动侧重于从"带近前来相遇照面"这个角度来解释整理空间活动(Einräumen),那么定向则是从"来相遇照面的方向"这个角度来说明空间是如何整理出来的。而在根本上说,去远和定向都是从关联(意指)整体出发解释空间的生存性质。根据上面对去远和定向的解释,我们可以认为,此在是这样整理出空间的:借去远活动去除存在者之远而把它带近前来相遇照面,同时经由定向活动让存在者以某种(受关联整体规定的)可能性方向来相遇照面。由于去远活动,此在才把存在者让进关联中而把它带近来相遇照面,从而才能揭示出存在者与此在的距离状态,以及与其他同样来照面的存在者的相距状态;同时由于定向活动,此在总是让存在者进入关联中而以某种具体的方向(角度)来相遇照面,因而才显示出存在者的那里和此在自己的这里,以及相对于这一存在者来说,其他来照面的存在者的"方位"。

　　此在借去远和定向而进行的这种整理活动表明,此在是在让存在者进入关联整体中才能揭示和确定存在者的空间关系。换句话说,存在者仅当它借整理空间活动而进入关联中,它才有空间关系,才有空间。设若存在者是在无关联中来相遇,也就是在当下(本真时间性的到时样式)来相遇照面,那么存在者就只是它自身,它什么也不是,它没有长短,没有距离,没有广延,因而也可以说,它是无(Nichts, nicht Seiendes)。在这个意义上说,整理(空间)活动就是一种"给予空间(Raum-geben)"或"赋予空间"的活动。① 这有双重意义:既指给来相遇照面的存在者以空间关系,同时也指给此在自己确定位置。因为此在在揭示和确定了来照面的存在者的那里,也就同时领会了自己的这里。因而,此在在给来相遇的存在者以空间关系之际,同时也就确定了自己的位置。这就是整理(空间)活动的全部内涵,也就是此在的空间性(存在)的全部意义所在。

　　但是,这一结论的进一步意味则是:此在特有的空间性必定奠基于

---

① 参见海德格尔《存在与时间》,第 111 页。

时间性。① 我们前面已经指出,整理(空间)活动要从某种方向把存在者带近前来相遇照面,必须以"遗忘自身而有所期望的当前化"这种非本真时间性的到时为前提。只有当时间性以当前化这种时间样式统一到时,此在才能让存在者进入关联中作为某物来相遇照面。实际上,我们不妨可以说,整理(空间)活动只不过是时间性以非本真方式到时而展开出来的一方面内容。这并非意味着要从时间演绎出空间,而只是从根本上表明,此在的空间性存在——此在自己的位置和来相遇的存在者的空间关系、空间形态,必须从时间性得到解释,也只能从时间性得到解释。如果说物理学时间本身包含着对时间作空间解释,那么从我们对此在获取空间的说明则意味着必须根据时间性才能解释空间的存在。不管是此在的位置,还是存在者的方位,都只有根据时间性的到时,才能得到解释和确定。

这里显得最为困难的是如何对存在物的空间形态作出时间性解释。存在物以什么样的空间形态——规则的形式,如圆、三角形、四方形等,还是不规则的形式,如无规则的曲线或混合形状——出现似乎与时间性并无关联。然而,事实上并非如此。只需我们翻开曾被认为空间艺术史的绘画史,这一点变得显而易见。如果说对于古典的画家而言,存在物总是以近似于欧几里德几何的空间形式来相遇照面,那么对于现代(印象画派和抽象画派)画家来说,存在物恰恰是以不规则的、甚至是模糊的空间形式来照面。在我们看来,存在物的空间形态在画家眼中的这种变化,绝不是艺术家随意虚构的结果;画家只不过是把这种变化传达和揭示出来罢了。换句话说,现代画家所传达的是存在物的现代空间形态。这种"现代空间形态"实质上是现代此在对空间的一种解释,也可以说是时间性到时的结果。在这个意义上说,我们不妨也可以把绘画看作是人类对空间存在的先行揭示和时间性解释。现代绘画对空间形式的模糊

---

① 参见海德格尔《存在与时间》,第 367 页。

化本身就已凸现了这一点。

第四节　永恒与时间性

我们在第一章指出,形而上学是以认同和排斥物理时间为前提的。这有两层基本意思:形而上学继承了"物理学"的追问方式,从而认同了"物理学"所领会的时间,因为"物理学"就是在它的基本追问方式(Warum)中领会时间的,因此,对于形而上学来说,时间就是物理时间;但是,形而上学认同物理时间,并不意味着形而上学接受物理时间,相反,它倒恰恰是要把这种物理时间排斥到自己的领域之外。换一个角度,可以更明确地说,形而上学是从与物理时间及其支配的"现象世界"完全相反的方向去领会自己的领域,物理时间及其支配的世界是什么,形而上学自身就不是什么。因此,形而上学领域与(受时间支配的)"现象世界"实际上总是相对立又相应照的。这一点在形而上学传统的永恒(Ewigkeit)概念中显得尤其突出,我们甚至可以说,必得根据传统的物理时间去理解传统的永恒概念。

因此,海德格尔在谈到传统的永恒时认为,"传统的永恒概念的含义是'持驻着的现在'(stehendes Jetzt),这一概念是出自流俗的时间领会,并且是按'持驻的'(ständige)现成性观念为方向得到界定的……唯当上帝的永恒被哲学'构造'起来,这种永恒才被理解为本源的和无终的时间性"①。

我们曾说明过,物理时间本质上是一个现成的、自在的现在之流。②在这种时间"流"中,过去已不在,将来尚不在,只有现在才在着,或者说,只有现在在场(anwesen)。而这在深一层的意思则是,现在是由"尚不现在"(Noch-nicht-jetzt)孕育出来的,也即是由尚不在场的将来孕育出来

---

① 海德格尔:《存在与时间》,第 427 页注①。
② 参见第一章对亚里士多德时间定义的分析。

的,而且马上就成为"不再现在"(Nicht-mehr-jetzt),即成为不再在场的过去。正是因为"现在"如此这般地流变——刚在场又马上不再在场——才不断改变着"现象世界","腐蚀"着万事万物,使事物既存在又不存在。因此,如果说有什么东西是永远存在着(ist)的,或者说,它是不朽的,它永远在场,那么这种东西就必定没有过去,没有将来——因为过去和将来都不在场,而只有现在,而且必定是"持驻(stehen)"于现在,也就是把持着现在而驻身于现在,不让现在"马上不再现在",而让现在持存着,或说让现在不"流变"。这种东西也就是形而上学通过追问"为什么"而要寻找的最后根据(Grund)。只有总是在场的东西,也就是只有持驻于现在的东西,才能成为一切存在者的存在根据。这种总是在场的东西,这种持驻于现在的最后根据,就是在形而上学传统中被视为永恒的东西。这种在场性就是它的永恒性,它的永恒性也就是在场性。在这个意义上说,传统的永恒性概念的含义就是"持驻着的现在",就是永远的在场。

但是,把持着现在而不使现在"马上不再现在"也就意味着取消(物理)时间,或者说是"挡住"时间,"跳出"时间,因为物理时间是在现在的"刚还不在"和"马上不再在"的迭变中流逝着,从而催促着"现象世界"的变化。"现在"一旦被把持住,一旦被"钉住","现在"也就不再是"刚还不在"和"马上不再在"的现在,也就不再是物理时间的现在,而成了永远的在场,成了永恒本身。因此,形而上学的永恒一方面源自传统的时间领会,另一方面完全是无时间的存在,时间完全被排斥在永恒之外,正如时间完全被排斥在形而上学所追求的本质世界之外一样。正因为时间被"挡住",被排斥在外,永恒的东西才永远在场,才不朽。

我们可以对上面的分析作这样的概括:只要时间是物理时间,那么永恒就是非时间的;而在形而上学的视界中,时间就是物理时间,因此,形而上学传统的永恒总是非时间的永恒,或者更明确地说,总是在时间之外而与时间相对立的永恒。在哲学史上,我们都熟悉这样一种观念:

本质世界就是永恒世界,永恒世界则是非时间的世界。

如果说海德格尔对物理时间所作的时间性解释是成功的,或者至少在方向上是正确的,那么也就意味着他给出了一个理解永恒的新视界。既然永恒是从与物理时间及其世界相反的方向得到领会的,而在海德格尔哲学中物理时间却又奠基于本源的时间性,因此,我们当然有必要进一步从这种本源时间性的正面角度抑或与这种时间性相反的方向去重新理解永恒。

从本源的时间性——不管是本真的时间性还是非本真的时间性——角度而言,虽然有非物理时间的东西存在,却并不存在无时间性的东西。因为任何存在者,不管是作为其自身存在,还是作为某种什么而存在,都是从时间性以当前样式统一到时为前提的,也就是以"让……来相遇照面"为前提,这绝不是认为时间先于存在或优越于存在。我们只是从时间性到时的角度去说明"如何有(给出)存在(Wie gibt es Sein)?"时,存在才以时间性的到时为前提。但是,如果我们"倒转"过来,从存在的角度去说明"如何有(给出)时间(Wie gibt es Zeit)?"那么时间倒是以存在为前提。在海德格尔看来,存在必得借时间显示出来,而时间则必得作为存在的显示或放出(Ekstase)而到时。如果说在刊行的《存在与时间》一书中,海德格尔试图从此在的时间性角度去思考"如何有存在"这一问题,从而澄清存在的真正意义,并借此克服形而上学传统对存在与存在者的混淆,那么从 30 年代前后开始对存在的真理问题的讨论,则是试图从存在的真理方面来充分规定此在的本质(Wesen),也就是从存在的方面思考"如何有时间?"从而进一步"说明"此在之在的天命性质:此在之在,即时间性的到时是命定的,而绝非海德格尔或任何一个个人的主观愿望或主观需要使然。① 这也就是迄今仍颇有争议的"转向"问

---

① 以上解释可以参阅海德格尔致 P. Richardson 的信,参见 Richardson 的《海德格尔——从现象学到思想》一书的前言,X-XXXIII,The Hague:Nijhoff,1974。

题,这里我们暂且按下不提,而只从上面的解释中获取有关存在与时间的根本关联的领会,以便继续讨论时间与永恒的问题。

因此,就本源的时间性而言,有非(物理)时间的东西存在并不意味着存在无时间性的东西。任何存在者,即使它没有物理时间,比如永恒的东西,只要它存在,那么它就是时间性的存在,它就在时间性的到时中显示其存在。现在我们要进一步追问的是,永恒的东西如何显示其时间性? 或说,永恒的东西如何在时间性的到时中显示其永恒?

永恒的东西之为永恒,正如上面的分析已经指出,首先意味着它是非物理时间的存在,因而它是"不变的",而这在根本上等于说,它永远是它自身,它永远作为它自身存在。如果永恒的东西是某种什么,而不是它自身,那么永恒的东西将不再是永恒的。就如柏拉图所言,美的东西就是美本身,而不是美的姑娘,美的花朵,或美的陶罐;树就是树自身,而不是杉树,柏树,抑或大树,小树。如果美就是美的姑娘,树就是杉树,那么美将不美,树将不树。只有在时间性的本真到时中,存在者才能作为其自身存在,才能作为自身来相遇照面。所谓时间性的本真到时,也就是时间性以当下(Augenblick)样式统一到时,这种到时展示出:持守且不得不一直持守死亡而让……存在。因此,如果永恒的东西只能是作为其自身存在的东西,那么这种永恒的东西就只能是在当下来相遇照面的存在,只能在时间性的本真到时中显示出来,也就是说,永恒的东西只是在当下才达到永恒,才显示其永恒。在海德格尔之前这一思想其实已为一些哲学家所揭示。比如谢林在其"艺术哲学"中,尤其是在"论造型艺术与自然的关系"一文中,就一再明确认为,艺术家只是在当下才体悟、把握到纯粹的存在,即永恒。① 但是,只是在海德格尔这里才对当下作出存在论(生存论)解释,从而才从根本上消除当下与永恒的神秘色彩。当下不再是个别人的"精神境界"或"艺术状态",而是此在时间性的本真到

---

① 参见谢林《艺术哲学文选》,1982 年德文版。

时，或者说，是时间性的一种可能的到时样式。

显而易见的是，在当下才来相遇照面的永恒虽然没有物理时间意义上的"过去"和"将来"，甚至严格说起来，它也没有物理时间意义上的"现在"，但是，它却有本源时间意义的已在和将来。因为时间性的到时总是整体而统一的到时，当它以当下样式到时，已在（本源的过去）和（本源的）将来则分别以重演自身和先行到死亡（而持守着死亡这种可能性的）样式一起到时。时间性只有持守着死亡而重演自身，才能让……存在，即才能以当下样式到时。当下（本源意义的现在）并不是由尚不在场的将来孕育的，（本源意义的）过去和将来与当下一起在场。在这个意义上说，在当下显示其永恒的东西具有过去、现在和将来，只不过不是物理时间意义上的"过去""现在"和"将来"，而是本源意义上的、不可分割的过去（已在）、现在（当前）和将来，这种整体的时间就是时间性的统一到时。因此，永恒的东西同样有时间性，同样存在于时间中——整体的时间中。

就在当下来相遇照面的是也只是存在自身而言，那么永恒也就是存在，因为永恒的东西只是在当下才显示其永恒，才来相遇照面；同时，存在也就是永恒，因为存在只有在当下才存在，才显示出来，而在当下显示（来相遇）的存在是且总是存在自身，或说，是且只是作为自身的存在。因此，我们说，存在是永恒的存在。

"存在是永恒的存在"这本是一个老话题，并无新意，更非什么大不了的发现。但是，在海德格尔这里，却别有一番深意在里头。它在根本上意味着存在是在当下这种本真时间中给出（Es gibt）的，或说是在当下显示出来的。而这在更深一层的意思则是，永恒的存在并非总在场，因为时间性既可以（kann）以本真方式到时（存在据此出场），也可以以非本真方式到时（存在因此隐遁不显）。正因为时间性既能以本真方式，也能以非本真方式到时，此在才有历史（Geschichte）。而从历史的角度看，永恒的存在也才既可能是连续的，又可能是断裂的。历史并无一种常显不隐、贯彻始终的"大道"。"道"是永恒的，并不意味着"道"是常显不隐的。

第五章　克服与经受形而上学

存在问题是海德格尔终其一生所探讨的问题。这一问题对他来说之所以如此迫切和如此重要，是因为在他看来，哲学虽然以这一问题为对象，但是实际上却一直耽误了这一问题。因为以往的哲学一再把存在者错当作存在本身。因而哲学也就成了形而上学——科学之科学。在海德格尔看来，作为存在问题的迷误，形而上学形成于柏拉图而结束于尼采。时至今日，形而上学已充分得到了完成，它的各种可能性已被西方哲学史发挥殆尽，以致它或者不再有问题，或者必须以全新的方式去思考才成为问题。由是，尼采思想作为西方形而上学的完成与终结也就是一种决断(Entscheidung)。[①] 这就是克服形而上学。当海德格尔从自己的思想视野指出形而上学在尼采那里的完成与终结，那么他并不只是道出了一个历史事实，他同时也把克服形而上学这一任务摆到了思想的前面，甚至可以说是摆到了人类此在的前面。

那么，如何克服形而上学？克服形而上学是什么意思？它与我们前面所分析的时间问题有什么关系？

[①] 参见海德格尔《柏拉图的真理学说》，法兰克福，1954年，第二版，第50页。

第一节　克服（Überwinden）、经受（Verwinden）、消解（Destruktion）

"克服形而上学"这一任务绝非海德格尔第一次提出的，在现代哲学学派中，也并非海德格尔的独家"旗号"。在20世纪哲学舞台上曾扮演过重要角色的分析哲学，作为一个整体学派，其最大的特点不正是以拒斥和克服形而上学为己任吗？所不同的是，在分析哲学那里，克服形而上学就在于通过净化语言来澄清语言的误用，从而消除由语言的误用而导致的形而上学问题。而对于海德格尔来说，问题就并不这么简单，在海德格尔看来，语言对于克服形而上学固然不是无关紧要的——因此他在其哲学活动的中后期总是力图摆脱形而上学语言的束缚而从荷尔德林的诗中寻求突破——但是，并不能把克服形而上学归结为语言问题：好像换了一套比如诗化语言或"人工"语言，就可以摆脱形而上学。

实际上，正如"我们既不能把今天的技术世界当作魔鬼的事业放弃它，也不能因它不关心自身而否定它"[1]一样，对于与现代技术密切相关的形而上学，我们也不能够简单地以抛弃的方式克服它或摆脱它。"形而上学并不能像抛弃一种观点那样被放弃。人们绝不能把它当作一种不再信奉和不再为之辩护的学说而置之身后。"[2]形而上学的产生及其展开并不是语言实践的结果，更不是人类思维的一种幻想，或像有的人喜欢说的，是思维的一种幻觉，而首先是存在的一种可能的到时方式——在这种到时方式中，存在被作为存在者（恒常的在场者）来领会。就此而言，形而上学传统乃是存在的一种命运（Geschick），当然也可以说是西方历史此在的命运，因而甚至可以说是当今人类此在的命运。因为如果没

---

① 海德格尔：《同一与差别》，图宾根，1957年，第33页。
② 海德格尔：《报告与讲演集》，奈斯克，1954年，第72页。

有形而上学对同一律（der Satz der Identität）和根据律（der Satz vom Grund）的维护与推动，也就不会有科学和现代技术；而随着科学与现代技术越来越成为整个地球的唯一的共同事业，形而上学也越来越规定和铸造着整个人类此在的本质（Wesen）。作为存在问题（追问存在）的一种迷误，形而上学的产生、形成直到完结，并不是某个或某些哲学家个人的主观愿望使然，这里面有天命或命运（Geschick）的运作。哲学家作为此在，向来是被抛的存在。思想是命定自由的。但是，这一点恰恰由不得思想。因此，当海德格尔通过分析柏拉图的"洞喻"（Das Höhlengleichnis）而把柏拉图的真理学说确定为形而上学形成的契机时，①这绝不意味着要把形而上学的形成归结为柏拉图个人的思想错误，好像只要柏拉图当时谨慎一些或考虑得周密一些就可避免形而上学的迷误似的，因而要柏拉图担当起形而上学历史的最初责任。同样，今天的哲学家指出形而上学的终结，也并不是哲学家个人的心血来潮，或突发奇想；而克服形而上学的任务也绝非通过找出哲学家的"错误"，或者使用一套"纯净"的语言就能完成得了的。以为找出传统哲学的"错误"或某些陈腐教条就能克服形而上学，或者据此认定必须放弃传统哲学而开始另一种新型哲学，这种想法只能被看作是出于对哲学的一种肤浅理解。

如果非得在抛弃或拒斥意义上讨论克服，那么作为形而上学史的传统哲学，不管是就它的课题，还是它的思想而言，都是不可克服的。作为形而上学的历史，传统哲学不会成为过去的东西，它并不会因被挑出错误就成了过去的东西而被置诸脑后，它倒一直是当前地（Gegenwärtig）存在着，一直在场着。形而上学作为存在的一种到时方式，已融进了存在在其中显现的时间视界（Horizont）而不可能从中被消除出去。因此，要真正克服形而上学，就必须在承受（Erleiden）意义

---

① 参见海德格尔《柏拉图的真理学说》。

上经受(Verwinden)形而上学。海德格尔曾这样评价克服形而上学，"克服形而上学是从存在的历史角度加以思考的。这种克服标明要从本源处经受对存在的遗忘。""只是被当作经受来思考，克服才是值得关注的。"①

伽达默尔对此曾做过这样的解释，在海德格尔那里，克服形而上学并不意味着把形而上学置之身后而摆脱形而上学的古老传统，"毋宁说，正如海德格尔以其无与伦比的思想方式和语言所表明的那样，克服形而上学同时也就是经受形而上学。人们经受某事，并不是简单地把它置之身后了事。比如，人们经受某种丧失之痛，就并不只是一种逐渐的遗忘过程和忍受过程，更确切说，这种经受并不是忍受，不是慢慢地减轻伤痛，而是在意识中承受(Erleiden)这种伤痛。在这种自觉的承受中，伤痛不是不着痕迹地从旁过去，而是持续地且不可避免地规定着人们自己的存在"②。形而上学作为一种"疾病"，需要人们经受它、即在意识中承受它，才能真正克服它，"治愈"它。这也就是说，在海德格尔那里，是在"经受"和"治愈"意义上谈克服形而上学，而不是在纠正和摆脱错误意义上谈这种克服。

但是，我们只有以坚强的生命才能经受"疾病"而"治愈"之。那么，形而上学作为一种思想传统，我们又如何经受它呢？为了回答这个问题，我们有必要进一步明确"经受"的具体内涵。

作为存在的一种可能到时方式，形而上学一直规定且仍在规定着人类此在的本质。克服形而上学在根本上意味着克服这种本质。此在在其存在中获得其本质规定，同样也是在其存在中才能克服这种本质。但是，在经受意义上的克服并不是也不能清除或抛弃这种本质。作为时间性(历史性)存在，此在不可能割断或彻底摆脱它的过去(已在)。我们曾

① 参见海德格尔《报告与讲演集》，第 78—79 页。
② 伽达默尔：《黑格尔的辩证法》，图宾根，1971 年，第 83 页。

经指出,只有过去和将来一起到时,现在(当前)才到时。这意味着,只要现在到时,过去和将来也总在场。而只要此在存在,现在就到时着,因此,它的过去总在场。不过,不是在过去自己的视界里,而是在现在的视界里在场。过去的视界被融合在现在视界里。这种融合不是征服,不是消除,而是消解或分解(Destruktion)和拓展。视界的融合也就是视界的拓展与丰富。时间性的到时就意味着视界的融合,因而也就意味着视界的拓展与丰富。现在的到时,也就是过去的视界的消解而拓展为现在的视界。换一个角度说,现在的视界必然是更为丰富更为"宽大"的视界,才成其为现在的视界,才能消解和融合过去的视界。只是在更丰富更"大"的视界中,曾经是现在的过去才显示其为过去而被消解于现在。作为此在的存在,时间性不断到时,视界不断拓展,因而曾经作为现在的过去才不断显示其为过去而被消解、融合在现在。历史的进步或进程并不是体现为事件的增多,而是体现为视界的不断融合、丰富与拓展,体现为万物万事在其中显现的"地平线"的不断扩大。或者干脆说,历史的进程就是时间性的不断到时,就是视界的不断融合和拓展。因此,对于历史,不管它看起来多么令人难以忍受,都不可能采取"转身离弃"的方式来克服和摆脱。历史不可摆脱,只可改变。我们只有把历史消解在新的视界中而经受自己的历史才能改变这一历史,克服这一历史。

因此,在把克服此在的过去(历史)理解为一种经受之后,我们可以进一步把这种经受理解为一种消解:在新的、更大的视界中消解过去。如果说形而上学已经完成,那么这也就意味着形而上学行将成为"历史",另一个能够经受形而上学,也就是能够消解形而上学的"时代"正在来临。而克服形而上学这一任务的提出,则意味着我们已逼近或正置身于这"新时代"。更确切地说,人类此在正在置身于一种新的视界中,也就是置身于一种新的存在情态(Seinsverfassung)中。只是在这种新的视界中,在这种新的存在情态中,此在才能"看到"或"觉悟到"形而上学的终结,并且也才能经受或消解形而上学。这种存在情态就是海德格尔所谓的存在与根据同一的无根据的存在状态。① 而只是在时间性的本真到时中,存在才显示为与根据同一的无根据的存在。因此,海德格尔在《存在与时间》的导论中就提出一个要求和方向,即以存在问题为线索,从而以时间为维度去消解形而上学传统,把这种传统的内容消解为本源的经验。② 换句话说,就是在本源的存在中消解(经受)形而上学。在本真时间中到时(显现)的这种本源存在蕴含一切可能性于自身,它既可以被视为有待展开的视界,也可以视为无界限的视界。一切历史都只是从它这里开展出来的某种可能性,因而,一切历史也只有在它这里才能得到消解和经受。所以,海德格尔认为,必须在本源处把形而上学经受为对存在的遗忘,才能克服形而上学。也就是说,追问存在而又遗忘了存在的形而上学实际上是从本源存在开出的一种可能性。在这种可能性中,存在以被遗忘的方式到时(显现)。

由于形而上学作为存在的一种到时方式,它同时规定着人类此在的本质,因此,我们只能在经受或消解意义上去理解克服形而上学,而且,就此而言,显而易见的是,克服形而上学这一任务并不只是哲学家的事情,而是人类此在的共同任务。哲学家无力独自担当某一历史,也无力独自消解这一历史。哲学家所能做的只能是先行的准备工作,即以自己的存在(思想)先行消解形而上学的根基。现在我们就要来展示一下,海德格尔作为一个先行者,他是怎样经受和消解形而上学的。也就是说,在海德格尔的思想中,形而上学是怎样从本源存在处开展出来的。

第二节　形而上学的基础

根据第一章的分析我们知道,就其追问方式而言,形而上学追问的

---

① 参见海德格尔《存在与时间》,第22—23页。
② 参见同上书,第22—23页。

是"为什么(Warum)"的问题。而在这种追问中实际上已经预设了这样一个前提,即一切东西(存在者)都是有根据的。因为追问"为什么"也就是追问根据,而形而上学所要追问的则是最后的根据,即一切根据的根据,用哲学上的通常说法,也就是存在者之为存在者的根据。而这也就意味着形而上学奠基在这样一条原则上,或说以这样一条原则为基础,即"无物没有根据"(Nichts ist ohne Grund)。我们知道,这一原则也就是由莱布尼兹于 17 世纪第一次明确表述出来的"根据律(充足理由律)"。形而上学的发展或展开实际上也就巩固和维护了根据律。换一个角度说,根据律一直以潜伏的形式支配着西方思想传统。在海德格尔看来,根据律的这种潜伏期持续了两千三百多年,直到莱布尼兹把它公开出来才告结束。①

那么,这一作为形而上学基础的根据律究竟说的是什么? 它是一种什么样的原则:是存在者的原则,还是存在的原则?

根据律既是形而上学的基础,又是形而上学的预设。或者更确切地说,根据律是形而上学设定为其基础的一条自明原则,就此而言,根据律一直被当作一条存在者的原则。这一点在结束了其潜伏期之后更为明显。为此我们需要首先讨论一下,根据律作为形而上学设定的一条自明原则,为什么就是存在者的原则?

我们曾经指出,形而上学追问的基本问题是:为什么存在者总存在(Warum ist überhaupt Seiendes)? 在这里,存在者存在(Seiende ist)被当作是自明的、理所当然的、毋庸置疑的事实,因此,这里成为问题的就不是存在本身,而是存在者存在的根据。对于形而上学来说,有物存在,这是摆在眼前的、再明白不过的现成事实。尽管对于不同的哲学家来说,如此这般确切无疑地存在的存在物并不一样,比如对于"自然哲学家"来说,这样的存在物是"现象世界",而对于柏拉图来说则是"理念世

---

① 参见海德格尔《根据律》(又译《充足理由律》),图宾根,1965 年,奈斯克第三版,第 192 页。

界"，但他们在这一点上都是完全一致的，即"有物存在是确切无疑的"。总之，对形而上学而言，不是这物（存在者）存在，就是那物存在，总是有存在者存在，或者说，存在者总存在。既然"总有存在者存在或存在者总存在"是确切无疑的事实，那么形而上学也就无须去追问存在本身：存在一直在那儿，一直在场（Anwesen），一直显示着，这是无可置疑的事实，因此，无须问：存在是否在场？如何在场？现在要追问的只是：存在为什么一直在场，为什么总显示着？换一种问法，也就是：为什么总有存在者存在，或为什么存在者总存在？在这些追问中，所追问的不是别的，就是存在的根据，更准确地说，是存在一直在场的根据。而在根本上说，这种追问真正问的是存在者的根据，因为存在者必须首先在，或说必须首先在场，它才能是某种什么，才能作为某种存在者出现，并且也才能是其他存在者的根据。就此而言，形而上学追问的是存在者的最高根据或最后根据。在这个意义上说，形而上学追问的是存在者，而不是存在。

这里有必要进一步从另一个角度来理解在形而上学的基本问题中，为什么真正追问的是存在者而不是存在。正如前面的分析，在"为什么存在者总存在？"这种追问中，被当作无可置疑的事实不是作为某种什么的存在者，而是存在者的存在。因此，在这个问题中，是就存在者的存在追问存在的根据。借用海德格尔"问题"的概念来说，在形而上学这个基本问题中，所询问（Befragte）的是存在者的存在，所问的（Gefragte）是存在的根据。也就是说，形而上学是向存在者的存在追问存在的根据。然而，如果我们不停留在这种形式上的分析，那么我们很快会发现，这种分析得出的结论只是表面的情形。当形而上学向存在——它被当作无可置疑的恒常在场——追问存在的根据时，形而上学已经把存在置于与根据的某种关联（Bezug）中。在这里，存在作为恒常的在场或显示固然是确切无疑的，但是，这种恒常的在场也有其根据。正是这个根据才担保（Tragen）了作为恒常在场的存在，也就是担保总是有物存在这一事实。而能够作为恒常地在场即存在之根据的不是别的，而只能是一种最高的、最真实的存在者(Das Seiendste)。于是,在形而上学中就总是出现这样的循环:存在确定着存在者的根据,而存在者又确定着存在的根据。① 不仅如此,当存在被置于与根据的关联中,从而实际上是被置于与一种最高存在者的关联中,存在也就不是真正的、本源意义上的存在,而是存在者。因为在这种关联中,以最高存在者为根据的"存在"是相对于这一最高存在者而在场的,而本源意义上的存在只是作为其自身在场,却不相对于任何存在者在场。只有存在者是相对于其他存在者而在场,即在关联中在场,而存在自身有其机缘(Zeitigung),却没有关联。关联倒是在掩盖和遗忘了存在的机缘(时间性的本真到时)情况下才有可能。② 因此,形而上学在形式上和表面上似乎是追问存在的根据,而实质上追问的是存在者的最后根据;而从根本上说,形而上学追问的不是存在本身,而是存在者,不过不是普通的存在者,而是最高的存在者。

正是由于形而上学追问的不是存在本身而是存在者,因而被形而上学预设为基础的根据律也一直是作为一条存在者的原则发挥作用。只要形而上学追问的是"为什么"的问题,它探寻的就是最高或最后根据,因而,它也就预设了根据律。但是,只要形而上学探寻的是最高根据,那么,它真正追问的就不是存在,而是存在者,同时它也就把根据律当作探寻根据的原则,从而把它当作存在者的原则。如果说在根据律被明确公开出来之前,它是不自觉地被当作一条存在者的原则来遵循的话,那么在它被公开出来之后,人们则更明确更自觉地把它作为存在者原则来听从。它的第一个公开者莱布尼兹一开始就把它当作回溯根据的原则(Grundsatz vom zurückzugebenden Grund),③也就是探寻根据的原则,因而也是把它当作存在者的原则。总之,形而上学以之为基础的根据律一定是一条存在者的原则,它说的是:万事万物都有其根据,而最后的

---

① 参见海德格尔《同一与差别》,奈斯克,1957 年,第 67—68 页。
② 参见第三章对本真整体存在的时间性的分析。
③ 参见海德格尔《根据律》,第 193 页。

根据则是一个最高、最真实的存在者。换句话也可以说,根据律作为存在者原则,它就是形而上学的基础。要克服形而上学,就必须消解这一条原则:由存在者原则消解为存在原则。或者换一个方向说,必须从作为存在原则的根据律去解释它如何展开为一条存在者原则。

不过,现在我们需要首先探讨的是,作为形而上学的基础,从而作为一条存在者的原则,根据律究竟说些什么? 人们自觉或不自觉地听从它,到底听从它什么? 或者说,根据律作为一条存在者的原则,它公开或隐蔽地支配着人们,那么它究竟支配人们去干什么? 这一问题随着它被公开出来也可以得到明确的回答。而这也意味着它的展开行将完成,消解它的时机正在逼近。

莱布尼兹在把根据律明确表达出来的同时,也明确把它当作一条寻问或溯回根据的原则。也就是说,根据律作为存在者原则,它说的是:为存在者寻溯根据,而"根据也就是 Ratio,也就是计算性说明(Rechenschaft)"①。"根据只是作为计算性说明的根据,这种计算性说明是向人即进行判断活动(urteilen)的自我并且也只是为这种自我作出的一种有关某物的说明。"②于是,为存在者寻找根据也就意味着向自我——判断活动解释存在者,或者简单地说,就是对存在者作出计算性说明。存在者有根据,等于说能够对存在者作出计算性说明。存在者只是相对于它的根据的存在者,因而也就是相对于这种计算性说明的存在者。换句话说,存在者是作为计算性说明的存在者来相遇照面的。

当莱布尼兹把存在者的根据当作一种计算性说明,他也就把存在者的根据交归"人",交归进行判断活动中的主体。因为这种计算性说明作为一种向进行判断活动的主体(自我)作出的说明,也只能是由主体的判断活动来完成。因此,给出存在者的根据,即对存在者作出所谓计算性

---

① 海德格尔:《根据律》,第 194 页。
② 同上书,第 195 页。

说明，首先也就意味着对存在者作出某种判断，而实质上则是让存在者进入某种关联中而"计算"（确定）它是"什么"。[①] 但是，主体的这种判断活动又是由表象活动（Vorstellen）来进行的，而所谓"表象活动就是把某种什么呈现给人，使某物当前化"[②]。正是这种表象活动把存在者当作如此这般的存在者摆到眼前，表象的这种置前活动（vor-stellt）就是联结主词与谓词的判断行为。

现在我们可以进一步说，当莱布尼兹把存在者的根据"交归"（zurückgeben）主体，也就意味着他把这种根据"溯回"表象活动。换一个角度说，意味着他要从主体，从而从表象活动寻找存在者作为如此这般的存在者的根据。只是在表象活动中，从而在某种关联中，存在者才作为这种或那种存在者出现。存在者总是这样那样的存在者，而存在者之所以作为这种存在者或那种存在者出现，则是由表象的关联活动或联结活动（Verknüpfen）决定的。

于是，根据律——无物没有根据——作为一条存在者原则，现在说的是"任何东西唯当它作为对表象活动来说是可计算的（berechenbar）对象而被构造出来时，它才是存在者"[③]。用否定的语句说则是：没有存在者不为表象活动所联结计算。

据此，我们现在可以来回答上面的问题。作为存在者的原则，根据律所说的不是别的，而是：任何存在者都能够是且必定是表象活动中的存在者，或说，能够且必定为表象活动所联结计算，因而能够是且必定是某种"什么"。"一切东西都是某种什么"，这是作为存在者原则的根据律真正说出来的内容。因此，追问"这是什么（Was ist das?）"与追问"为什么"一样，都是以根据律为基础。换句话说，这种追问只不过是受根据律支配的一种体现。具体而言，此在受根据律支配在根本上意味着受表象

---

① 参见第三章对时间性的非本真到时的分析。
② 海德格尔：《根据律》，第 195 页。
③ 同上书，第 196 页。

活动的支配。

当莱布尼兹把根据律公开出来并明确把它当作"回溯根据的原则"，也就是明确把它当作存在者的原则时，那么他真正说出的就是：凡存在者都为表象活动所联结。而当他把根据律当作一条伟大的、具有支配作用的最高原则时，那么他也就把"人"置于受表象（思维）的支配中。实际上，情形也的确如此。从笛卡尔以来，随后的莱布尼兹以及整个近代的思想都把人当作进行表象活动（判断）的自我或主体。① 这样理解人，既是作为存在者原则的根据律更强烈更有力地统治人，也是人更自觉更明确地接受和维护根据律。其直接的后果就是现代科学与现代技术。

一个合理的结论是：怎样理解人，也就怎样看待人所面临的世界。当近代思想把人理解为一种进行判断活动的表象主体时，那么它同时也就确立了主体与世界的这种关联，"它把世界投递（zustellt）到恰当的（richtig）表象联结中，也即投递进判断活动中，从而把世界作为对象来对立（entgegenstellen）。仅当联结主词与谓词的根据能被投递给进行表象活动的自我，能够被溯回到这个自我，判断和陈述才是正确的，也即才是真的。……只是由于表象联结的根据能够被溯回到自我并且传递给这个自我，被表象的东西才作为对象出现，也即才作为表象主体的客体而被构造（erstellen）出来"②。对于这种自我或主体来说。世界就是一个对象世界，一个能够不断被投递进表象的联结活动中，即判断活动中的世界。这也就是说，如果人是一个表象主体，那么世界就是一个对象世界，一个可不断投递的世界。投递给谁？投递给进行表象活动的主体，即投递进判断活动中。而这不正是科学研究的活动及其基础吗？任何科学研究都必须以判断活动为基础，必须以表象的联结活动或投递活动——把对象投递给表象主体——为基础。

---

① 参见海德格尔《根据律》，第 195 页。
② 海德格尔：《根据律》，第 195 页。

但是，正如上面的分析，人被理解为表象主体，因而世界被当作可投递的对象世界，这表明的恰恰就是根据律对人类此在的支配与统治。因此，海德格尔说："正如水之于鱼，空气之于飞鸟一样，根据律的这一强有力的原则的统治乃是科学赖以进行的基础。"①正是由于根据律被公开出来，从而展示出对人类此在的一场前所未有的专横统治，科学与技术才进入了一个新的时代。在这个时代，科学本身自觉地投入了一个永不疲倦地追问"为什么"的运动。正如歌德在一首诗里所表明的那样：

> 但是，研究致力于根据和法则
> 致力于为什么和如何，
> 永不疲倦地
> 为它们拼搏。②

换一个角度说，由于根据律的强有力的统治，科学的运动与技术的发展被理所当然地当作人类共同的和伟大的事业。更有甚者，今天有的人甚至把科学和技术当作人类唯一的共同事业，并且把科学和技术当作衡量一切伟大东西的伟大之处。今天我们到处可以听见这样的口号：科技就是一切！科技就是标准！等等，不一而足。这可谓自近代以来，科技所陷入的不倦运动的巅峰体现。科学与技术的这种执着和泛滥构成了近代以来人类历史，尤其是西方历史的根本特征。因此，海德格尔认为，在莱布尼兹结束了根据律的潜伏期之后，"这一基本命题的支配欲展开了一种以前未曾料想到的统治。这一统治完完全全铸就了西方历史时代（我们称之为'近代'）的最内在同时又最隐蔽的特征。根据律越普遍、越理所当然、因而越悄没声响地规定人的所有表象活动和行动，这一强有力的基本命题也就越有力地统治人类历史"③。科学的不倦运动，现

---

① 海德格尔：《根据律》，第 201 页。
② 参见歌德，"Chinesische-deutsche Jahrszeit und Tagszeit"，X，转引自海德格尔《根据律》，第 201 页。
③ 海德格尔：《根据律》，第 192 页。

代技术的"无限"发展,只是根据律对人类的强有力统治在现象层面上的体现。换句话说,现时代科技的不倦运动的本质就在于根据律的统治。作为存在者的原则,根据律对人类的强有力支配首先意味着把人类带进了不懈地追问"为什么"的努力中,而这也就意味着让人类卷入科技的不倦运动中。

那么,科技的这种不倦运动将引向何方呢?这对于今天的人类来说,已不是一个纯粹的理论问题,而是一个迫在眉睫的现实问题。不过,在这里,海德格尔并不着意从危险的方向揭示这种不倦运动,倒是要从科技陷入这种不倦运动的危险中倾听出拯救的规劝与呼求。因此,这一问题也就与另一个问题联系在一起:我们是否真正听到根据律的呼求(Anspruch)?[①] 也就是说,科技的不倦运动把人类带入了尴尬的和危险的境地,这种境地从一个极端发出了拯救的呼求。为了从根本上领会和倾听这种呼求,我们必须首先问:我们是否真正倾听和领会根据律的呼求?根据律是否的确只是一条存在者的原则?抑或作为存在者原则只是根据律的一种可能性,因而是有其前提的?如果的确如此,那么,根据律还能够是一条什么样的原则?难道能够是一条存在的原则?如果能够是一条存在的原则,那么它说的又是什么?只有澄清了这些问题,才能真正消解形而上学的基础。

第三节　存在与根据

海德格尔认为,根据律作为一条存在者原则而展开的对人类的统治表明,我们并没有真正全面地领会根据律所说出的全部内容。作为形而上学基础的一条原则,根据律一直自觉或不自觉地被当作存在者原则来听从。但是,在海德格尔看来,"我们可以按两种方式来倾听根据律:一

[①] 参见海德格尔《根据律》,第 203 页。

种方式是把它当作关于存在者的最高命题，另一种方式是把它当作存在的命题。在第二种情况下，我们被引向了把根据思想为存在，把存在思想为根据。而在这种情形下，我们开始了把存在思想为存在本身的尝试。这也即是说，不再通过某种存在者去澄清存在"①。

我们之所以一再把根据律仅仅倾听为一条存在者命题，其根本原因就在于人们总是陷于形而上学的追问方式中，以致总是把存在当作自明的事实而专注于存在的根据。因此，在领会"Nichts ist ohne Grund"时，"我们通常没有注意到，在这个命题的一般陈述中，我们把'是（ist，存在）'这个小词当作某种不言自明的东西漏听了"②。

的确，根据律能够作为存在者原则来领会，而且事实上它首先也就被当作存在者原则来听从。但是，正如我们仅当领会了存在者存在以及如何存在，我们才能进一步把它经验为某一存在者一样，我们必须把根据律首先作为存在原则来领会，才能正确地把它作为存在者原则来听从。为此，在领会根据律时，我们必须把注意力"瞄准在'没有什么东西是没有根据的'这一命题中，这个'是'（ist）所给出的全部音调。如果我们倾听，也即如果我们对这一命题真正说出的东西敞开自己，那么这一命题突然间将发出另一种声音。不再是：没有什么是没有根据的，而是：没有什么是没有根据的。'是'这个小词（它通常被用来言说存在者）就指存在者的存在。当这个'是'（人们愿意说成'存在'）在命题中定音时，根据与它同时得到了强调：没有什么是没有根据的。存在和根据响起了和声。这种和声表明，存在和根据在同一（Einem）中共属（Zusammengehören）。从今以后响起另一种声音的根据律现在说的是：根据归属（gehört）于存在。根据律表达的不再是关于各有其根据的存在者的所有表象活动之最高命题。根据律现在是作为存在的语句而言说。

①　海德格尔：《根据律》，第118—119页，重点号为原文所加。
②　同上书，第294页。

这个语句是对'究竟什么叫存在？'这个问题的回答：存在叫（heißt）根据。但是，这个作为存在语句的根据律却不能再说：存在有（hat）根据。如果我们是在这个意义上（即以为存在有根据）理解存在，那么，存在就又被表象为一个存在者。只有存在者才有且必须有根据。存在者只是作为获得根据的东西而存在。而存在是没有根据的，因为它本身就是根据。只是存在作为根据本身而确立着根据，它才让存在者是一个存在者"①。

在这一段充分体现了海德格尔独特的解释风格和思想方式的引文中，海德格尔所要说的是：如果我们并不把存在当作自明的事实，从而不把根据律当作存在者原则，而是首先把它当作存在原则来领会，那么，根据律真正说的就是：存在与根据共同归属于"一（Ein）"。在这个"一"中，存在叫根据，根据叫存在；或说，存在归属于根据，根据归属于存在，它们共属于同一（selbe）。② 而这种同一或说存在作为根据本身，则是没有根据的。因为只要认为存在有根据，因而要追问它的根据，存在就不再是存在，而成了关联中的存在者。这一点我们在前面的分析中也已指出过。

那么存在（根据）本身没有根据这意味着什么呢？我们如何理解没有根据而本身又是根据的存在？

有根据也就意味着能追问"为什么"，因而这个有根据的东西也总是某种为什么的东西。相反，如果作为根据的存在本身是没有根据的，那么这也意味着存在不为什么。海德格尔说："如果我们试图把存在思想为根据，那么我们就必须退回一步，即从问题'为什么？'退回。"③那么退回哪里呢？海德格尔引用歌德的两句诗来作答：

> 如何？什么时候？什么地方？诸神缄默！

---

① 海德格尔：《根据律》，第 204—205 页。
② 关于这种共属的同一，可进一步参见海德格尔《同一与差别》。
③ 海德格尔：《根据律》，第 206 页。

你止身于因为而不追问为何?[①]

在海德格尔看来,"如何,什么时候,什么地方"等等这些只不过是"为何(为什么)"这一问题的展开。从"为何"退回,也就是止身于"因为(Weil)",退回"因为"。这种"因为"拒绝研究为何,它不为何,它没有根据,或者说它就是根据本身。

因此,"在这里,'因为'绝不是指与所以(Darum)连用的因为,而是指:在此期间(die Weilen),也即如⋯⋯那样长,在⋯⋯期间(während)。持存(Weilen)意味着:持续(Währen),默然持留(still bleiben),持守于自身和止身于自身,也即安于静默(Ruhe)。"[②]而在古德语中,"持存、持续、不断持续(immerwähren)就是'存在'这个词的古老意义"[③]。这个作为纯粹的"持存或持续"的"因为"只持存着,仅此而已,它不是什么,不是某种确定的东西;它也不为什么,它只是作为自身出现着,持续着。就如玫瑰开花,因为它开花,并不为什么一样。张九龄领悟的"兰叶春葳蕤,桂华秋皎洁,欣欣此生意,自尔为佳节。谁知林栖者,闻风坐相悦。草木有本心,何求美人折?"[④]就是这个意思。草木芳菲并不是为了欣赏者,相反,欣赏者必须以此芳菲为草木本身的一种显示,才能真正欣赏草木的芳菲,即与之同一而悦之。只有能让花草作为不是什么,也不是为什么的自身出现而与之同一(合一),与之相悦,才会伤悼这种同一的丧失,而感叹,"明媚鲜妍能几时,一朝漂泊难寻觅";或者感慨"花谢花飞花满天,红消香断有谁怜?"[⑤]实际上,能深切伤悼"花飞花谢"的欣赏者一定是善于实现同一性这件事的欣赏者,也即是易于设身处地地让他者作为其自身来相遇的欣赏者。我们平常总说"百花争妍",但是,百花鲜艳并不是

---

① 歌德:《1815 年格言集》,转引自海德格尔《根据律》,第 206 页。
② 海德格尔:《根据律》,第 207 页。
③ 同上书,第 207 页。海德格尔在这里有意利用了"因为"(Weil)与"持存"(Weilen)的同根关系。
④ 张九龄:《感遇十二首(其一)》。
⑤ 参见《红楼梦》,第二十七回。

为争妍斗艳,而只是自我鲜艳而已。柳丝妖娆与桃红毫不相干。故云:"柳丝榆英自芳菲,不管桃飘与雪飞"①。花如此,万物亦如此。

这种作为什么也不是也不为什么的自身出现的持存,就是摆到前面来相遇的现象,海德格尔称为 Vorliegen,即先在。这个意义上的持存(因为)只是摆在那儿的相遇现象,并不为什么,它先于一切什么而出现,一切什么都以之作基础,以之为根据。因此,它又是根据本身。

于是,作为持存或持续的"因为"同时既是存在又是根据,存在与根据同一于"因为"。换句话说,在这里,作为根据(与根据同一)而本身又没有根据的存在也就被进一步解释为"因为",解释为一种"持存",一种"默然持留",也就是持守自身。

只是作为这种"因为",存在才不再为什么而存在,因而才作为存在自身存在。同时,海德格尔从德语语言中倾听出了这种作为自身的存在又是一种时间性存在。"因为"(weil)就是"在……期间"。玫瑰开花,并不为什么,但它一定是也只是因为(weil)开花,也就是玫瑰一定是"在……期间(时机)"开花。玫瑰开花还是不开花并不为什么,但是,玫瑰一定是在其时机中显示其开花还是不开花。换句话说,只有在时机中,玫瑰才显示其开花或不开花,才有开花与不开花的问题。这种时机首先并不是指可以预期的季节,更不是指可以计算的某一段物理时间,而是指让玫瑰作为自身来相遇照面的机缘。

当然,在海德格尔这里,存在作为时间性存在并非只具有民族语言方面的证据,它首先具有基础存在论(生存论)上的证明。在第三章的讨论中,我们已经知道,只是在时间性以当下(Augenblick)这本真样式的统一到时中,也就是在"持守着死亡且一直持守着死亡而让……存在"的到时中,存在才作为存在来相遇照面。② 从此在的角度说,存在的这种来

---

① 参见《红楼梦》,第二十七回。
② 参见第三章"本真整体存在的时间性"一节。

相遇照面,是此在敞开自己,退守自身,止于自身,也就是持守最本己的无关联的可能性。而"倒转"过来,从存在的角度说,存在的这种来相遇照面则是存在以要求或呼求(Beanspruchung)此在的方式把自己遣送(Zuschicken)给作为此在的我们。① 换句话说,从存在的角度而言,作为此在的存在,时间性的本真到时,是存在的自我遣送,或者说,只是作为存在的自我遣送,时间性才能以当下样式到时。因而,从存在的角度也可进一步说,我们(作为此在)必得倾听存在的寻呼(Ansprechen),接受存在的遣送才能获得自身而持守自身,即才获得自己的"本质"(Wesen)。海德格尔说:"存在的寻呼才让人进入其本质中。只是在存在的命运(Geschick)中,且只是出于这一命运,我们才是有命运的"②。因而,"在存在的寻呼之外,我们绝不是我们所是的存在者"③。

存在与时间(时间性的到时,此在的存在)的这种同一性在《同一与差别》中被揭示为人与存在的相互转让(übereignen)。在那里,海德格尔认为,"在人身上有一种归属(gehören)存在的归属性,这种归属性所以存在,因为它被转让给存在。"④而存在则只向人在场(Anwesen)。"只有当存在通过它的寻呼而关涉(angeht)人,存在才出场和持续(west und währt)。因为只有为存在而敞开着的人才让(lasst)存在作为在场到来(ankommen)。这种在场需要(braucht)一种光明(Lichtung)的敞开状态,并因而通过这种需要转让给人的本质。这绝不是说,存在首先是且只是由人来摆布,而是意味着:人和存在相互转让,它们相互归属。"⑤

从存在的角度说,这种转让意味着人被转让给存在,而从人的角度说,则意味着存在被转让给人。存在被转让给人,存在才在场,才作为在场到来,而人被转让给存在,人才获得本质,才作为此在存在。海德格尔

---

① 参见海德格尔《根据律》,第 120 页。
② 海德格尔:《根据律》,第 119 页。
③ 同上书,第 122 页。
④ 海德格尔:《同一与差别》,第 22 页。
⑤ 同上书,第 23 页。

把人与存在的这种相互转让、相互归属又称为发生的"原事"（Ereignis）。[①]

这里我们必须强调的是，存在要出场，存在要作为在场到来，需要光明（Lichtung），需要一种敞开状态。这种需要是由存在的寻呼（Ansprechen）传达给此在的，此在的回应（Entsprechen）就是敞开自身，"放出"（Ekstase）"光明"，这就是"持守死亡且一直持守死亡而让……存在"。此在的存在作为时间性的本真到时，也就是作为"持守死亡且一直持守死亡而让……存在"这种"光明"而存在，而这也意味着作为会死者（Die Sterbliche）而存在。所谓会死者也就是它觉悟着死亡、经受着空无而存在。存在只是在它的寻呼与这种会死者的回应中才出场，才显示，才持续。

存在只是在与本真时间的同一中，也就是在与会死者（此在）的那种寻呼与回应中才出场，才持续，才显示，因而存在才不为什么，才没有根据，存在才作为存在自身。因为本真时间作为时间性的本真到时，也就是会死者的回应，并不为什么，而只是作为什么也不是的自身而到时，或者说只是作为无化一切什么，否定一切什么的自身到时。本真时间只是作为自身存在。因而，"在此期间"的存在，或说作为与这种本真时间同一的存在也不为什么。而且也只是会死者才能够真正担当（Tragen）起死亡，担当起否定（无化）一切什么，因而也才可能成就一切什么，肯定一切什么。正因为如此，在会死者的回应中出场的存在才又是根据本身：它本身没有根据却是一切什么的根据。

至此，我们现在可以进一步倾听根据律真正说出的全部内容，并进而理解对形而上学的经受与消解。

作为存在者原则，也就是作为形而上学的基础，根据律说的是，探寻存在者的根据。作为存在原则，根据律说的则是：存在就是根据，而存在

---

① 参见海德格尔《同一与差别》，第 31 页。

本身却没有根据。这在更深一层意义上无异于说：存在与本真时间是同一的。正如只是作为自身的存在才是根据一样，根据律只是作为存在原则，它才能够是存在者原则。因此，根据律的伟大之处首先不在于它作为存在者原则而对此在的强有力统治，从而把人铸造成表象主体而把他抛入了"追问为什么"的不倦运动中；而在于它传达出了存在的规劝(Zuspruch)和呼求(Bespruchung)："放出"光明，敞开自己，归属存在。

　　然而，形而上学作为一种传统，它曾几何时倾听到根据律的这种呼求与规劝呢？相反，它那坚定的追问方式，表明它自始至终都把根据律预设为一条存在者原则来遵循和听从。而这之所以可能，在海德格尔看来，恰恰就出于存在的命运。我们在上面指出，存在是在存在的寻呼与此在(会死者)的回应中出场的，这种出场或显示就是存在的自我遣送，或说也就是存在把自己遣送给此在。但是，"存在同时是以隐入(entziehen)其出场(wesen)的方式保持为这种自我遣送。这种隐身就是曾经解释过的天命的基本特征"①。也即是说，存在是在此在的回应中出场的，但这种出场(显示)本身恰恰遮蔽了这一点。存在是"有机缘"的，是时间性的到时，但是存在与时间的同一却掩盖了这一点，似乎存在是不言自明的，它没时间没机缘。正因为存在的这种自我遣送又自我隐身的命运特征，存在才可能被当作自明的事实，因而一直要追问它"为什么"。也即是说，存在的命运特征使得人们有可能误解或误听了存在的寻呼。形而上学一直把根据律预设为一条存在者原则就出于这种误听。

　　显而易见的是，一旦存在的这种隐身和遮蔽得到揭示或觉悟，那么这种误听也就随之得到消解。而同样明显的是，只有作为会死者存在，也就是作为"持守死亡且一直持守死亡而让……存在"到时，才能揭示这种隐身而真正倾听和回应存在。更明白些说，仅当此在作为本真时间性的到时而存在，也就是觉悟着死亡而经受空无，此在才能敞开自己而听

① 海德格尔：《根据律》，第120页。

从存在,让存在作为存在出场。它因而也才把根据律作为存在原则来听从,而不是当作存在者原则来遵循。而且,也只是作为这种觉悟着本源时间(作为时间性的本真到时)而存在,此在因而才能把形而上学经受为对存在的一种倾听和领会:一种误听和误会。

海德格尔通过把存在引向时间性解释而把根据律首先领会为存在原则,而不是存在者原则:它作为存在者原则是以作为存在原则为前提的。这意味着它作为存在者原则所要追溯的最后根据是没有根据的,而在根本上则意味着要中止形而上学对"为什么"的最终追问。而且在把根据律首先理解为存在原则的情形下,它作为存在者原则也就被理解为只是存在原则的一种特殊可能性。因而,以之为基础的形而上学也才被理解为对存在问题的一种特殊的可能性追问。换句话说,只是在把存在作时间性解释前提下,才能把形而上学接受为对存在问题的迷误:既是对存在的追问又是对存在的耽误。

第四节 谁是形而上学的人?

"认识你自己",这一神谕被站在希腊哲学发展转折点上的苏格拉底奉为哲学的出发点。这个"你自己"不是别的,就是人自己。正如康德曾经从独断论中被唤醒一样,苏格拉底也经历过一次类似的觉醒。他在阿那克萨哥拉的 νõus 说启发下发现,像"自然学家"(Physiker)那样从"自然"中去寻找事物的原因和根据是一条不可靠的、甚至在根本上就是错误的道路。一切原因和根据都在人身上,即在人的心灵(νõus)中。所以,哲学首先就在于认识你自己。哲学怎么认识人自己,也就怎么理解"世界",不管这个世界是自然,还是理念。

因此,哲学成了形而上学显然包含着这样一个前提,即哲学对人所作的形而上学的理解。换句话说,形而上学的人是哲学成为形而上学的前提。那么,什么是形而上学的人?形而上学的人是什么样的?

我们曾经指明,"为什么"是形而上学的基本追问方式。唯有形而上学的人才执着于这种追问方式。因此,要克服形而上学,就必须问:谁是形而上学的人? 只有讨论清楚这一问题,才能进一步回答:他是怎么来的,怎么出现(世)的? 他在多大程度上是人的一种可能方式,因而也可以说是人的一种天性或命运? 理解了这些问题,才能理解形而上学的人并非人自身,形而上学的追问只是哲学(思想)的一种追问方式。克服形而上学也才意味着开辟出哲学的其他能够经受和化解形而上学的可能性。

与哲学由"物理学"向"形而上学"过渡相对应,古希腊哲学对人自己的理解也从赫拉克利特,特别是巴门尼德之后,变得越来越明确起来。赫拉克利特对 Logos 的首次强调,尤其是巴门尼德对真理世界和意见世界的划分,已蕴含着将人划分为感性存在和理性存在的理解。我们不能确切知道苏格拉底对"你自己"作过什么明确的说明,但是,就他试图以"辩证法"这一"助产术"来求得真知灼见而言,他显然在支持和推动上面的那种理解。因为"辩证法"就是要把人们得自于感性世界的日常意见引向自相矛盾,揭示它们的错误和模棱两可的不可靠性,以便得出真正可靠的知识。这种可靠的知识显然不能与人的感性相关,而只能与超感性的灵魂或 logos 有关。这一思想在柏拉图的理念论中得到了进一步的明确。在《国家》篇第七卷中的"洞喻"说虽然表面上讨论的是教育问题,即如何造就、培养治理国家的统治者,但实际上它首先涉及了真理问题和人的问题。

在这一洞喻中,柏拉图把人的日常世界,即由我们的视觉显现的可见世界比喻为地穴囚室,人平时就生活于这种见不到光明的囚室里。人从地穴走到上面的光明世界并在那里看见了东西的过程,就是灵魂由日常的感性世界上升到可理智直观(Einsichtbaren)的世界。柏拉图还认为,在这一可认识的世界中要花很大努力才能最后看见的,就是善的理念。这一善的理念是一切事物中一切正确的东西(Richtigen)和美的东西(Schönen)的原因(Urheberin)。因为它创造了可见世界(Sichtbar)的光,并且是它的主宰;而在可认知的世界里,它本身作为主宰就是真理和直观。①

在这里,人显然有两种可能的生活:一种是感性世界的生活,也就是地穴里的生活;一种是超感性界的生活,即上界的光明生活。人的生活被一分为二,或者说,人的生活是由两种可能性组合的。在这两种可能性中,超感性生活被理解为高级的、人区别于动物的生活。教育的目的就在于把人从感性界提升到超感性界,也就是灵魂或理性的世界。而这种超感性生活之所以值得人去追求和争取,只是在于超感性界是唯一光明的、真实的世界,也就是真理的世界。人应为真理或真实的世界生活,而且人也有能力能够为真理而生活。这种能力就是巴门尼德所说的思想,这里则是具有理性色彩的灵魂。教育并不是赋予人原来所没有的能力,而是把他固有的能力激化出来。在柏拉图这里,教育就是要把人的灵魂从不断纠缠它的生灭着的感性世界解放出来,使它提升到真理的世界并直观到真理,从而使人能够为真理而生活。灵魂及其认识(直观)真理的能力都是人所固有的,先天的,而不是教育从外面输灌给他的。在这个意义上说,教育不是改造人,而是对人的一种努力,即力图促使人走出虚假的现象界而过真理的生活。

在教育的这种努力中,包含着:(1)对人作这样的理解:人既可以(kann)在现象界生活,也可以在真理界生活;(2)认定现象界的生活是虚假的生活,真理界的生活才是真实的、光明的生活。因此,教育和国家都必须力图促进人过真实的生活,也是人区别于动物的生活。对人的这种努力后来发展为所谓的"人道主义"(Humanismus)。这种"人道主义"的核心仍然是以将人作双重性理解为前提。对人的这种双重性理解在亚里士多德的"人是政治动物"和"人是会说话的动物"这类定义中得到

---

① 参见 Staat,*Platon Jubiläumsausgabe sämtlicher Werke*,Band Ⅳ,München,1974,P. 359。柏拉图《理想国》,郭斌和、张竹明中译本,商务印书馆 1986 年版,第 276 页。

了明确的表述。对这一定义的拉丁翻译(解释)"人是理性动物(animal rationale)"则完成了对人的第一次经典性刻画。从苏格拉底的"认识你自己",到人的定义的拉丁翻译,人始得以明确的面目——理性动物——出现。这种面目的人就是形而上学的人。

在"人是理性动物"这一定义中,已包含着自赫拉克利特以来对人的双重性理解。或者说,这一定义以最精确的意义表达了对人的这种双重性理解。而对人的这种理解迫使哲学开始走上这样一条道路,即致力于区分真实的存在物和虚假的存在物。这种区分的标准就在人自己身上,这就是理性(灵魂、思想)。因此,哲学表面上看致力于追求真实的、光明的真理世界,而实际上这个真理世界却是围绕着人(的理性或灵魂)转。就此而言,人一直围绕着自己转。只要人是作为形而上学的人,只要人以理性动物的面目出现,人就围绕着自己转,不管他看起来对自己是多么漠不关心而致力于为真理世界或天国服务。我们将通过继续分析柏拉图的洞喻说来进一步显明这一点。

被赫拉克利特揭示为既存在又不存在的现象界在这个洞喻中则被看作是一个完全虚幻的影子世界。它之所以是虚幻的,因为它只是真实世界的投影,而不是真实存在物本身。因此,这个影子世界本身是一个无光的、模棱两可的世界。但是,从形而上学的人出现的历史过程来看,对现象界的这种理解显然是出于对人的感性生活(存在)的否定性理解。换句话说,对现象界的这种理解在根本上是为了表明,感性生活是不明的和有限的,因而是不可靠的,它未能将人标志出来。正是由于感性生活(存在)是盲目(不明)的,有限的和不确定的,它与之打交道或说相对于它而显明的现象才被理解为无"尺度"(logos)的,因而是不可靠的流变世界,或者是无光的,因而是模糊不清的地穴。

如果现象界本身是有光的,无遮蔽的,那么它向之显现的感性也就不是盲目的。正如由于 Idee 是有光的,甚至就是光本身,灵魂才能直观到 Idee 而过明智的、真理(实)的生活。灵魂平时被纠缠于晦暗不明的地穴,以致灵魂处于昏然状态而不能引导人过真实的生活。但是,灵魂却始终有认识真理、直观 Idee 的能力。否则,就没有任何理由来肯定灵魂引导的超感性的生活。因此,对 Idee 的任何设定,特别是把作为真理的 Idee 当作光和光源,因而是一种纯粹无遮蔽的存在物,都是出于对灵魂本身及其引导的超感性(理性)生活的理解和肯定。作为真理世界的 Idee 不管多么神圣,它都是奠基于对人自己的认识与理解上。人越追求这一真理世界,并不意味着他越放弃自己,恰恰意味着他越围绕着自己转,越以自己为中心。

在这一洞喻中,特别值得我们注意的另一点就是其中包含的对真理的理解。真实的(wirklich)理念世界也就是真理的世界。真在就是真理,也可以说真理就是真在。单是这一点,柏拉图的真理还具有 ontologie(存在论)的意义。但是,这一点在柏拉图的真理观中并不是重要的。重要的是:(1)作为真在的真理是有光的,明亮的,也就是无遮蔽的。而最高真理的善这一理念则是光源本身。因此,真理永远是无遮蔽的。真理是常显不隐的,所以,它也是永恒的。(2)这一真理世界是既定的现成世界。它就在洞外,在地穴上面,是一个不动的、没有时间性的上界。换言之,它是已完成的唯一的世界。因此,(3)不管人的灵魂在哪里,是被纠缠于地穴(现象界)中,还是升到光明界,真理都作为其自身在那儿,似乎它是一个阳光明媚的秩序井然的大观园,不管是否有人居住,是否有人来访菲赏景,它一样的"落尽东风第一花"。也就是说,不管与人的灵魂同一还是不同一,真理世界都在那儿,都显现着,即它总在场(anwesen)。换句话说,真理世界与人是可以分离的,而且在通常情况下就处于这种分离状态。人通常和首先就生活在地穴中。而克服这种分离状态的途径就是教育。

从柏拉图给教育规定的基本内容来看,这种教育实际上就是哲学探索活动。通过这种思想性活动把灵魂从地穴中解放出来而致力于认识或观看(erblicken)理念(真理)。由于真理世界被设定为无遮蔽的恒常在场,因此,灵魂所观看(认识)到的东西是否为真,也就取决于灵魂的这种观看是否符合(übereinstimmen)理念本身,是否与理念本身相一致(einstimmen)。于是,人的认识以及生活是否具有真理性,也就在于认识是否符合真的东西。这样,在柏拉图的真理观中,开始了把真理理解为符合的转变,而那真实的世界则开始成为明确的对象性世界,成为有待认识的世界。柏拉图真理观的这种转变,意味着开始把人当作主体来塑造。这一点直到近代,笛卡尔的"我思故我在"命题的提出,才得到彻底的自觉和实现。

现在我们要首先分析一下,作为理性动物的人为什么是形而上学的人? 按海德格尔最一般的理解,哲学成为形而上学,在于它一直错把存在者当作存在而遗忘了存在本身。而首先遗忘的就是人本身的存在。哲学成为形而上学首先就在于它遗忘了人的存在。换句话说,形而上学理解的人并不是真正作为人自身存在的人,而是从其存在中跌落出来的人。[①] 理性动物就是这样的人。

从上面的分析中,我们已经知道,作为理性动物,人总是围绕着自己转。这样的人总是用自己的尺度去理解和塑造真理世界,并为这样的真理世界生活。然而,正因为这样,不管人把真理塑造得多么神圣崇高,而人本身又多么渺小软弱,他依旧是真理世界的主人,依旧是真理的"主体"。这种有"主人"的世界,不可能是在世(In-der-Welt-sein)意义上的世界,即不可能是作为时间性到时而展现出来的世界,而只是相对于"主人"的某种自我理解而被设定出来的世界。因而,这种有主人的世界不可能是存在本身的显现,而只能是相对中或是关联中的一个特殊存在者。同样,有"主体"的真理只能是相对于主体的存在的真理,而不可能是存在本身的真理。这也就是说,形而上学的人不可能让存在本身来相遇照面,而只能让存在者来相遇。换句话说,理性动物只能与存在者处

[①] 参见第一章第一节。

于某种关联(系)中,而不可能与存在本身共属于无关联的同一中。在这个意义上说,形而上学的人从存在中跌落出来。而这同时也就意味着人从其自身存在中跌落出来。因为人只要作为其自身存在,他就与存在同一而共属于一体。

人的存在向来就是被抛的存在,因此,只要人持守于其存在中,也就是只要人作为其纯粹的自身存在,他就不是存在的主人,存在由不得人自己。人只是存在的守护者(Hirt)。① 这说的是,作为自身存在,人只是让(lassen)存在作为存在自身来相遇,让存在自身出现。这种"让"并不是肯定意义上的作为,不是主体式的努力,而恰恰是一种纯粹否定性的退守自身,退守纯粹可能性(死亡)。而只要人作为自身存在,他就是且不得不是持守于死亡这种纯粹可能性。仅当人持守于死亡这种可能性,他才能让存在自身来相遇,且不得不让存在自身来相遇。在这个意义上说,人只是存在的近邻,他栖居在存在之旁守护着存在。作为自身,人能够且不得不让存在自身出现,这是人的天命,也是人的使命。人只有履行这一使命,即守护存在,他才真正置身于真理之中。人天生(天命)就能够生活于真理之中,而无须借助于种种努力。只有当人被哲学从存在中抽离出来,人才需要经过如教育这样的努力才能达到所谓的真理。其实,这样的人并不是人自身,这样的真理也不是存在的真理,而只是形而上学的人和形而上学的真理。

第五节　主体之死

这种围绕着自己转的形而上学的人在近代从笛卡尔开始,便更明确地以主体和自我的身份出现。

在"人是理性动物"这一定义中,哲学真正肯定的是超感性的理性,

---

① 参见海德格尔《论人道主义》,载海德格尔《柏拉图的真理学说》,第 90 页。

"动物"一词所表达的恰恰是哲学（教育）所要克服的东西，它就像人的一条尾巴一样一直让哲学感到羞耻和累赘。所以，对于哲学来说，真正要认识的"你自己"只是人的理性（思想、意识或纯粹意志）。换句话说，哲学（形而上学）的人实际上是一种理性的人。这一点在笛卡尔的"我思故我在"这一命题中得到了明确的表述。随着这一命题的提出，形而上学进入了近代的形态。[①] 在这一命题中，人以"自我"这一面目出现。

笛卡尔的自我，也就是近代以来的那个自我是一个不可怀疑的在场者（Anwesende）。他之所以是不可怀疑的，因为他思想着（认识着）。而他思想着，也就意味着他存在着；同时，他存在着，也意味着他思想着、认识着。这等于说，这个自我向来是且一直是置身于认识活动中。这个不可怀疑的在场者就在其认识活动中确定着（feststehen）一切存在者的存在（出场或在场）。这个自我同时就是一个确定者（Feststehende）。他确定着一切在认识中出场（anwesen）的东西。而他首先确定的就是他自己，即"我思"。也就是说，他首先确定为不可怀疑的在场者就是他自己——我思。"我"思"我思"而确定这个"我思"（自我）是不可怀疑的在场者。因此，首先成为我思所认识和确定的对象就是我思自己。我思是我思的第一个对象（Gegenstände）。我思是通过把我思自己置放到前面（vor-stellen）来相对（gegen）而让它出场，从而确定它的不可怀疑性。我思只有通过这种置前活动（vor-stellen）才能确定我思自己的确在思着，因而，的确是不可怀疑的。在笛卡尔这一命题中，我思只能由自己来确证。这是这一命题的核心。但是，我思除了"表象"（vorstellen）这种置前活动外，它别无其他确证方式。换句话说，这一命题中的"我思"实际上是表象意义上的我思。只有作为表象的我思，才能自我确证。

我思的这种自我确证，或说，对我思的表象活动——让我思到前面来相对而持立（stehen）着，实际上是对我思的一种对象化。我思把自己

① 参见海德格尔《克服形而上学》，载海德格尔《报告与讲演集》，第74页。

对象化而把自己拿出来"看"。在这种对象化过程中,我思成了自己的主体;同时也意味着我思成了自己的客体。我思成了自己的主体,这等于说,我思能够自我认识;而我思成了自己的客体则表明,我思能够自我构造。我思的这种自我认识与自我构造被黑格尔的精神现象学描述为一个历史过程。但是,不管这个历史多么辩证和曲折,它展示的仍然是我思(精神)这一主体围绕着自己转的过程。

如果说,在柏拉图那里,灵魂所要认识的世界尽管在实质上是出于对人(灵魂)的理解而得到规定的,但它仍被设定为一个等待着人去认识的现成世界;那么,从笛卡尔的自我出现以来,这个人所要认识的世界也开始以自觉的方式围绕着人转。因为我思(自我,主体)这个确定者首先确定的是我思自己。这意味着,我思是一切能够被认识、被确定的东西的前提。我思成为我思自己的对象,或者说,我思这一第一对象,是一切东西成为对象的前提。我思使一切东西作为对象成为可能的。正是我思首先成为自己的对象,使我思能够把存在者置放到前面来而让它对象化为客体。所以,在"我思故我在"这一命题中,已挑明了这样的一个思想:人的世界围绕着人转。人(我思)不仅思我思自己,不仅表象自己而置前之,从而把自己对象化而确证自己(的存在)的绝对可靠性,而且还以此为根据;我思也思他者,把他者置前而使之成为对象。因此,不仅我思围绕着自己转,而且它的对象世界也围绕着我思转。或者说,客体围绕着主体转。

当然,这一思想只有在康德的先验哲学中才得到了完全自觉的和系统的表述。这就是康德自己所说的"哥白尼式革命"。不过,正如康德一方面在一定程度上缓解了时间与自由的冲突,而另一方面又更为突出地展示了这一矛盾一样,①康德也一方面强化了人的自我中心论,同时又把人的这种自我中心地位加以严格限制。只有在现象界范围内,人才具有

---

① 参见第一章第二节。

中心地位。但是,一旦超出这一界限,康德马上向人指出,对于本体界,对于物自体,人是无可奈何的。对本体界,人不仅不能认识它,更不能利用它,而只能听从它(自由律令)。我们并不知道理性本身是什么,但我们却必须听从它的命令。在康德哲学中,人因是自由的,所以,人成了目的本身。因此,按传统的通常解释,康德似乎把人抬高到了一个从未有过的崇高地位。这当然没有错。但是,如果只是停留在这一个方面上,那么这种解释只能是片面的。人是自由的,但这种自由并不允许人为所欲为,不允许人任凭自己的意愿行事。相反,这种自由恰恰在于要人听从超验的道德律令。我们说,人有道德律令,或说,人有实践理性,但是,我们却绝不能据此认为,人是道德律令的主体。这里的"有",并不是在"拥有"或"占有"意义上的有,而是指人能够听从道德律令,能够执行道德律令。就此而言,人只是道德律令的执行者,充当"主体"的则是道德律令。正如头上的星空,它的和谐、完满令人惊叹不已一样,心中的道德律令的庄严和崇高也无时不让人肃然起敬,激起人的敬重之情。所以,人的道德实践和道德情感并不是人自己无中生有,凭空造就出来的,而是由庄严的道德律令使然。在自由(道德)世界,人只是一个听从者和实践者,而不是主体。所以,在康德哲学中,人的全部尊严,人作为目的,并不是来自他的主体身份,而是建立在人是一个道德实践者之上的。所以,康德说,人既是目的,又是工具,是工具与目的的统一。

如果我们按照康德的上述思想去理解历史,那么,历史就不可能纯粹是一个由主体自我认识、自我展开所引导的历史。历史必定具有听从来自超验领域发出的声音的庄严性。在古典哲学中,康德可以被看作是第一个较为自觉和较为成功地试图以哲学去理解和化解基督教信仰提出的问题和培养出来的精神的哲学家。这使他能在一定程度上削弱了人的主体地位,也就是人的中心地位。

但是,由于康德在时间问题上的局限性,使他不可能在根本上检阅人的主体地位,仍未能坚定地洞见到,人的主体身份只是人的存在的一种可能方式,而且这种主体身份是以人能够作为自身存在为前提的,也就是以人能够听从存在的传呼(Ansprechen)而守护存在为前提。

实际上,康德关于人在本体界只是一个听从者的思想并没有引起他的后继者的反应。虽然我们并不能把费希特的"自我"或者黑格尔的"绝对精神"解释为人的别名,但是,它们都是一个自满自足的主体。它们都可以被理解为作为主体的人的一种膨胀和放大。不管是费希特的"自我",还是黑格尔的"绝对精神",它们都不知道有听从原则,而只知道自我创造、自我展开的原则。因此,历史就是且只能是这种主体创造和牵引的历史。历史的意义、价值和目的都由这一主体给出。

对于这种主体来说,"人"是其自我展开和进行创造的最强有力的执行者。在这个意义上说,人以自觉或不自觉的方式牵引着历史。人以什么方式执行主体的创造活动规定着人以什么样的面目——感性存在者或者理性存在者,抑或超人——出现,但不管以什么面目出现,人都是执行主体。在这一点上,尼采与黑格尔相一致。所以,他们都被海德格尔视为典型的形而上学家。人与最高主体(绝对精神,权力意志)的基本关系,就是人努力与这一主体完全统一。人的这种努力也是人的自我解放:或者从感性的直接性中解放出来,或者从"弱者的道德"中解放出来。而哲学则是人的这种自我解放的一条唯一有希望的道路。或者说,哲学是对人的一种唯一有希望的努力。唯有哲学能把人提升到与绝对主体同一。所以,在主体原则得到了完全贯彻的黑格尔哲学之后,即形而上学得到了完成之后,哲学成了人类学。①

不管是笛卡尔的"自我",还是黑格尔的"绝对主体",抑或尼采的"权力意志",它们都遵循着一个"主体性原则":以自己的在场来衡量一切存在者的存在。也就是说,它们都把自己当作第一存在或最高存在。我们或许可以把这种主体性原则称为"自我中心原则",或者叫

---

① 参见海德格尔《报告与讲演集》,第 86 页;又见海德格尔《林中路》,第 91 页。

"自我扩张原则"。从上节的分析中，我们可以看出，自从苏格拉底和柏拉图以来，这种主体性原则就在不同程度上得到了执行和贯彻。而对主体性原则的贯彻在实质上和效果上都是强化人的主体身份。不管是作为主体本身，还是作为绝对主体的一个环节，在主体性原则得到贯彻的地方，人实际上都是一个执行主体。作为这种执行主体，人是可以努力的。人通过自己（如以哲学方式）的努力或者成为"我思"、"纯粹意识"这类主体，或者成为某种绝对主体的一个环节而执行绝对主体的创造活动。但是，不管是哪一种情况，只要人通过努力就可以成为主体，那么人的历史就不可避免地被视为是人的表述和创造。换句话说，历史就会被理解为单纯由人牵引和创造的历史。历史是人努力出来的历史。因此，人这一主体也就是历史的主人。哲学怎么理解人这一主体，也就怎么理解历史。

于是，历史或者具有"理性"逻辑那样铁定必然的命运，或者只是纯粹意志的展开而拒绝任何命运（Geschick）。[1] 实际上，有主体的历史在根本上都禁止任何命运。像黑格尔那样认定历史具有铁定的必然性，实际上恰恰否定了历史的自由命运。这样的历史无非是追求绝对知识这种意志的展现，它同样只围绕着这一意志展开而拒绝任何命运。只是在有自由的地方，才有命运。因为只有自由，才会有我们不得不置身于其中的可能性，才会有由这种被抛的可能性带来的机缘和时间。我们是自由的，但我们并不能（不允许）为所欲为。因为我们是自由的这一点恰恰是由不得我们人自己。这一先验事实向我们提示了一个超验领域的存在，从而向我们表明，主体并不是人的真正身份，更不是人的唯一身份。我们的自由不仅不是我们成为主体的根据，而且恰恰因为我们是自由的，我们才不是主体，而只是持守纯粹可能性的自身，即只是让存在作为存在自身来相遇而与之同一，因而，人只是存在的近邻，用海德格尔的话

---

① 参见海德格尔《报告与讲演集》，第 80 页。

说，人只是存在的守护者。只是作为守护者，人的历史才是有命运的，而不是由人牵引的历史。

海德格尔曾经把那种由人牵引的、没有命运的历史视为欧洲历史的形而上学特征。他认为形而上学是欧洲历史的根本特征，这种特征就体现为历史是由作为存在者的人牵引的。[①] 其结果是灾难性的：历史被引上了没有真理保障的迷途。人怎么理解主体，也就怎么"创造"历史。在主体与真理之间，人们甚至宁愿舍弃真理而服从主体：根据所理解的主体所给出的目的、价值和意义去"创造"历史。而在主体名义下给出的任何价值只能是存在者的价值。因为相对于主体这一在场者出现的一切东西首先一定是作为某种什么，即作为存在者出现。相对于主体才在场的一切东西一定不是作为什么也不是的自身，而只能是作为某种相对的也就是关联中的"什么"（存在者）出现。因此，任何主体给出的价值都只是存在者的价值。这意味着有主体的、没有命运的历史是由存在者价值引导的。就是说，这种历史实质上是实现和争夺存在者价值的历史。它不仅要实现和争夺周围世界中的存在者，而且作为存在者的人本身也成了争夺的对象。

欧洲历史的这种形而上学特征在 20 世纪的世界性灾难事件中得到了充分的体现。这些灾难事件以极端的方式表明了人类在追逐存在者价值过程中对存在本身的价值的遗忘。这意味着在主体性原则下确定起来的价值和真理走到了自己的尽头，暴露出了存在者的价值和真理对唯一性要求——把这种价值和真理当作唯一的和最高的价值与真理——的虚妄和独断。只要人们执着于存在者真理并把存在者真理当作唯一的真理来追求，人们就不仅不可能守护存在的真理，甚至可能走向反对存在的真理。20 世纪人类的灾难性事件实际上在根本上表明了人的主体身份已陷入了反对存在本身的绝路。换句话说，作为主体的人

---

① 参见海德格尔《报告与讲演集》，第 77 页。

已陷入了绝望的深渊。

尼采说，上帝死了。但是，与其说上帝死了，不如说人——作为主体的人——死了。因为近代以来的神学和哲学里，上帝作为最高价值和真理的象征，它也是在主体性原则下得到理解和设定的。上帝这一最高价值的崩溃在根本上象征着人的主体身份的困境。这并不是说，人不再能够成为主体，而是意味着那种被当作人的唯一的最高存在方式的主体已陷入这样的困境：要么反对人的存在本身，要么放弃主体本身。上帝之死无非是在象征意义上宣告放弃人的主体身份。虽然尼采实际上并没有能够做到这一点，但是，"超人"无疑包含着寻找人的真实身份的尝试。

"我们且做一次真理的尝试，或许人类将在其中找到根据。那就开始吧！"这是 Zarathustra 说的一段话。我们且不去分析尼采这里说的"真理"指的是什么，这段话至少向我们表明：(a) 我们尚没有"真理"。我们绝不像常见以为的那样拥有真理，好像我们已生活于真理之中，相反，我们一直置身于真理之外，还不知真理为何物。所以，对于真理，我们只能说做一次尝试。(b) 我们人类还没有正当的身份，因为它的生存一直没有找到正当的根据。只有在真理中，人才能为其身份和生存找到真正的根据。

所以，开始一次真理的尝试也就意味着开始寻找人的正当身份，或者说，开始尝试人的正当身份。

那么，这种正当身份又是什么呢？作为一种全新的身份，人是否还具有在主体性原则下给出的那种尊严与价值呢？也就是说，以新的身份出现的人是否还具有作为主体的人的那种尊严与价值呢？我们是否还需要以主体性原则为前提的"人道主义"呢？反对形而上学，反对人的主体身份，是否意味着反对"人道主义"？

这些不仅是思想在克服形而上学时面临的问题，而且也是形而上学的历史现实把它们摆到人类面前的问题。

人的确有人的命运和使命，因而，人有人的尊严与价值。"天生我材必有用,千金散尽还复来。"①这说的就是,上天降人,必有其大用。这个大用因其独特不可替代,而为千金所不能沽换。相对于这个"大用",一切贵重(如"五花马"、"千金裘")的东西也不显其高贵,也算不得有什么重要。不过,我们必须马上指出的是,这个"用"绝不是在主体使用客体意义上的用,也不是客体相对于主体有某种效用意义上的用。上天降人而用人,就在这种"用"之中,天人合一。上天用人而与人合一。因此,上天用人,并不是把人当作工具或客体来使用和拥有,而恰恰是在"用人"之中让人作为其自身出现,从而也才让上天自己作为自身,也就是作为什么也不是的存在自身出现。上天需要作为自身存在(出现),所以它需要会死亡之人,需要时间性的到时。因为只有会死之人才能持守自身,才能让自己作为自身出现,从而也才能让上天作为自身出现,也就是让上天作为什么也不是的存在自身显现。

人是且不得不是会死之人。人终有一死。这是人不可改变的、由不得人自己的命运。然而,正是这种命运使人能够承担起一个特殊的使命,这就是让自己能够作为自身出现,从而让存在(它或许被称为"上帝""上天",或者其他名称)作为什么也不是的自身出现。让存在作为自身出现,这是会死之人的不可替代的使命。这是人的全部尊严与价值的根据所在。人因会"让"(lassen)而有人的尊严与价值。这种"让"是由不得人自己的,所以,人的尊严才有不依赖于人自己的神圣性。

如果用海德格尔的话来说,那么这种会让之人,也就是作为自身的人,就是存在的守护者或叫牧羊人。人的正当身份也就是人自身,就是(存在的)守护者。作为人自身,人不是存在者的主人,不是世界的主体,而只是一个守护者。因此,人的尊严与价值并不来自他是或能够是主体。换句话说,人能放弃自己的主体身份,从而放弃作为主体而具有的尊严与价值。但是,这丝毫无损于人的真正尊严与价值。与作为主体的

---

① 李白:《将进酒》。

人相比,这种守护者的人似乎"更少"。但是,海德格尔认为,"在这种'更少'中,人并没有损失,而是有所获得。因为他在这种'更少'中走进了存在的真理。他获得了守护者的本质赤贫,他的尊严就在于被存在自身召唤进存在真理的真中。这种召唤作为抛出(Wurf)传来,此在的被抛状态就来自这种抛出。"①作为主体,人有许多东西:他拥有围绕着他转的客体世界,也即拥有作为客体的万事万物,而作为守护者的人,则什么也没有,他只是他自身。然而,正是在这种"赤贫"中,人才能应存在的召唤而与存在共属于同一,即才能让存在作为其自身显现而与之同一。就在这种同一中,人获得了存在的守护者的身份,从而获得了人的神圣与尊严。在这个意义上说,人在失去一切的同时赢得了高于一切的真理与尊严。

海德格尔认为,这样去理解人,是一种最充分、最本源意义上的人道主义。这种人道主义不是从人的主体身份,而是"从通向存在的近邻处去思想人的人性"②。这意味着这种充分的人道主义并不把人身上的人性仅仅看作是人自己的一种表现或表达。因而,它也就不再从人身上去寻找第一存在和最原始的力量。这从根本上消解了人的中心地位。就此而言,这种充分的人道主义恰恰要反对传统的人道主义。然而,这绝不意味着它要为非人道(In-humanen)的东西辩护或倡导野蛮的暴行。相反,它在反对把人仅仅当作主体的同时,也意味着它反对把人仅仅当作客体;它在取消人的中心地位时,并不是对人的降格,相反,它恰恰提升了人,把人提升到了存在的守护者的神圣地位。

因此,放弃人的主体身份,并不意味着取消人的尊严。主体死了,并不等于人死了。主体身份的丧失,只是意味着人将开始充任另一种也许是正当的身份。我们知道,只有主体的人才会执着于形而上学式的追问,才会不懈地追求客体或对象背后的根据。因此,主体身份的丧失,也

---

① 海德格尔:《论人道主义》,载海德格尔《柏拉图的真理学说》,第 89 页。
② 海德格尔:《柏拉图的真理学说》,第 90 页。

就意味着形而上学到了终结(完成)的时候。

然而,正如主体死了,只是意味着人开始了另一番前景一样,思想并不因形而上学的终结而告终止。所以,海德格尔说:"哲学随着尼采的形而上学而完成(终结)了。这说的是:哲学已穷尽了昭示出来的可能性。……但是,思想并不随着哲学的终结也终结了,而是转向了另外一种开始。"①也就是说,形而上学(哲学)的终结并不意味着思想没有问题了,思想可以转身不理形而上学追问的问题;而只是意味着思想不再以形而上学的方式去追问这些问题,而必须开始以新的方式去思想这些问题。因为形而上学正是因其造问方式而错过了这些问题本身。

从这一章的分析中,我们或许可以这样说,从"理论"上而言,要克服形而上学,必须消解形而上学的基础,这就是作为存在者原则的"根据律"。具体而言,就是必须把作为存在者原则的根据律消解为一条存在的原则,从而展露出形而上学的虚妄性。从"实践"上来说,只有当人放弃主体身份而开始一种新的尝试,才能真正克服形而上学。这种新的尝试就是把人自己当作会死之人,当作有限的、有时间性的生存(Existenz)。只有有时间性的会死之人,才能"让",才能进入存在的真理之中而守护存在。

---

① 海德格尔:《报告与讲演集》,第 83 页。

附录一　真理的本质与本质的真理[①]

——论海德格尔的真理观

　　在传统哲学（特别是近代哲学）中，真理一直是认识论的问题。真理就是正确的认识，而正确就是符合。但是，是什么与什么的符合？这种符合是如何可能的？这些问题却从未在认识论中得到充分的解决。

　　传统哲学还一再劝导人们把真理与自由当做人类的庄严目标来维护与追求。但是，真理是什么，自由又是什么？真理与自由有关系还是毫无关系？如果有关系，它们是一种什么关系？如果没有关系，它们又如何能共同成为人类所追求与维护的目标？这类问题更未在认识论中得到必要的追问与思考。

　　这种状况至少表明，把真理问题定位在认识论领域，很可能阻碍了哲学更根本地追问真理问题。这种定位一方面使真理本身的法则性地位长期得不到巩固与维护，另一方面使真理成了科学家（特别是自然科学家）与技术专家的特权，而普通人似乎与真理无缘，至少离真理要远一些。如果真理是人类尊严的源泉，那么传统真理观的一个意外结论将是：人的尊严是不同的。这一结论迫使现代哲学不得不重提真理问题。

① 发表于《中国社会科学》，1999 年第 2 期。

不过,在现代哲学中,能自觉地从更根本的层次上去重提真理问题的,海德格尔当是最重要的哲学家之一。这显然与他对存在问题的独特追问有密切联系。

一、传统真理观的核心:真理的本质就是符合

重提真理问题究竟有多大程度的迫切性,首先需要通过清理传统真理观来说明。在《存在与时间》里,海德格尔用三个命题刻画了传统真理观:"1. 真理的'处所'(der Ort)是判断(陈述)。2. 真理的本质就在于判断与其对象的'符合'(Übereinstimmung)。3. 是亚里士多德这位逻辑学之父不仅把判断当作真理的本原处所,而且首先把真理定义为'符合'。"[①]

在这三个命题中,第三个命题属历史问题。第二个命题包含着第一命题,因为把真理的本质理解为判断与对象的符合,也就意味着把判断当作真理的本质处所。因此,第二个命题是核心。而从这个命题可以分析出下面两点:A. 对象是判断(陈述)是否与其符合的标准。B. 符合是真理的前提,或者说,符合被预设为真理的前提。

那么,符合是什么意思? 就一般而言,符合就是两个东西相一致、相协调,一个东西恰如另一个东西那样。比如,这个五分硬币与另一个五分硬币相符合。这就是说:这个五分硬币如(so)那个五分硬币那样(wie)有共同的形状、共同的大小,还由共同的材料铸成。在这里,符合在形式上至少有"如……那样"(so-wie)的关联结构。

当我们说,判断与其对象相符合时,也就等于说,判断如其对象那样。面对一个五分硬币,我们说:"这个硬币是圆的。"这个陈述(判断)符合五分硬币这个物。这里,不是物与物的关系,而是陈述与物的关系。

---

① 海德格尔:《存在与时间》,图宾根,1979 年,第七版,第 214 页。

显而易见,这两个关系者是根本不同的:硬币是金属材料制造的,而陈述从来就不是什么物质材料;硬币可以用于购买食品,而关于硬币的陈述从来就不能成为支付手段。虽然两个关系者有种种不同,但这一陈述作为真的陈述,我们还是说,它与其对象相符合。那么,它们究竟在什么方面符合呢? 或者说,这个真的陈述在什么方面如硬币那样呢? 这是问题Ⅰ。

不管陈述在什么方面符合对象,这种符合都是一种关联(Bezug)。因此,在讨论"什么方面相符合?"这一问题之前,我们首先要讨论的是:陈述如何关联到它的对象? 这是问题Ⅱ。只有澄清了问题Ⅱ,才有可能回答问题Ⅰ。而问题Ⅱ显然与"陈述(判断)是如何进行的?"这一问题相联系。

在认识论里,陈述通常被当做认识活动的结果,它就像一个被制作完毕的杯子那样,是一个现成的东西。因此,有人甚至把它当作一个"第三世界"。但在海德格尔看来,陈述首先是一种存在活动,这种存在活动是由表象(Vorstellen)来进行的。任何陈述(Aussagen)都是一种表象活动,而表象活动也总有所陈述。于是,问题Ⅱ的关键就在:何为表象活动?

"在这里,表象就指:在排除了一切'心理学'的和'意识论'的前见之后,让物作为对象来对立。这个对立者作为这样的被置放者(Gestellte)必须一直保持为一种被敞开的对立,与此同时,仍作为物持立在自己位置上,显示为一个持立者。"①表象没有心理学意义的体验结构,也没有传统认识论的意识结构,它只是时间性的一种到时方式,或者说,只是纯粹意识的一种展现方式。因此,它在让物作为对象出现时,并不是把物分析为碎片,或者构造为影像(Schein)储存在意识中,然后对它进行逻辑推演;而是让物仍保持在物自己的位置上。也就是说,表象在让物作为对

---

① 海德格尔:《论真理的本质》,法兰克福,1961年,第四版,第11页。

象显现出来时,并不改变物,而是让物如其自己那样显现为对象。对象不是构造出来的,而是物如其自己那样在表象活动的陈述中呈现出来。只要物是在表象活动的真的陈述中呈现,它就显现为如其自己那样的一个对象,一个有"人"跟它对立的对立者。

陈述就是在表象活动如此这般地让物作为对象(对立者)显现出来时,关联(Bezieht)到对象。我们可以把这种关联活动看作一种"存在对接(richtigen)"。表象的陈述活动让物作为对象来对立,一方面是陈述者(Dasein)向物的存在,同时又是物在陈述中向陈述者的显现,或说物在陈述中作为对象这种形态存在。这是同一件事情。所谓向物存在,绝非将自己"物化",而是指此在在表象的陈述活动中敞开自己,让物如其自己那样作为对象(某种存在者)而存在,并据此领会自己的可能性存在。比如,当表象(陈述)让树这一物作为一棵大树呈现出来,人据此也就进一步领会到:他可逍遥侧卧其卜,或者伐之以为栋梁,等等。

因此,陈述向物的存在,有双层意义:让物作为对象来相遇,并据此对象领会陈述者的可能性存在。这双层性是同时发生的。在这个意义上说,陈述是一种共属性存在:与对象这种存在共在的存在。陈述总是有所陈述或有所揭示(Entbergen)的陈述。也就是说,陈述总是让物呈现为某种对象的存在活动。所以,陈述这种存在总是与对象(物的一种存在形态或存在方式)这种存在不可分离地共属(Zusammengehört)于一体。只要此在以陈述这种方式存在,它就不可避免地与对象共在。

在这个意义上说,陈述并非像传统认识论所理解的那样,是一种现成的东西;它与其对象的符合,也不是两个现成东西(如两个五分硬币)之间的符合。陈述首先是此在的一种存在(生存)活动或存在方式。一个陈述是否为真,既不是在"形式"上,也不是在"内容"上是否与其对象相符合,而是陈述这种存在是否"对接"上对象这种存在(物的一种存在形态),是否与对象这一存在同一(Identität)。"对接"就是同一,就是相互协调地共在于一体。而只有当此在在陈述中如物自己那样让物作为对象出现,并据此对象去领会自己的可能性存在,此在的存在(陈述活动)才"对接"上对象,才与对象相符合:相互协调地共在于一体。一个真的陈述,意味着这个陈述者在陈述中如物自己那样向这个物存在:让物如其自己那样作为对象来相遇,并据此相遇的对象来领会自己的能在。

于是,陈述与对象的符合,是也只能是"存在"方面的符合。在这里,符合就是"对接",就是同一,即相互协调地共在。因此,符合是一种生存性的符合,而不是现成东西之间的符合。当陈述"对接"上了对象而与之同一,我们就说,这个陈述是正确的(richtig),是真的(wahr)。这意味着,陈述的真理首先是存在意义的真理。一个陈述是真的,首先表明的是陈述者存在于真理中,而不是他反映了一个真的东西或创造了一个真的东西。所以,真理首先是一个存在问题。

上面的讨论已经暗示,陈述是否符合其对象的标准并不是对象,而是陈述关联到的物。因为对象只是在陈述中才作为这个对象而不是作为那个对象出现的。也就是说,只是此在通过表象的陈述活动向物存在,物才作为对象出现,因而才有对象。实际上,一个错误的陈述也可以与其对象相符合。例如,面对一个五色板,色盲人会说:这是一单(无)色板。在色盲者的表象陈述中,五色板的确就是作为单色板呈现出来,因此,他的陈述与其对象是相互符合的。但我们并不认为他的这一陈述是正确的。原因就在于,他在其陈述活动中未能如五色板本身那样把它作为一个多色板(对象)来呈现,而是遮蔽和歪曲了这个色板。也就是说,表象活动在让物作为对象来对立时,有可能歪曲或掩盖了物自身,而未能使对象如物自身那样呈现出来。

因此,陈述只能从它所关联到的物那里获取正确尺度(Richtmass)。那么,物又如何能够成为正确尺度呢?物只有作为自身出现,它才能成为正确性尺度。于是,更进一步的问题是:物如何能作为自身出现呢?物必须首先作为自身出现,才能作为对象出现。不过,人们会说,在康德那里物并不作为自身出现,却不是也有对象呢?

的确,在康德哲学中,物自身是无法显现的,它所能提供的只是感性材料,而主体总是通过其先验形式去接受和改造这些感性材料。因此,主体不可避免地改变和掩盖了物自身,也就不可能如物自身那样让物显现出来。所以,在康德的现象学里,没有物自身,只有对象。对象既是在认识活动中构造出来的,又是认识的真理性标准。但是,实际上,我们只能就形式方面去判断一个认识是否与其对象相符合,而内容方面是无法知道的。因为对象的内容虽然来自物自身提供的感性材料,但当这些感性材料被做成对象时已掩盖和歪曲了物自身。这意味着,认识在内容方面失去了真理性标准。换一个角度说,认识是否与其对象符合,只有必要的(形式方面的)标准,而没有充分的标准。这实际上等于否定了充分符合的可能性。

这是康德现象学留下的一个重大问题。它表明,只有物自身的显现,才使充分的符合成为可能。当传统哲学把符合当作真理的本质时,它显然只是把符合预设为真理的前提,而并未进一步追问这种符合本身的前提。在海德格尔看来,那种使物自身得以显现,从而使充分符合成为可能的东西,才更有本源的理由成为真理的本质。[①] 对于这个"更本源"的本质,我们显然只有通过追问"物自身如何显现?"这一问题来理解。

二、自由与真理

物作为自身显现出来,意味着它作为自身被敞(打)开,被公开(öffnen)出来。任何存在着的东西,都首先是作为自身被敞开而存在着,否则,我们就既不能谈论它存在,也不能谈论它不存在。物必须首先作为自身被敞开,它才能成为表象陈述中的对象。表象能让物作为对象来

---

① 海德格尔:《论真理的本质》,第12页。

对立,表明在作为对象之前,物已被敞开或公开出来。所以,海德格尔才说,物显现为对象是在被敞开者中实现的①。

这表明,物首先是在一个敞开活动中显现出来的。在这种敞开活动中,物之所以能作为自身存在,必须有一个条件:敞开活动并不改变或歪曲物,而是让物如其自身显现自身。这意味着,这种敞开活动是一种无先决条件的敞开活动,它没有诸如先验形式或先验范畴这类框架。它只是自我敞开、自我(自身)显现而已。而这种无条件的自我(自身)敞开就是此在的自由存在(Freisein):自身(Selbst)从自身显现出来,开放(freien)出来。它不为什么开放(显现),只为自身而开放自身。

不过,自由的这种敞开活动又总是有所敞开,总是向……开放。自由如果无所敞开无所开放,也就不成其为敞开活动,也就无所谓自由或不自由。自由从自身开放出来之际向……开放。就是说,自由在展现自己之际有所显现,或自由在有所显现之际展现自己。在这个意义上说,自由不在(显现在)主体身上,更不在对象(客体)里,而在主体之外的第三项——Dasein(此在)那里。作为动物的一种类存在者和主体,人没有自由,自由在人之外。只是作为此在,他才能承担起自由。也就是说,作为自由的人,他的存在总是关联到"此(da)"。这个"此"不是(经验中的)什么东西(Seiende),却又总是某物。因此,自由这种敞开活动作为自身存在又总关联到某物。但是,它并不因这种关联而改变或歪曲物,相反,由于自由是一种无条件的自我开放,因而物自身恰恰是在这种开放中被敞开而呈现出来。

于是,对于自由我们获得了这样的理解:一方面,自由是自身性存在,是自身从自身显现出来,开放出来。因此,另一方面,自由又总是有所显现,它能够且不得不让他物作为自身呈现出来。自由在或者自由作为自身显现,同时也让物作为自身显现出来。自由与物自身在(显现)是

① 参见海德格尔《论真理的本质》,第 11 页。

同一件事（Ereignis），是同一性存在：只要自由在，就必有物自身呈现，而物自身也一定是在自由处才呈现。二者作为自身而又相互归属。自由在，同时也总让物自身在，也就是让存在者作为自身在。所以，海德格尔说，自由的本质（Wesen）就是让……存在（Sein-lassen），即让存在者作为这一存在者自身存在。① 需要指出的是，这里的"本质"并不是指构成某物核心的不变体或恒定属性。海德格尔强调要在动词意义上来理解Wesen 一词。而作为动词，本质的原初意义就是出场（anwesen），就是存在或持续（weilen）。② "自由的本质是让……存在"，亦即自由出场就是让存在者自身出场。因此，我们可以用"让……存在"来说明自由存在。

"让……存在（是）"就是"听之任之"：听其自便，任其自然，是什么样就是什么样。但这并不意味着，让……存在是一种消极意义上的放弃和冷漠。与传统哲学中的主体相比较，让……存在并不构造任何对象，不干涉任何对象；它只是守于自身的自我开放，在这个意义上说，自由就是一种退让——从对象世界退回自身。作为自由的人，意味着他放弃（否定）了对象世界而守于自身。然而，放弃对象世界并非放弃一切。相反，自由正是放弃了对象世界，才得以"肯定"物自身（让物自身是）。自由无视（掩盖）对象世界，却显现了物自身。自由不让是什么，却让是（存在）。让……是，就是让自身是，让……是自身。物就是在自由的这种退让中，才作为其自身存在，而不是作为对象或单纯的某物出现。换一个角度说，只是在自由的参与（einlassen）或协助下，物才作为自身存在。因此，让……存在不仅不是一种消极的放弃，恰恰是一种最高意义的参与或协助。自由既是一切否定的源泉，也是一切肯定的基础。

讨论到这里，一个结论已明确起来，这就是：自由更有理由成为真理的本质。因为正是自由使物自身的呈现成为可能的，从而使充分的符合

---

① 参见海德格尔《论真理的本质》，第 14 页。
② 参见海德格尔《形而上学导论》，图宾根，1958 年，第二版，第 55 页。

成为可能。因此,如果我们谈论的是陈述的真理,那么真理的本质就是自由。这里同样需要说明的是,在对"真理的本质"的传统追问中,"真理"是一种现成的东西,即作为结果出现的认识,而"本质"也是某种现成的东西,只不过这种现成东西是另一个现成东西的核心,这个核心使"真理"能够与非真理或其他东西区别开来。当传统哲学把符合理解为真理的本质,也就等于说,它把符合理解为一种现成的状态,正是这种状态使真理作为真理出现,从而把真理标识出来。然而,传统哲学却从未进一步追问充分的符合是如何可能的。这种追问使我们发现,与其说符合是真理的本质,不如说符合是真理的一个基本特征。而使真理能够具有充分符合这种基本特征的活动,却是一种非现成的敞开活动,亦即自由。

因此,从本源上而言,真理与自由是统一的、相通的,而绝不是两个分立的问题,更不是两个互不相关的概念。离开自由问题,我们无法理解充分的真理。换句话说,没有自由,也就不可能有充分的、完整的真理。当哲学劝导人们以真理为重,在根本上也意味着它鼓励人们追求与维护人的自由。否则,这种哲学所理解的真理就不是真正的真理。在我看来,这是海德格尔真理观最值得人们重视的一个重要方面。真理与自由的冲突、沟通由来已久。而在哲学上自觉去理解和思考这两个问题及其之间的关系,却是从康德才开始。不幸的是,这种开创性的思考在后来的哲学中又陷入了歧途:自由与真理的关系被理解为自由与对必然的认识的关系。认识了必然才有自由,没有认识就没有自由;认识得越充分,才越有自由。历史因而才有"进步"。对自由与真理的这种理解最后引发出了一种灾难性历史观:新的历史时代有理由嘲笑和否定以往的一切历史。历史在表面上以真理为前提,但由于这种真理本身丧失了神性的尺度,实际上历史恰恰是行进在没有真理保障的道路上。

不过,当海德格尔把自由理解为真理的本质时,人们马上也会问:这不也意味着真理是任由人来处理的东西吗? 因为自由不正是人的属性吗?

的确，人们通常总说，人有自由。但是，我们却从来没有领会这里说的"有"与"我有一本书"意义上的"有"有根本的不同。人有自由，说的是，人向来就置身于无关联的可能性当中，因此人能无条件地做出自己的决断。对于这种无关联的可能性，人是没有选择余地的，他向来就置身其中，且不得不一直置身其中。也就是说，人不得不自由，自由是由不得人自己的事情。就此而言，恰恰不是人拥有自由，相反，倒是自由拥有人。在这个意义上说，自由是命定的自由。

这种自由的人，也就是会死的人。海德格尔称之为 Dasein（此在）。因此，他说："仅当此在在（ist），真理才在。"①因为正是这种自由的人才会退让，才会听之任之，因而才会有物自身的显现与充分的符合。

自由的这种命定性，从一个方面表明，自由本身是有来源（Entstammen）的。如果说自由是无条件的敞开活动，那么，它的这种来源恰恰是不可能敞开的：在敞（公）开活动中，来源隐去而被遮蔽（Verbergen），显示为一个不可公开的秘密（Geheimnis）。这个秘密并不是具体的、个别的秘密，而是唯一者。个别的或具体的秘密总是可以解开的，在这个意义上说，个别的秘密并不是真正的秘密，只是有待破解的一道"谜语"或问题。而作为唯一者的秘密则永远不可能破解（敞开）。它在（ist），但不出场，而是在出场者（Anwesende）的出场（west）中显示它的非出场性存在（Unwesen）。因此，这个唯一者的秘密有些类似老子的"道"：道是万物之母（源），但它却是隐蔽着的，它只是在万物的生长、展现中显示它的存在。

这个作为唯一者的秘密，不仅是此在即自由之人的来源，实际上也是其他存在者的来源。从这个角度说，这个来源就是存在者在其中的整体（Im Ganzen）。此在（通过自由的敞开活动）在让存在者存在时，显明了存在者是在整体中的存在者（das Seiende im Ganzen）。此在让存在者

_____

① 海德格尔：《存在与时间》，图宾根，1979 年，第七版，第 230 页。

存在，就是让存在者从处于遮蔽状态的整体中涌现出来，呈现出来。有来源、有历史的存在者，才能够作为自身存在的存在者；没有来源的东西，也就是没有历史的东西，我们无法知道它是其自身抑或不是其自身。此在（自由）让存在者作为自身呈现出来时，显明了存在者是从一个隐蔽着的整体中闪亮出来的，也就是说，这个显现出来的存在者有一个隐蔽着的、不显现出来的来源。

　　一个存在者作为自身存在，这说的是，它从黑暗（遮蔽状态）中被照亮出来，但它并没有离开"黑暗"，它仍在（ist）黑暗中——它的周围仍是一片黑暗。自由（让存在）犹如从黑暗中照射出来的一束"光"（Licht），它所照亮的就是一片"林中空地"（Lichtung）。存在者就在这个"空地"中作为自身显现出来，而它周围仍是"遮天蔽日的黑森林"。如若没有周遭的森林，也就没有林中空地，也就没有东西从森林中凸（显）现出来；如若没有黑暗，没有隐蔽，世界是纯光的世界，也就不会有任何东西被看见。从这个角度说，恰恰是暗的、处于遮（隐）蔽中的整体使自由本身成为可能的，从而使每个存在者显现为这一存在者（自身）成为可能的。在这个意义上说，这个隐蔽着的整体，也即上面所说的秘密，是真理的更本源的本质。因此，海德格尔说："自由（此在的闭固着的开现必得从它获得把握）之所以是（表象之正确性意义上的）真理的本质，就因为自由本身是来源于真理的本源本质；来源于迷误中的秘密的支配。"①

　　这岂不是说，自由是有条件的吗？这里的关键在于如何理解这个"整体"。它曾被理解为已知存在者的总和，或者被理解为可以在历史过程中得到把握的"大全"。如果自由来自这样理解的"整体"，那么自由就是有条件的，就不是真正的自由。但这样理解的整体实际上只是一种概念推演的结果，因而是一种抽象的整体。它是可把握、可公开的，即使当下把握不了，也可以在历史中加以把握。事实上，这种整体是一种由部

---

① 海德格尔：《论真理的本质》，第 23 页。

分相加的结果，它不是存在者的来源，相反，它倒是以存在者为前提。

　　作为自由的来源，整体始终都是不可把握的秘密。它存在(ist)，但它不出场(unwesen)。它不在意识的"光区"(Lichtung)之内，而只在且总在光区之旁；或者说，它在且总在出场者之旁。作为来源的整体，它总是 Im Ganzen(存在者在其中)的整体。对于 Im Ganzen 这个词，我们必须根据海德格尔的语言习惯来理解。海德格尔曾一再强调要在动词(如居住、逗留、照料等)意义上去理解 in 这个介词①。Im Ganzen 表明的就是，有人(有物)"照料"着整体，逗留在整体；从另一个角度看，这等于说，整体总是有人照料着的整体，总是存在者逗留其中的整体，用我们上面的话来说，就是存在者自身从中呈现出来的整体。只是在此在(自由)存在之际，或者说，存在者作为自身显现之际，整体才被显明为一个不可显明的秘密、不可追溯的源头，也即才作为整体存在。没有此在的自由之光，或者离开了存在者自身的呈现，整体无法显现为不可显明的秘密，无法显明为万物从中涌现的不测深渊。就此而言，作为来源与秘密的整体反而离不开自由，离不开存在者自身的显现。

　　这一方面表明，整体并非抽象之物，它恰恰非常"具体"：它就在每一个作为自身显现出来的存在者之旁。在任何一个作为自身显现出来的存在者那里，我们都能遇到这个唯一的秘密。作为自由之人，永远都不能摆脱这个秘密。但另一方面，这个无处不在的整体却又是非出场性的存在，它不是什么具体的东西，它什么也不是。在这个意义上说，它就是无(Nichts)。自由来源于整体，受这个秘密的支配，并不意味着自由是有条件的，而是意味着，自由是从无中生有，自由是对无(秘密)的一种努力。作为自由的存在，此在总是面临着秘密，领会着秘密，受秘密的呼唤。此在的使命就是领受作为来源、作为唯一者的秘密。因而它总努力去理解这个秘密，为此，它不得不从秘密中"抢

----

① 参见海德格尔《存在与时间》，图宾根，1979 年，第七版，第 54 页。

夺"出可抢夺的东西。这就是对存在者的去蔽（Entbergen）。不过，这种抢夺并不是一种强力的破坏行为，相反，它倒是一种保护性的协助活动。自由把存在者从整体中"抢出来"，但并不使它离开整体，恰恰是让它保持在整体中。这样，自由的这种"抢夺"才既有助于领会秘密，又让存在者作为其自身出现。

所以，我们把自由当作真理的本质，并不是把真理交由人来任意处理，而恰恰是为真理找到了神圣性的尺度和非人类学的基础。这一点我们在下面还将进一步讨论。

三、本质的真理

上面对真理的本质问题的讨论把我们引向了自由与秘密（遮蔽中的整体），也就是引向了去蔽与隐蔽的问题。根据上面的分析，自由的退让并不是消极意义上的放弃，而是最积极的"参与或协助"。让……存在就是协助存在者从遮蔽状态（Verborgenheit）的整体中呈现出来，就是对存在者的去蔽：让它从隐蔽着的整体中进入"光区"（Lichtung），把它照亮出来、凸现出来。这种被从整体中照亮出来的存在者自身，或者说，作为自身被敞开出来的东西（Das Offene）就是无蔽者（Unverborgene）或无遮蔽状态（Unverborgenheit）。海德格尔认为，古希腊人的"真理"一词的本义就是指这种无蔽状态。[1] 也就是说，真理最初就是存在者的自身存在或自身显现。

但是，存在者作为自身存在或自身显现，意味着这个存在者不是任何东西（Es ist nicht Seinde），它存在着（Es ist），在场着（west），仅此而已。当我们说，存在者作为自身存在（Das Seiende ist als solches），就等于说，此存在者存在着（Das Seiende ist/west）。因此，作为无蔽状态，真

---

[1] 参见海德格尔《论真理的本质》，第 15 页。

理首先是存在的真理,是出场(wesen)意义的真理。也就是说,真理首先是本质(Wesen)的真理——作为自身出场(west),就是使某个东西是这个东西而不是其他东西的本质性存在(显现)。在这里,"本质"一词同样是在动词意义上来使用的:某物从不出场的秘密中显现出来,作为该物自身持续着、在场着。在这个意义上理解的本质就是存在(Sein)。本质的真理就是存在的真理,因为本质的真理就是自身的显现与持续。同样可以说,存在的真理就是本质的真理,因为存在不是什么东西,存在只是自身的存在,自身的显现。

在这里,本质、存在、自身可在同一意义上来理解。当我们说:树存在(ist),那么这首先表明的是,有物来相遇。但这个物不是柏树、杉树,不是大树、小树,也不是在与其他植物的比较中显出的一种特殊植物。作为某种科目的树,或者作为一种特殊的植物类,都是在比较中或在关联中展现出来的。对于这种在关联中出现的树,我们可以用陈述句式"这是某种东西"来说明(解释)它,也可以用"这是什么?"这种方式来追问它。我们面临的这个物是一种什么树,是属于哪一种植物,只有进入与他物的关联中才能得到确定,甚至只有进入关联中才有这类问题。因此,作为某一科目或某一类植物出现的树显然不是我们遇到的那个树自身。因为物只是在无关联中呈现出来才作为物自身存在,否则它就只是关联中的某种东西。这个物自身可以理解为中国古人的"自然":自然而然,自身是什么样就是什么样。一进入关联(关系)中,自然就不自然,就非自身。对于这种物自身(这里就是树自身),我们无法用"这是某种东西"这种陈述来言说它,而只能说:这在或树在。也可以反过来说,当我们说:这在或树在,那么我们表明的就是:树向我们呈现其自身。正是这个树自身使一切科目的树都可以称为树。也就是说,树作为自身出场、持续(存在)就是一切树的本质。

面对物自身,更确切地说,当物向我们呈现其自身,我们不会也不可能问:"这是什么?"因这物自身不是什么,它只是作为它自身那样存在着,自然而然地守位于自身,这就是它的真身状态,亦即真理状态。当我们把相遇到的某一真理状态(物自身)作为树时,我们并不是对这一真理状态进行定义,而是给真理状态命名,是对真理状态的一种回应。真理或物自身是不可定义的,只可命名。定义的句式是"X 是 Y",而命名的句式是:"X 在"。在"树在"这一命名中的"树",与定义"这是树"中的"树"是不同的。简单地说,树在,但树不是树。这是令人费解的,但事实的确如此。在我们能够定义(解释)"这是树"之前,我们显然已经有一个使我们能够把这个东西或那个东西确定(bestimmt)为树的"标准或尺度"。这个标准或尺度就是"树在"中的树自身,亦即树的真身或树的真理状态。但在"这是树"这一定义中,树却是关联中的树而不是树自身。"这是树",也就意味着这不是花草鸟兽。这表明,要完成"这是树"这一定义活动,不仅首先要有树的尺度(树自身),而且必须把这个东西与其他东西进行比较,让这个东西进入与其他东西的关联中,从而显示出这个东西是树,而不是其他东西。定义活动本身就是一种关联活动(Beziehen)。因此,我们可以说,定义以命名为前提,关联物以物自身为基础,亦即以真理为基础。

如果自身显现或自身存在就是本源的真理,亦即无蔽状态意义的真理,那么自由本身就是这种真理。因为自由就是此在这一存在者的自身存在。此在让物作为其自身存在,同时就是此在作为自身存在:从自身展开自身。因此,说此在是自由的存在,等于说,此在存在于本源的真理当中。

在此前的分析中,我们知道,是自由使物自身的显现从而使充分符合成为可能的。现在可以进一步说,是此在存在于本源的真理中,才使一切真理成为可能的。这种本源真理作为自身的无蔽状态就是本质的显现,或者说,这种本源真理就是本质的真理。

这样,对"真理的本质"的追问便把我们引到了"本质的真理"这个答案上来。所以,海德格尔称"真理的本质问题在下面的语句中找到了自己的答案:真理的本质就是本质的真理"①。在"真理的本质"问题中,真理是正确性或符合意义上的真理,本质则是指使这种正确性真理能够是这种真理的东西。而在"本质的真理"这一术语中,本质就是纯粹的存在,亦即自身;本质的真理就是存在的无蔽状态,或者说,就是自身的显现,自身的出场。正是这种本质的真理使符合意义的真理成为可能的,使符合的真理能够作为这种真理出现。因此说真理的本质就是本质的真理。

这意味着,陈述并不是真理的本源处所,更不是真理的唯一处所。换一个角度说,以陈述为处所的真理(即符合意义的真理)并不是本源的真理。真理问题首先是存在问题,我们必得从存在问题着手,才能在根本上理解和把握真理问题。

显而易见的是,作为存在的去蔽状态或无蔽状态,真理并不是人的行为结果,相反,我们甚至可以说,人的行为倒以真理为前提。存在者自身是在自由地让……存在中被去蔽的,而自由的这种去蔽活动则不是人所能左右的。自由是命定的自由。就人人命定赋有自由而言,人天生就存在于真理中。从另一个角度说,人的存在或行动必须以真理为前提。没有自由存在,因而没有物自身的显现,人的任何行动都是不可能的,尽管人们在自己的行动中往往可能忘记和掩盖了这一点。因此,我们不能只从人的角度去理解真理。或者说,不能只从人类学出发,仅仅把真理理解为人的一种活动结果,就如人们通常把知识理解为人的认识活动的结果一样。

同样,真理的反面——非真理(Unwahrheit)也并非人们通常以为的那样,是由人的疏忽和无能导致的,非真理同样有非人类学的根源。人类不可能像避免一场不幸事件那样避免非真理。这里需要追问的是:如何理解非真理?非真理是如何发生的?

———————————————

① 海德格尔:《论真理的本质》,第 26 页。

当真理首先被理解为存在（自身的本质）的无遮蔽状态（Unverborgenheit），也就意味着非真理就是一种遮蔽状态（Verborgenheit）。如果说无蔽状态是让……存在去蔽（揭示）出来的去蔽状态（Entborgenheit），那么遮蔽状态就是"拒绝去蔽，不允许被夺取"①。因此，这种遮蔽状态也可以被理解为一种自我隐蔽（Verbergung）：自己把自己隐藏起来。赫拉克利特说："自然（physis）喜欢躲藏起来。"躲避谁呢？躲避去蔽。有人要窥视"自然"，"自然"才躲藏起来，才有躲藏问题。因此，赫氏这句话等于说：有去蔽者要窥视"自然"，而"自然"不喜欢接受去蔽，它躲开了去蔽。

那么，在海德格尔这里，又是谁在躲避呢？存在者在其中的整体（Im Ganzen）在躲避。我们前面讨论过，存在者总是有来历的存在者，因而总是整体中的存在者。自由让存在者作为其自身存在，就是把存在者从整体中"抢夺"出来，亦即去蔽出来。但是，整体本身却拒绝这种去蔽，它以拒绝去蔽的方式隐蔽自己。也就是说，整体本身是相对于去蔽活动，才显明它"喜欢躲藏起来"，显明它是不出场的存在（Un-wesen）。没有去蔽活动，从而无物出场，也就无所谓隐蔽和不出场，甚至根本就没有整体（"自然"）的存在问题。正如没有泉水涌出，也就无以显明深山石壁里的源头在一样，如果没有存在者在让……存在这种去蔽活动中显现出来，也就不可能显明有一个存在者从中涌现出来的源头隐蔽着不显现。

因此，从整体的角度说，它的不出场是一种拒绝去蔽的自我隐蔽；但从让……存在的角度看，只是在让……存在的去蔽活动中，整体才隐入遮蔽状态，才显明为不出场，因而整体的这种不出场也可以被视作是让……存在对整体的遮蔽。

我们可以从另一个角度来讨论让……存在的这种遮蔽活动。人们通常以为，要在与其他事物（Seiende）的比较中，才能真正显明（认识）某物是什么。在日常经验中，这是正确的。比如，"这是一棵树"是在此树

---

① 海德格尔：《论真理的本质》，第 19 页。

与花草鸟兽的比较中显明的。这里显明的是关联中的存在者。在"这是一棵树"这种说法中,我们知道的是,面前这个东西不是花草鸟兽,但它又在(ist)花草鸟兽这些存在者当中:它是在与其他存在者的比较关联中才显示为这一存在者。也就是说,这个东西不是其他"什么",却又是众多什么中的一个什么(was)。至于(树)这个东西自身,我们却一无所知,甚至我们压根儿就没有领会到还有一个自身在。而实际上,存在者只有首先作为自身在,它才能与其他存在者有关联而显明为关联中的某种什么。人们的通常做法,即通过与其他事物进行比较来确定某物是什么这种关联活动,已预设了一个未曾明言的前提,这就是自身存在。

所谓自身存在,就是自己作为自己显现出来,因而是无关联的存在。这意味着,让……存在必须能够把存在者从经验关联中取回来,存在者才能退回自身而显现为自身。而只有掩盖或遮蔽其他存在者,才能解除一切关联,从而把存在者从中取回来。所以,在海德格尔这里,让……存在所让的存在者一直是单数形式。让……存在显现或去蔽的只是某一存在者自身,并不同时显现其他存在者。或者说,让……存在在让某一存在者存在时,遮蔽了其他存在者,把它们掩盖在不出场的整体中。所以,海德格尔说:"恰恰是各个行为中的让……存在在让它对其有所作为的存在者存在,从而揭示(去蔽)了这一存在者时,它遮蔽了存在者在其中的整体。让……存在本身同时就是一种遮蔽活动(Verbergen)。在此在的生存自由中,发生了存在者在其中的整体的隐蔽(Verbergung),这就是遮蔽状态。"[①]

在这里,遮蔽与隐蔽只不过是从不同角度来说明的同一件事。从让……存在言,是遮蔽;从整体言,是自我隐蔽。但不管是作遮蔽言,还是作隐蔽言,它都是在让……存在的去蔽活动中发生的。无蔽状态与遮蔽状态都是在自由存在中发生的。自由就是一种斗争——去蔽与隐蔽

---

① 海德格尔:《论真理的本质》,第19页。

（遮蔽）的斗争。这种斗争并不是一场辩证运动，而是一种直接发生的事件。因此，正如真理并非完全由人力所为一样，非真理也并非人力所能排除，不可能如千百年来人们渴望的那样，通过"真理"的积累，便可以消除非真理。人向来就行走在去蔽与遮蔽、真理与非真理的道路上，因为人向来就在自由中。因此，我们甚至可以说，人是因自由而犯错，而不是无知才犯错。动物从不犯错。当然，这里的"犯错"并不是指日常生活中的过错，或者歪曲了什么东西，而是指错过了整体：他在自由中显明了整体在，却不能让整体出场。这种"错过"是他一切过错的根源。

　　我们前面强调了真理的非人类学因素，这并不是要人放弃对真理的努力，而是要显明真理的神圣性。为了守护真理，维护真理的神圣性，人类同样必须付出努力，必须进行"斗争"。而指出非真理的命定性，也同样不是要为人类的过错辩护，相反，这种命定性恰恰是要人类为自己的所有过错负责，要每个人为自己的所有过错承担起责任，以敬畏之心对待自己的一切过错。人类的每一个过错都向人类表明，人不可为所欲为。

附录二　关于 Sein 问题的一个梦
——与王路教授的对话

2011 年 3 月 18 日在北大外哲所召开了一次小型会议,讨论王路教授新近出版的《读不懂的西方哲学》一书及其涉及的 Sein 问题。大约在会议半个月前,我收到这本书。这里我要首先感谢作者赠书,并感谢作者在书中对我的认真批评!

这本书主要讨论与批评国内学者对 Sein(to be,Being)的理解与翻译。作者秉承其一贯风格,以文本为依据,进行了清晰明了的分析与论述,虽然问题本身显得单一、抽象,读来却清楚明白,并不枯燥,有一天午睡前随手拿起来竟也读了下去。作者在书里坚持他一贯的主张,认为应当把 Sein 理解与翻译为"是",也就是作系动词与断真联系词使用。简单说,Sein 首要和主要的就是"S 是 P(S ist P)"中的"是"。这是我一直不赞同的。因为我恰恰以为,在西方哲学中,Sein 首先不是"S ist P"中的 ist,而是"S ist(es ist,Gott ist. . . .)"中的 ist,这个意义上的 ist,相当于 existieren(存在)所表达的意思。这个意义的 ist 是哲学容身的地方,或者更确切说,是存在论容身的地方。也许是基于这种不赞同的意识,在读出了作者的核心观点之后,我开始恍惚起来,做了一个与 Sein 问题相关的梦。

场景:清华哲学系师生在百年校庆期间获得一笔星际考察的经费,由王路教授带队,租用一条"逻辑飞船"飞向了火星。

在火星着陆之后,走出航天站,赫然看见北大哲学系教授赵敦华带着一个学生举着一条横幅"欢迎校友来到火星",一问之下,知道就是来接清华师生的。

大家坐进"星际大巴",准备开赴宿营地。在大巴上,王路教授与赵敦华教授开始了一场对话:

王:非常感谢赵老师来接我们!不过,你刚才打的横幅不对呀,明明是接我们清华的人,怎么写着"欢迎校友"呢?什么时候清华成了北大了?

赵:清华与北大本来就一条马路之隔,你何必分那么清楚呢?

王:虽只是一街之隔,但也得走三五分钟吧,况且北大就是北大,清华就是清华。这区别还是要讲的。

赵:既然都到火星了,就要用"星际的眼光"看事情,不能再只用地球的眼光看了。

王:什么叫"星际的眼光"?

赵从包里拿出一副眼镜让王戴上:你戴上它就知道了。

王戴上这幅写着"星际眼镜"字样的东西,马上感觉自己好像又回到了中关村一带,而且发现,一切既熟悉又陌生。清华与北大的确分不大清楚了,所有教学楼的面貌、气质就像所有中国人在西方人眼里那样,看不出有何区别。正在心里狐疑之际,王路教授想起了梅贻琦与蔡元培,于是想到,楼没有区别,校长、教师、学生总该还是有区别的吧。

所以,接着他在校园里到处转悠,首先他想拜访校长。可是,不管他走到哪,人们都告诉他:我们这里只有部长,没有校长。

找不到校长,那就看看教授委员会或学术委员会吧。王路教授很执着,就像他对"是"很执着一样。让他大为吃惊的是,他发现,所到之处,只看到党派委员会,就是没有教授委员会;能找到的只是职称与项目分配委员会,就是找不到学术委员会。

"上层路线"走不通,那就"下基层"看看吧。这让他有更大的发现:在各文科学院,讲台上只有宣传员、推销员,就是没有教员,而教室里,只有考生,就是没有学生;在各理工学院,讲台上只有老板,就是没有老师,台下则只有职员,就是没有学员。

看完这些,王路教授开始说话了:真是翻天覆地呀,这星际眼镜让我好像一下子回到解放前了。清华与北大变化太大了,清华真的不再是清华了,北大也真的不再是北大了。

赵:那你说,清华是什么? 北大又是什么?

王:清华和北大什么都不是!

赵:什么都不是就对了,那还有区别吗? 你也就别总是一是到底了!

王一听急了,摘下星际眼镜,正色道:虽然什么都不是,但,是还是要是下去的!

赵:到了另一个星球,你就不一定是得下去了。

(旁白:能是得下去吗? 我是相信是不下去的。在梦里,很快就证明了这一点。)

清华师生很快到了宿营地,周围景色优美,青山绿水,纤尘不染。大家感叹着没有人类的地方才是好地方。让大家感到亲切的是,对于周围的事物,地球上建立起来的那一套分类系统看起来都能适用,还没有碰到不可归入动植物类别的东西。

不过,第二天一早,清华师生就遇见了一个非常陌生的东西:它看起来不是动物,因为它身上长满了绿色的叶子与艳丽的花朵,几条根系深深扎在泥土里;它显然也不是植物,因为它的枝条能像手臂那样灵活运动,最重要的是它还长着五官,脸上凝聚着神秘的表情。

大家一边围观,一边在满脑子搜索分类知识,以便对这个陌生事物作出"S 是 P"式的恰当陈述,否则,这个事物好像就成了异类而不能给予他们似的。

张同学说:"这**是** A。"

李同学马上反驳道:"这**不是** A,这**是** B。"

王同学随即纠正:"这也**不是** B,这**是** C。"

听着学生在没完没了地**是**,又**不是**,担心被赵敦华教授说中了,王路教授发出一声断喝:"你们别争了,这没什么好争的! 无论如何,它总**是**某种什么! 现在不清楚,以后总能弄明白的。"

话音刚落,只见那个陌生怪物迅捷地伸出一双枝条似的长胳膊抓住王路教授,满脸不悦地对他说了一串德语:

Ich bin nur Da! Aber ich bin nicht Seiende! Ich bin Nichts! Ist es klar?

王路教授怎么脱险的,已不得而知,因为这个无法被归类的陌生者的话把我吵醒了。

不过,显而易见,这个不可被归类者的话,对王路教授在 Sein 问题上的观点的确是一个问题,一个无法轻易应对的挑战。

但是,当我要求王路教授解这个梦时,他觉得这太容易了,所以脱口就回应说:"我只**是**在这里! 但我**不是是**者! 我什么也**不是**!"

乍看起来,这个回应很完满,完全能贯彻他对 Sein 的翻译与理解。但实际上,这个表面上的完满却掩盖了深层的问题。

首先单从语言层面上看,按王路教授的主张,第一句话严格上只能译为:"我只是这里"而无法译读为"我只是在这里"。因为,按王路教授的观点 bin 首先应当理解为"是",而 Da 并没有"在"的意思,那么,"在"又从何而来呢?

其次,第二句里,是与是者区别在哪里? 或者问,如何区分是与是者? 如果说这两者只有语言学上的区分(比如说,"是"是系词,而"是者"是谓词),那么,这句话有何意义? 也就是说,陌生者这句话究竟说出了什么? 他说他不是是者,那么,他又"是""什么"?

在第三句里,如果非得把 sein 首先理解为连接主宾结构的系词

"是"，那么这句话的准确解读，应当译为"我是无"。那么我们要问："我是无"是什么意思？"无"作为谓词是什么意思？它表达了什么？

实际上，王路教授上面的回应并没有真正理会我的梦。按他上面的说法，bin 还是作为一个系词，表示 S ist P，这也就是说，凡能被给予的东西一定是且首先是在主—宾结构当中给予我们的。但是问题就在于，一个东西要进入主—宾关系当中，它首先必须是什么呢？"Existenz"！也就是说，一个东西在作为"是什么"给予我们之前，它必须首先"存在着/existiert"，也就是作为什么也不是的自身给予我们。S ist P 已经包含了三个基本前提：(1) S ist＝S existiert 且 S ist s;(2) P ist＝P existiert 且 P ist p;(3) s ist p。否则，S 不可能作为 P 给予我们。

从哲学史来看，按我的理解，海德格尔对 Sein 问题的一个重要推进就在于，他通过引入 Existenz，把作为存在动词的 Sein 和作为系动词的 Sein 明确区分开来，用 Existenz 承担起希腊语 einai 表达的"存在"的功能。这样的明确区分，才能进一步区分 Sein 与 Seiende，从而使 Sein 问题变得更清楚一些。王路教授现在倒回去，把 Sein 都当作系词"是"来理解与翻译，不是清楚了，反倒重新变得不清楚了。

这里我还想指出的一点就是，在这本书里，王路教授实际上蕴含着一个矛盾：一方面强调要从哲学层面上来理解 Sein，另一方面又强调要把 Sein 理解为系词"是"。他非常彻底，我很佩服这点，坚持了十几年，可能还要坚持下去。问题是，作为系词 Sein，只不过是一个语言学概念，而不是一个哲学概念。如果说"Sein/是"作为系词也是一个哲学概念的话，那么我们就要进一步澄清，作为一个哲学意义的系词和作为语言学的系词有何不同。我认为，这是王路教授要面临的一个很大的困境。它们有没有区别？如果说有两种系词，有语言学的系词和哲学的系词，那么它们有没有区别？如果说没有区别，那只是语言学的系词，而这样一来，把它翻译成"是"，那就是一个语言学问题，而不是哲学问题。但是他又强调我们要在哲学层面来理解这个"是"，那么这个哲学层面在哪？

附录三　从实践哲学的自由到存在论的自由^①

引　言

　　因为我们是自由的，所以，我们能够跳出因果必然性而确立起普遍的道德法则，以使自己生活在一个伦理—道德的共同体里，而不是生活在一个弱肉强食的生物链中。

　　因为我们是自由的，所以，我们每个人拥有一个不可让渡、不可入侵的权利空间，在这个权利空间里，一切行动都是允许的，只要他不损害别人同样的权利——这是我们每个人拥有的绝对权利；一切国家权力（power/die Macht）都是来自个人基于这种绝对权利基础之上的一些权利（right/das Recht）的让渡，并且以维护与保障个人的权利空间为首要目的。

　　因为我们是自由的，所以，我们能够忍耐一切，也能担当一切。

　　因为我们是自由的，所以，我们能够不断改过自新，能够不断自我

---

① 本文是作者 2010 年 4 月 22 日在清华大学"学术之路讲坛"上以"从权利到自由：我的学术之路"为题发表的演讲，刊发前作了部分修改，以《从实践哲学的自由到存在论的自由》为题发表于《浙江学刊》2011 年第 1 期。

解放。

因为我们是自由的，所以，我们置身于可能性之中，并因而有时间与历史。

一

哲学作为一门科学，它的道路是一条比较特殊的学术之路。哲学属于人文科学，人文科学在德语里叫 Die Geisteswissenschaften，直译就是"精神科学"，与"自然科学"（Die Naturwissenschaften）相对应。如果说自然科学的研究对象是自然事物的话，那么，精神科学的研究对象则是精神本身以及精神在各个领域的展现—展开，比如精神在日常生活里的展开是历史学、社会学的对象，在政治领域的展开是政治学的对象，而精神在艺术领域的展开则是文学与其他门类艺术的对象。

但是，从对象的角度对人文科学与自然科学的这种区分，并非绝对的。因为一方面，自然科学的研究对象虽然是自然事物，但是，所有自然事物都只能在人的精神中才能展现出来，才能显现出来，从而才能成为科学研究的对象。在这个意义上，自然科学的对象总是精神中的对象，总是与精神密切相关，而非脱离精神的自在之物。另一方面，作为人文科学对象的精神，总是借助于各种中介才展开—展现出来，其中，行动与自然事物是最基本的中介，这意味着人文科学的对象也总是与自然事物联系在一起，总与自然事物相关。所以，人文科学与自然科学既有区分的一面，又有交叉的一面。因为有区分，所以有不同的方法；因为有交叉，所以也有共同的方法，或共享的方法。后面这一点体现在人文科学有时可以借用自然科学的方法，比如社会学对自然科学方法（特别是数学化方式）的借用，同时也体现在自然科学的方法可以通过人文科学的方法加以反思。

不过，在人文科学当中，有一门学科是比较特殊的，那就是哲学。如果说其他人文科学的对象是精神在各个领域里的展现—展开的话,那么,哲学的对象则是精神本身。哲学要追问的是:精神的展现—展开是否有结构?如果有,是一种什么样的结构?如果没有,那么它的展现又是如何可能的?哲学正是通过追问精神本身来确立诸如存在论、认识论、价值论与世界观等。由于哲学的对象是精神本身,所以,哲学一方面要面对通过中介而展现在各个领域里的精神现象,同时又要突破各种中介而洞察到精神本身。

就哲学的对象是精神本身而言,哲学所探究的对象是一切科学的基础,因为一切科学的对象,不管是自然科学的对象还是人文科学的对象,都是在精神活动中被给予的。在这个意义上,人们常说,哲学是一切人文科学的基础,也是自然科学的基础。也就是说,哲学是最基础的科学。

最基础的科学,似乎也就是最简单的科学,最容易的科学。作为哲学的对象,精神本身是我们每个人之为人的本质,应当是离我们最近的,它就在我们身上。然而,离我们最近的东西,在认识上却是离我们最远的东西。因为恰恰是要通过离我们最远的东西与较远的东西来认识离我们最近的东西。如果说精神本身是离我们最近的东西,那么精神的展现与自然事物,则分别是离我们较远的东西与最远的东西。但是,我们首先认识的却是自然事物与社会—历史现象,透过对自然现象与社会—历史现象的反思,我们才能认识或理解精神本身。

这意味着,就对象而言,哲学虽然是最基础的科学,在认识上却又是"最后的"科学:要透过其他人文科学与自然科学的对象,才能触及哲学的对象,即精神本身。因而,这种最后的科学,也是"最抽象"的科学,因为它要越过具体的自然事物与精神现象,从而远离这些具体事物。因其最抽象而最难以把握,因其"最后"而最难以进入。

所以,哲学这门最基础的科学却不是像看起来的那样,是最简单、最容易的科学,倒恰恰是最为艰难的科学。

所以,我要说,哲学是一项最为冒险的事业:你很可能为哲学付出了一辈子的努力,却一直仍然徘徊在哲学的门外,还没有真正触及哲学的对象本身,还没有真正领会精神本身的自由本质。

在哲学上,我们通常说,科学起源于好奇与惊讶。这种好奇与惊讶在根本上也就是一种困惑。如果说自然科学是开始于对自然现象的困惑,那么人文科学则是开始于对精神现象与精神本身的困惑。如果没有对精神本身的困惑,那么,也就不会有哲学。换句话说,我们对精神本身的困惑是我们走进哲学的最基本的切入口。而对精神本身的困惑,在根本上也就是对我们自身存在的困惑,包括对我们自身处境与生存的困惑。

对我来说,曾有两个切身的生存困惑。一个是饥饿的困惑:为什么遭受饥饿的人恰恰是身边生产粮食的人? 第二个是恐惧的困惑:为什么有人竟然有权力去损害、践踏别人的尊严,而且是以国家的名义?

二

实际上,这两个困惑涉及的问题可以归到一个问题上,那就是个人与国家的关系问题。更具体地说,就是个人权利与国家权力之间的关系问题。可以说,这个问题是近代以来的政治哲学与政治学说关注和讨论的核心问题。

就近代哲学来说,一切实践理论最后要解决与落实的一个基本问题就是国家的制度安排,而这个问题又取决于立国的基本原则,即根据什么最高原则来进行制度安排,以便建立一个正当、合理的国家。就近代以来的政治学说而言,国家的制度安排问题涉及两个基本方面,即国家权力与公民权利。

对于近代政治学理论来说,一个国家的正当性不仅与国家权力的来源问题相关,而且更与国家权力同公民权利之间的张力关系相关:一个正当的国家(即便它不能够是最好的,至少也能够是最不坏的),也即有合法性根据的国家,其正当性与合法性首先在于,它的一切权力都必须是来自于组成这个共同体的全体公民让渡和委托出去的权利(如保障人身安全、财产安全的权利,以及维护与共同体中所有他人一样的利益即公共利益的权利)。

再者,国家这个来自公民委托而产生的公共权力机构,除了必须担当起维护与保障每个公民没有让渡出去的那些权利外,还不能反过来损害乃至剥夺每个公民不可让渡的这些权利,诸如言论自由、思想自由、出版自由、结社自由、迁徙自由、信仰自由等这些自由权利。这些基本的自由权是不可让渡、不可替代、不可剥夺的。它们之所以构成每个人的基本权利,不是因为它们最抽象,倒是因为它们最具体:如果这些自由权得不到维护与保障,那么,人们的任何其他权利与利益也不可能得到保障。换句话说,如果人们失去了这些基本自由权,那么,人们失去其他权利与利益也就是自然的事情。

比如,今天没有 B 市户口的人不可能享受到 B 市市民的各种待遇,包括子女上学的权利,虽然他可能一直在 B 市生活、工作。导致这个结果的原因,就是户籍制度实际上限制了人们的自由迁徙权。

而言论自由权与其他自由权的丧失,则不可避免地导致沉默的大多数完全缺失表达与诉求正当利益的机制,其直接的结果就是,沉默的大多数的利益可以长期在神不知鬼不觉当中被肆无忌惮地牺牲,其间接的社会问题就是腐败横行与贫富悬殊。

所以,这些基本自由权,虽然看起来是非常抽象的,好像只停留在宪法文本当中,但是,实际上,它们与每个人的切身利益密切相关!它们不仅是每个公民能否从国家那里获得人身安全与财产安全的保障的前提,也是每个公民能否公平地分享国家发展带来的机会与福利的前提。在根本上说,这些自由权的实现、落实就是每个人的尊严所在,也是每个人的机会与福利所在。只有当人们真正享有那些不可让渡的自由权,人们才真正享有人应有的尊严。

　　为什么说,人们真正享有基本自由权才意味着生活得有尊严呢?因为真正享有基本自由权,首先意味着人们真正可以自由选择自己的生活,每个人可以作为他自己而生活,而不受任何制度性歧视。比如,自由迁徙权的实现,让农民选择城市生活将不再受到制度性的歧视待遇。

　　其次,基本自由权的实现与落实,意味着人们可以有正当而畅通的渠道参与社会的规划与发展,同时也有正当而畅通的渠道分享社会发展带来的好处,真正成为社会发展的主人,成为社会发展的真正受益者。比如,如果有结社自由,那么人们就可以通过社团、利益共同体等自由组成的社会组织参与、影响社会的规划和发展方向,从而避免人们对自己生活、工作的城市或地方的发展方向毫无发言权,甚至连知情权都没有。今天,生活在一个优美海滨城市的居民,第二天醒来很可能发现,自己曾经为之自豪的旅游胜地却变成了一座化工城市。

　　最后,也是最根本的就是,基本自由权的实现与落实,意味着作为国家权力的一切公权力得到了有效限制。因为如果公权力不受到有效限制,那么基本自由权就不可能真正得到实现与落实。

　　从学理上来说,如果公权力没有受到有效限制,不仅意味着公权力必然可以随意损害乃至剥夺公民的基本自由权,而且意味着公权力不可避免地会经常放弃对保障公民生命安全与自由这一责任的担当,甚至成了公民生命安全与自由的凶手。在公权力没有有效限制的情况下,公权力成为公民的杀手并不是什么意外的事件。前几年发生在广东的"孙志刚事件",就是一个典型例证。孙志刚仅仅因为没有随身携带身份证,就被权力部门强行带回收容所进行审讯,并不明不白地死在了收容所。这一事件之所以引起了强烈的社会反响,就在于它把国人在缺乏限制与监督的公权力面前的高度危险性暴露无遗:在这种公权力面前,每个人随时都可能面临着失去生命的危险——就像孙志刚那样的命运!

　　所以,要让国人过上有尊严的生活,要让国人真正享有那些基本的自由权,对公权力进行有效限制是至关重要的。近代实践哲学与政治理论有关国家权力的分权理论,其根本目的就在于探讨如何对公权力进行有效限制,以便防止这种本是来自公民委托的公权力反过来损害公民的权利。

在这个意义上,对于近代实践哲学来说,国家的制度安排问题在根本上就是如何保障与维护属于每个公民个人的那些不可让渡的绝对权利。因此,我们也可以说,个人的权利法则,即个人不可让渡的那些基本自由权利是神圣不可侵犯的,实际上构成了近代主流政治学的一条立国原则。不管是主张民主政体还是共和政体,个人的权利法则都是人们所主张的政治制度的唯一合法性源泉。

三

但是,现在马上要问:个人的这些绝对的权利是来自什么地方呢?

人们可能会说来自宪法呀,是宪法赋予我们这些基本自由权的。但是,我们要问,宪法又来自什么地方? 宪法规定这些权利的根据是什么?

如果我们对人的权利进行划分,那么人有两类权利:一种是自然的权利,即那些先于一切法律契约关系的权利;另一种就是获得性的权利,即通过法律契约得到的权利。那些基本的自由权就属于自然的权利。宪法只是以明确的条文确认了这些自然权利,而不是赋予这些权利,相反,对这些自然权利的确认倒是构成了宪法本身的正当性的根据。

既然这些基本的自由权不是来自宪法,那么来自哪里呢?

从哲学上来说,这一问题的唯一答案只能是:每个个人的这些绝对的自然权利就来自他的自由存在。

这里我们首先要简要澄清一下的是自由本身与自由权的区别。这是我们在日常语言中经常会搞混的两个不同层次的概念。当我们说每个人都有言论自由、迁徙自由等自由时,我们实际上是指每个人在政治生活层面上的自由权利,而不是自由本身。所谓自由本身,则是指每个人拥有的"自由意志"或"自由理性",也就是通常所谓存在论或形而上学意义上的"自由存在"。如果说自由权是人们进入社会关系时拥有的一种权利,那么自由本身则是人们进入关系前的一种存在方式,一种关系前的本原身份。这种关系前的本原身份却是一切人间关系的前提。

从哲学上说,形而上学层面上的自由,也即作为人的本原身份的自由存在,是每个人的自由权的基础与前提。换句话说,只是因为每个人是自由的存在者,他才拥有那些基本的自由权。

那么,如何理解人的这种自由存在?

于是,对个人权利问题的思考把我引向了对自由问题的思考。可以说,自由问题是这十多年来我思考最多的一个问题,我甚至认为,它是哲学中最核心也最基础的一个问题:它不仅是一个实践哲学的问题,而且也是一个存在论的问题。所以,它是我今天要着重讨论的问题。

首先,作为实践哲学里的问题,自由首先就指,我们每个人都具有这样一种潜在的能力,就是能够完全从我们自己的理性出发,决断我们自己的意志,从而决断我们自己的行动。换句话说,我们拥有这样一种纯粹理性能力,这种理性能力能够成为我们自己的行动的最后原因。这样一种纯粹理性能力,也就是我们通常所说的"自由意志"。我们拥有纯粹理性,在根本上说,就是我们拥有自由意志(把纯粹理性与自由意志沟通、结合起来,这是康德在哲学上的一个重要贡献)。

纯粹理性这种能力之所以是一种自由意志,就在于,它使我们能够从一切自然的因果关系中跳跃出来,能够中断、摆脱一切自然的因果必然性,而只从意志本身出发,给出行为的最后根据,给出行动的最后原因,也就是给出自由因。简单说,纯粹理性使我们每个人都能成为自己行动的主人,成为独立自主的自由人。自由什么意思?在行动—实践意义上,自由就是能够独立自主地行动。

这种实践意义上的自由拥有两种否定性力量:一种是能够拒绝一切

外在的强制性要求（包括自然因果性发出的必然性要求与他者发出的服从要求），也就是能够对一切服从的要求说"不"，包括对上帝的命令说"不"，像亚当与夏娃一样，对上帝的禁令说"不"。对于上帝我们都可以说"不"，对谁我们不可以说"不"呢？自由的这种否定性力量正是人类在存在位格上的伟大所在。

另一种否定性力量就是能够抗拒一切诱惑，能够对一切诱惑说"不"，不管这诱惑是多么强大迷人。我们每个人时刻都会面临声色货利、安闲逸乐的诱惑，但是，我们的纯粹理性，我们的自由意志，使我们有能力抵抗住这些诱惑，尽管我们也时常屈从于诱惑，但是在根本上，我们本来是能够不投降的。自由的这种否定性力量，是人类在道德实践上的全部高贵品性的前提，没有这种否定性力量，人类将不可能有任何道德品性。

自由的这两种否定性力量，使我们拥有一种积极的肯定性力量，那就是能够无视一切因果性关系，无视一切外在的强制性因素，而只从我们自身的纯粹理性即自由意志本身出发，给我们自己颁布普遍法则，并坚守这些普遍法则。所有这些由纯粹理性或自由意志本身给自己颁布的普遍法则，也就是人类的一切普遍的道德法则。换句话说，我们一切真正的道德法则，都是出自我们的理性或即自由意志本身，而不来自任何其他地方。

可以无视一切因果性关系，无视一切外在的强制性因素，并独自给出一切普遍法则，这是我们的纯粹理性即自由意志在实践领域的全部力量所在。

正是自由的这种实践力量，使我们人类能够忍受一切苦难而坚守信仰，能够承受一切不公而仍坚守正义，能够面对强大暴力而仍坚定地担当起真理与道义。

自由的这种实践力量，就是一种超越性力量。正是自由使我们人类获得了一种能够在担当道义与明德的行动中不断自我超越的伟大而神圣的力量。孟子的伟大,就在于他深切意识到我们个体在实践人格上具这种超越性力量。所谓"贫贱不能移,威武不能屈,富贵不能淫",在根本上说的就是,不管你身遭何种对待,也不管你身在何种处境,都必须有所担当,直至杀身成仁,也在所不辞。

这意味着,正是自由使我们人类能够成就崇高的人格,成就圣洁的德行,成就人类一切高贵的品性。

实际上,从上面的讨论中,我们可以看到,在实践—行动领域,人的自由构成了我们人类的一切道德法则的前提与基础。一切道德法则都是一种禁令或劝令,它们都以"你应当如何如何"或"你不应当如何如何"这样的表达形式向人们下命令。但是,如果人不是自由的,因而也就是说,人的一切行动都是按前因后果这种因果性关系必然发生的,那么,一切禁令与劝令都将变得毫无意义而立即瓦解。因为既然人的一切行动都是必然要发生的,那么向他下命令说"你应当如何如何"或"你不应当如何如何",就无异于对一块石头说"你在水里不应当往下沉沦"一样荒谬。所以,一切道德法则都必须以人的自由为前提。

不仅如此,一切道德法则也都必定是来自于人的自由意志本身而以人的自由为基础。因为一切道德法则之所以能够作为道德法则,都必须具有普遍性,即它的命令与要求适应于在所有处境中的所有人。道德法则的这种普遍性不可能来自任何经验事物与个人爱好,而只能来自我们每个人都拥有的纯粹理性即自由意志,因为只有这种每个人都拥有的纯粹理性能够保证这种普遍性。我们每个人拥有的纯粹理性或自由意志是普遍的,同时却又是相互独立的。

我们知道,我们的整个人类生活都是建立在一系列伦理—道德法则之上,没有这些伦理—道德法则,我们的整个生活都将瓦解而陷入混乱。我们井然有序的共同体生活表明,我们的一系列伦理—道德法则,直至一系列法律规则,都是客观有效的。而它们在我们日常生活中的客观有效性表明,伦理—道德法则具有客观实在性:它们可以落实、体现在我们的行动中，落实并体现在我们的日常生活中。既然一切伦理—道德法则都以我们的自由为前提和基础，那么，伦理—道德法则的存在及其客观实在性则反证了我们的自由存在，反证了我们拥有纯粹理性即自由意志这种超越性能力。

也就是说，伦理—道德的存在表明，我们是自由的。我们因拥有纯粹理性而是自由的，因赋有纯粹理性而成为自由的存在者。不管这种理性是被理解为来自上帝，还是来自大自然，我们都因被赋予了这种理性而被赋予了自由。如果说我们被赋予纯粹理性即自由意志是由不得我们自己的，那么，这实际上是说，我们是自由的，这一点是由不得我们自己的。我们是被抛入自由的，我们不得不自由。我们是自由的，这一点是不自由的。

四

但是，我们要进一步问：我们是自由的，这在根本上意味着什么呢？

我们是自由的，首先意味着我们每个人都是一个自由存在者。也就是说，自由者是我们每个人的第一个身份，也就是前面所谓的本原身份，我称之为本相。每个人之为每个人自己，就在于他首先是作为这个不可替代、不可让渡的本相而存在。相对于这个本相，每个人的其他任何身份都只是临时的、可替代的角色，并且都以他的本相即自由者为前提。

这意味着，人与人之间的关系，首先是自由者之间的关系。因此，自由者之间的关系法则理应是人世间一切法则的基础与尺度。

于是，这里我们要追问：自由者之间有什么样的基本法则呢？

从每个人是自由的，我们可以推导出表明人类个体存在之绝对性的三大绝对法则：

首先是绝对的权利法则。

因为每个人是自由的，因此他赋有这样一种权利空间，那就是：他必须被允许根据他自己的意志生活、行动，只要他的行动不妨碍、反对他人同样的行动。这样的权利空间，也就是必须被允许的行动空间（这里要注意的是，这里的"必须"是对允许者的强制性要求，而不是对被允许者的强制性要求。简单说，这里的"必须"是权利主体的权力，而不是对他的要求）。每个人只要是在这个权利空间内行动，那么他的一切行动都是正当的、合理合法的，别人不能干涉的。对这样的行为空间的否定或取消，也就是对一个人的自由存在的否定。由于每个人天生就是一个自由的理性存在者，因而他天生就拥有这样一种按自己意志行动的自由权利空间。

不过，这里要特别强调的是，我们因自由而拥有的这种权利空间是有他者维度的行动空间，因而是有限度的行动空间，而不是可以为所欲为的无界限的行动空间。因为这个权利空间一方面是必须被允许的，也就是有权要求被谁允许的。被谁允许呢？被所有其他自由存在者允许，也就是说，每个人都可以强制性地要求他人允许、承认他的权利空间；但是，同时，另一方面，每个自由存在者有权强制性要求他人允许与承认的，只是这样一种权利空间，他在其中的一切行动不能反对、损害他人同样的行动，否则，他的行动就不是必须被允许的。简单说，每个人因自由而拥有的权利空间以不妨碍、不损害他人同样的行动为界限。换言之，每个自由存在者的权利空间以他的可普遍化的行动为界限。在这个界限内，一切行动都是允许的。

这一权利空间是每个人的一切自然的权利即那些先于法律契约关系的权利与一切获得的权利即通过法律契约得到的权利的全部根据。也就是说，一个人享有的任何权利，不管是自然的权利——比如，作为世界公民，每个人都有权利要求周游列国并与陌生人建立合法关系；而作为一个国家的公民，每个人在这个国家里都享有诸如言论—出版自由、结社自由、信仰自由、迁徙自由等不可剥夺的权利（除非他的行为损害了他人的这些权利）——还是获得的权利，都只有从他天生拥有的这一权利空间那里得到最后说明。

每个人的自由的绝对性使他的权利空间具有绝对性，由此使他拥有的那些基本的自然权利具有绝对性，是任何他者不能剥夺的。

这就是作为自由者的个人的权利的绝对性，也就是绝对的权利法则。

其次，因为每个人是自由的，因此，他自己就是他自己存在的目的，而不允许被仅仅当作工具或手段。把一个人仅仅当作工具或手段，也就意味着否定了他的自由。作为目的本身而存在，而不仅仅作为工具而存在，是一个人的绝对尊严所在。这意味着，人因是自由的而具有绝对尊严。这就是绝对的尊严法则。它意味着每个人的存在是不可替代、不可代理的，因而具有独一无二的绝对价值。

出自自由的第三个绝对法则，就是绝对的责任法则。因为每个人都是自由的，这意味着他的行动最后都是出自他自己的意志决断，因而他自己就是他的一切行动的最后原因，因此，他必须自己承担起自己的一切行动。就像他不可能在自己的意志之外找到自己的行动的最后原因一样，他也没有任何理由在自己之外找到其行动的最终承担者。确认并担当起自己的行动，这是每个人绝对的责任。

出自自由的这三大法则是自由者之间基本的关系法则，也就是说，自由者之间的关系首先是建立在这些法则基础之上。这表明，我们每个人作为自由者是携带着绝对性进入关系的，具体说，我们每个人是携带着绝对权利、绝对尊严、绝对责任进入各种社会关系而构建各种共同体，而不是从社会关系与共同体中获得这种绝对性。

这在根本上是说，任何社会关系、任何共同体，包括国家这种特殊共同体，都必须以尊重、保障和维护每个个人存在的绝对性为前提，只有那样才是正当的、合法的。

作为自由者，人们携带着绝对性首先进入的是一种伦理—道德的共同体，或者说首先进入的是一种伦理—道德的关系。在这种伦理共同体中,包含着对权利保障、尊严保障、责任保障的强制。在这里,对生命安全保障和财产安全保障的强制,被包含在对权利保障与对尊严保障的强制里面。因为对一个人的权利空间的保障与对他作为目的存在的保障,也就包含着对他的生命安全与财产安全的保障。在这种情况下,这种伦理共同体完全是一个自由者之间相互保障、相互强制的自治共同体,一个还没有第三方的共同体。在这种共同体内,我—你关系是共同体的主轴,我—他关系是辅轴。

随着人们把对生命安全保障与财产安全保障的强制性权利委托给一个第三方,也就产生出了一个新的共同体,这就是国家。这意味着,国家的最初领域就是公共安全,即强制性地保障共同体内所有成员的生命安全与财产安全。

但是,随着作为第三方的国家的成熟与强大,国家的领域也随之扩大:由公共安全领域扩大到公共利益领域。而现代国家则进一步扩大到对共同体内成员的基本权利的保障。但是,现代国家虽然扩大了领域而要承担起保障公民基本自由权的责任,却不是强化了国家的权力,恰恰是限制了国家的权力。因为只有通过对国家权力的限制,才能真正使国家承担起维护与保障公民自由权的责任。

不还,不管国家的领域如何扩大,这个第三方永远都只是第三方,它不可能取代自由者之间的伦理共同体。这个伦理共同体永远是一个自治领域,而不能成为由第三方管理与控制的领域。不管国家的领域延伸多远,它都不能延伸到伦理共同体领域。否则,就是对自由的侵犯与践踏。任何国家权力对伦理自治领域的干涉,都是对所有人的自由的粗暴侵犯。①

---

① 没有任何个人与机构有权力来给他人确定道德等级,因为每个自由的个体永远处在自我改善的可能性当中。

五

上面我们主要讨论了实践领域里的自由问题。但是,自由不仅是实践领域里的问题,同时更是存在论里的问题。

当我们说人是自由的时候,实际上等于说,我们不是现成的存在者,不是已完成了的存在者,而是未完成者。换言之,我们存在于可能性当中。因为自由,所以我们能够不迷执于当下的现成事物,能够从当下的现成事物中摆脱出来,并打开尚未到来的事物,也就是打开可能事物,从而打开希望。希望是什么? 希望就是未来。打开希望,就是打开未来。

同时,因为自由,所以我们也能够越过当下的现成事物,在在场的当下世界的背后打开一个以不在场方式在场的过去世界。也就是说,正如自由使我们能够摆脱现成的当下而打开未来一样,自由也能使我们越过当下事物而打开过去,回到以可能方式存在的从前乃至源头。对于自由存在者来说,过去与未来一样,永远都处在可能性当中。

这在根本上意味着,自由使我们"同时"存在于过去、现在与未来当中,存在于一个整体的时间当中。自由使我们有时间,从而使我们有历史。

进一步说,这意味着,自由使我们能够在时间中理解、揭示一切事物。而这也就等于说,自由实际上是我们的一切科学的基础。因为一切科学都是也只能是在时间中去理解、揭示一切事物。一切科学真理都是时间性的去蔽。在这个意义上,只有允许与保障自由的地方,科学才可能获得健康的发展;而对自由的任何损害与限制,都必将妨碍科学的昌明。

不过,在所有科学中,哲学与自由的关系是最直接、最密切的。因为我们的自由作为理性本身的自由,就是精神本身的自由。而我们前面说过,精神本身正是哲学的对象。在这个意义上,哲学因自由而产生,也因自由而存亡。因为自由，思想才有能力摆脱一切私人利益与功用考量而明普遍之理于普天之下；也因为自由，思想才有能力穿越千年历史而明乎古今之变。

人是自由的，但是，人这种自由存在者并非总是珍惜与守护着自由，倒是经常忘却自己的自由而损害着自己的自由。因为人的自由固然是其最可贵的本质，但是也是其最脆弱的本质，因为人不仅存在于自由中，同时也存在于必然性当中，不仅存在于坚固的本体当中，也存在于多姿多彩的现象世界当中。所以，人类需要不断进行从沉沦中摆脱出来的自我解放。哲学则是人类自我解放的一条可靠道路。人类因有自由而有哲学，同时也正是通过哲学而守护着自由，从而维护着人类自身及其个体不可让渡的绝对尊严、绝对权利与绝对责任。在这个意义上，哲学首先担当着维护自由的使命。

不过，哲学不是依凭武力维护自由，而是通过追问自由、思考自由、觉悟自由来维护自由、守护自由。

这是哲学的使命，也是哲学的道路。

主要参考文献

一、原始文献

Martin Heidegger. *Sein und Zeit*. siebente unveränderte Auflage. Tübingen，1953

——*Vom Wesen des Grund*. fünfte Auflage. Frankfurt am Main，1965

——*Vom Wesen der Wahrheit*. vierte Auflage. Frankfurt am Main，1961

——*Einführung in die Metaphysik*. zweite Auflage. Tübingen，1958

——*Schellings Abhandlung des Wesen der Menschlichen Freiheit*. Tübingen，1971

——*Phänomenologie und Theologie*. Frankfurt am Mein，1970

——*Platons Lehre von der Wahrheit*. zweite Auflage. 1954

——*Der Satz vom Grund*. drite unveränderte Auflage. Tübingen，1965

——*Identität und Differenz*. Tübingen，1957

——*Holzweg*. Frankfurt am Main，1963

——*Was heisst Denken*. Tübingen，1961

——*Kant und Problem der Metaphysik*. Gesamtausgabe. Band 3. Frankfurt am Main，1991

——*Vorträge und Aufsätze*. Nesk，1954

——*Grundbegriffe*. Gesamtausgabe. Band 51. 2. durchgesehene Auflage，1991

——*Heraklit*：1. *Der Anfang des abendlandischen Denkens*，2. *Logik*. Gesamtausgabe. Band 55. 2. durchgesehene Auflage，1987

Edmund Husserl. *Logische Untersuchungen*. Band l. 2. Max Niemeyer，1922

——*Ideen zu einer reinen Phänomenologie und phänomenologischen Philosophie*. I. verlag von Max Niemeyer，1928

二、西文参考文献

Gadamer H. G. *Wahrheit und Methode*. Tübingen, 1975

——*Hegels Dialektik*. Fünf hermeneutischen Studien. Tübingen,1971

Gadamer H. G. W, Marx, C. F. V. Weizsacker. *Heidegger*. München, 1977

Ott Pöggeler. *Neue Wege mit Heidegger*. Freiburg, 1992

——*Martin Heideggers Denkensweg*. Tübingen, 1963

Martin Buber. *Problem des Menschen*. Heidburg, 1961

P. Richardson. *Heidegger*: *through phenomenology to thought*. The Hague, 1974

三、中文译著

亚里士多德. 物理学. 张竹明译. 北京：商务印书馆,1982

亚里士多德. 形而上学. 吴寿彭译. 北京：商务印书馆,1991

柏拉图. 理想国. 郭斌和,张竹明译. 北京：商务印书馆,1986

柏拉图. 巴曼尼德斯篇. 陈康译注. 北京：商务印书馆,1982

奥古斯丁. 忏悔录. 周士良译. 北京：商务印书馆：1981

文德尔班. 哲学史教程. 上卷. 罗达仁译. 北京：商务印书馆,1987

策勒尔. 古希腊哲学史纲. 翁绍军等译. 济南：山东人民出版社,1992

罗班(L. Robin). 希腊思想与科学精神的起源. 陈修斋译. 北京：商务印书馆,1965

尼采. 偶像的黄昏. 周国平译. 长沙：湖南人民出版社,1987

柏格森,时间与自由意志. 吴士栋译. 北京：商务印书馆,1989

瓦托夫斯基(M. W. Wartofsky). 科学思想的概念基础. 范岱年等译. 北京：求实出版社,1989

四、中文专著

叶秀山. 前苏格拉底哲学研究. 北京：三联书店,1982

叶秀山. 苏格拉底及其哲学思想. 北京：人民出版社,1986

叶秀山. 思·史·诗. 北京：人民出版社,1988

叶秀山哲学论文集——无尽的学与思. 台北：仰哲出版社,1994

苗力田主编. 古希腊哲学. 北京：中国人民大学出版社,1989

汪子嵩等. 希腊哲学史. 第一卷. 北京：人民出版社,1988

后　记

　　我对时间问题的兴趣始于对康德哲学的兴趣。最初我是带着一个哲学系学生通常具有的那些非哲学的"哲学观念"去阅读《纯粹理性批判》的，以致我曾十分惊讶于康德对时间问题的提法。随着对先验哲学的整体把握，这种惊讶虽然很快消失，但是康德对时间的理解却一直给我留下了十分深刻的印象。我甚至强烈感到，康德对时间问题的独特提法与理解对于他的整个先验哲学来说，是至关重要的。但是，这种重要性在什么地方呢？心里却并不明确，直到接触了海德格尔之后，对这一问题才真正有所领会。

　　不过，这也是一个艰难的过程。在接触海德格尔之初，我首先碰到的困难就是他的现象学背景。我曾不得不捧起胡塞尔的《逻辑研究》，又不得不茫然把它搁下。所幸的是，时隔不久，我读到了叶秀山教授的《思·史·诗》。可以说，我是在这一著作的引导下去进一步理解和把握现象学的。在修习博士课程期间，我又有幸能够得到叶先生的直接指导，并被允许事先阅读他的一系列即将陆续发表的论著的书稿，这使我能够在我的能力所及范围内不断把思路引向深入。如果不是叶先生的悉心指导和启示，我也许没有足够的耐心去和海德格尔打交道，也不会把时间这个似小却大、人人知道又人人费解的问题作为自己的课题。

在本书的写作过程中,对康德哲学的了解给我提供了很大帮助。而这一点我首先应感谢贾泽林教授。在我读硕士期间,他提醒并指导我系统地阅读了康德哲学。

王树人、朱德生、钟宇人等教授在本书出版前,曾提出一些我十分乐于接受的意见。本书责任编辑章绍武先生也为本书的出版做了许多工作。此外,我曾与我的朋友靳连营、李文堂,我的同事李河、罗嘉昌等就有关问题有过多次讨论。王齐在技术方面曾给我不可替代的帮助。以上这些,我希望能够通过我对本书涉及的有关问题的真诚追问与思考来表达我的真诚谢意。

1995 年 4 月

于北京

新版后记

这部作品是在我的博士论文基础上修改而成的,完成于16年前。最初被列入胡绳主编的"中国社会科学院青年学者文库",由社科文献出版社于1997年出版,2002年再版,但没有作任何修订。这次被列入"凤凰文库·纯粹哲学系列"再版,我做了一些校改与修订,并增加了一篇讨论海德格尔真理问题的文章作为附录一,把一篇关于Sein的翻译与理解的对话作为附录二,同时把一篇讨论自由问题的文章作为附录三。我之所以把它们放在这里,不仅因为它们与本书的话题相关,也因为它们是我在本书基点上进行的后续思考与讨论。多年之后我仍然有兴趣把这部作品再版,是因为我在其中的思考与讨论对我自己后来的工作一直有持续的意义,同时也相信这些思考和讨论对于那些对时间、自由、真理、存在等基本问题有兴趣的读者仍有意义。

由于找不到原来的电子文本,我妻子帮我重建了新版的电子文本;在一校和二校过程中,黄子钰、李若语帮我做了许多细致的工作;江苏人民出版社杨建平、戴亦梁、包建明等同仁在本书的出版过程中贡献良多。在此向他们深表谢意。

2011年10月12日

于清华新斋

2023 年再版后记

与 2012 年版相比，这版除了校正一些被发现的错字以外，我没有做其他改动。

最近几年，市面上已买不到该书了，不时有学生和读者询问这本书是否会再版。今幸得江苏人民出版社的支持，得以再版。这里首先要对江苏人民出版社表示感谢。在再版过程中，我在清华和党校的几位学生先后帮我校订了一些错误。在此，向这些朋友们表示谢意！

2023 年 5 月 29 日

于清华大学蒙民伟人文楼

《从逻辑到形而上学:康德判断表研究》 刘萌 著
《重审"直观无概念则盲":当前分析哲学语境下的康德直观理论研究》 段丽真 著
《道德情感现象学:透过儒家哲学的阐明》 卢盈华 著
《自由体系的展开:康德后期伦理学研究》 刘作 著
《根本恶与自由意志的限度:一种基于文本的康德式诠释》 吕超 著
《现代性中的理性与信仰张力:近代西方国家意识的建构及其困境分析》 尚文华 著